Klausurentraining Weiterbildung
für Betriebswirte, Fachwirte, Fachkaufleute und Meister

Krause | Krause

Produktionswirtschaft

170 Klausurtypische Aufgaben und Lösungen

Von
Dipl.-Sozialwirt Günter Krause und
Dipl.-Soziologin Bärbel Krause

D1663393

ISBN 978-3-470-**63601**-6

© NWB Verlag GmbH & Co. KG, Herne 2012

Kiehl ist eine Marke des NWB Verlags.

Druck: medienHaus Plump GmbH, Rheinbreitbach – ptfu

MIX
Aus verantwortungs-
vollen Quellen
FSC
www.fsc.org   FSC® C104521

Klausurentraining Weiterbildung

für Betriebswirte, Fachwirte, Fachkaufleute und Meister

Unsere Reihe *Klausurentraining* ist aus der Überlegung entstanden, dass sich sehr viele Absolventen von IHK-Weiterbildungslehrgängen gezielt auf ein spezielles Prüfungsthema (Handlungsbereich) vorbereiten möchten, um dort ihre Fähigkeiten in der Wissensanwendung zu vervollständigen.

Betrachtet man die inhaltlichen Schwerpunkte der Klausuren in den IHK-Abschlussprüfungen, so ergibt sich eine große Schnittmenge der Anforderungen:
Beispielsweise fehlen in keiner Klausur im Fachgebiet *Produktionswirtschaft* die Produktionssteuerung, die Auswahl unterschiedlicher Produktionsverfahren, Make-or-Buy-Überlegungen oder der Einsatz der verschiedenen Lohnformen.

Daher enthält jeder Band dieser Reihe *klausurtypische Aufgaben* zu dem betreffenden Fachgebiet, die dem Niveau der IHK-Prüfungen in Umfang und Schwierigkeitsgrad entsprechen. Dabei wurde die Aufgabensammlung fachspezifisch gegliedert und jede Aufgabe mit einer Überschrift gekennzeichnet. Dies soll das spätere *Erkennen des Aufgabentyps in der Klausur unter Echtbedingungen* erleichtern. Einige Themen, Aufgaben und Lösungen haben einen höheren Schwierigkeitsgrad. Sie sind gekennzeichnet (***) und richten sich vorrangig an angehende Betriebswirte und Industriemeister.

Der Lösungsteil ist ausführlich und verständlich gestaltet, sodass sich der Leser/die Leserin selbstständig in der *Umsetzung des erlernten Wissens trainieren* und kontrollieren kann. Eine Sammlung von Formeln und Begriffen am Schluss des Buches unterstützt die Bearbeitung der Aufgaben. Das umfangreiche Stichwortverzeichnis ermöglicht das gezielte Auffinden von Begriffen und Zusammenhängen.

Diese Fachbuchreihe richtet sich an:

- Teilnehmer von IHK-Weiterbildungslehrgängen (angehende Betriebswirte, Fachwirte, Fachkaufleute und Meister)
- Studierende an Fachschulen und Fachhochschulen.

Charakteristische Merkmale für jeden Band dieser Fachbuchreihe sind:

- mehr als 100 Prüfungsaufgaben orientiert am Niveau der IHK-Weiterbildungslehrgänge
- fachspezifische Gliederung der Aufgaben
- Aufgabenstellungen mit thematischen Überschriften
- ausführliche, verständliche Darstellung der Lösungen
- Zusammenstellung der Formeln und Begriffe
- umfangreiches Stichwortverzeichnis.

Neustrelitz, im April 2012

Diplom-Sozialwirt Günter Krause
Diplom- Soziologin Bärbel Krause

Vorwort

Die Produktionswirtschaft beschäftigt sich mit der Planung, Steuerung und Kontrolle von betrieblichen Leistungsprozessen. Sie ist das Bindeglied zwischen den betrieblichen Funktionen „Beschaffung" und „Absatz". Im Prozess der betrieblichen Leistungserstellung erfüllt sie die Funktion der „Transformation". Der zu beschaffende Input wird transformiert in den am Markt anzubietenden Output. Dabei benötigt die Produktionswirtschaft viele unterstützende Querschnittsfunktionen, um das Oberziel der nachhaltigen Gewinnerzielung realisieren zu können (z. B. Logistik, Materialplanung, Qualitätsmanagement, Umweltschutz).

Die Produktion ist in Industriebetrieben die Funktion, mit der der Hauptbeitrag zur Wertschöpfung realisiert wird. Als betriebliche Wertschöpfung bezeichnet man den wertmäßigen Unterschied zwischen den Vorleistungen anderer Wirtschaftseinheiten (z. B. Material- und Personalaufwand), die der Betrieb zur Erzeugung oder Veredlung seiner Leistungen braucht, und den vom Betrieb erzeugten und abgesetzten Leistungen.

Ein besonderes Thema ist der generelle Zielkonflikt der Produktionswirtschaft zwischen hoher Kapazitätsauslastung und geringen Durchlaufzeiten (Dilemma der Ablaufplanung). Entweder werden viele Aufträge eingelastet, sodass vor keiner Maschine der Materialfluss abreißt (hohe Kapazitätsauslastung) oder es werden wenige Aufträge eingelastet, sodass diese schnell bearbeitet werden können (hohe Durchlaufzeiten).

Gegenstand dieses Fachbuches ist die ablauforientierte Darstellung der Optimierung von Entscheidungen in der Produktionsschaft. In mehr als 100 klausurtypischen Aufgabenstellungen und Lösungen werden Aufgaben und Ziele der Produktionswirtschaft sowie Probleme der Produktionsplanung, der Produktionsversorgung, der Produktionssteuerung, der Produktionsüberwachung sowie der Rahmenbedingungen der Produktion (Qualitätssicherung, Umweltschutz und Arbeitsschutz/Arbeitssicherheit) behandelt.

Wir wünschen unseren Lesern und Leserinnen viel Erfolg bei der Bearbeitung der Aufgaben sowie in der IHK-Klausur.

Neustrelitz, im April 2012   *Diplom-Sozialwirt Günter Krause*
                                                                Diplom- Soziologin Bärbel Krause

Inhaltsverzeichnis

Aufgaben

Lösungen

Aufgaben

1 Grundlagen und Begriffe

01. Produktion, Fertigung

a) Beschreiben Sie den Unterschied zwischen „Produktion" und „Fertigung".

b) Erläutern Sie, welche betriebliche Kernfunktion die industrielle Produktion erfüllt.

c) Beschreiben Sie, welche Bedeutung die Produktion für einen Industriebetrieb hat.

02. Werdegang eines Produkts (1)***

Stellen Sie den Werdegang eines Produkts dar und nennen Sie je Prozessstufe zwei geeignete Instrumente der Analyse bzw. Optimierung.

03. Werdegang eines Produkts (2)

Die nachfolgende Auflistung zeigt wichtige Schritte bei der Herstellung eines Produkts. Bringen Sie die einzelnen Schritte in die sachlogisch richtige Reihenfolge durch eine geeignete Nummerierung (z. B. „1 = 1. Tätigkeit"; „2 = 2. Tätigkeit" usw.).

Tätigkeit	Reihenfolge
• Stückliste erstellen	
• Fertigungsauftrag erstellen	
• Fertigungsplan erstellen	
• Konstruktionszeichnung anfertigen	
• Fertigungserzeugnisse lagern	
• Entwicklungsauftrag erteilen	
• Montage der Baugruppen	
• Material bereitstellen	
• Fertigprodukt prüfen	
• Einzelteile fertigen	

04. Rapid Prototyping***

Erläutern Sie, was man als „Rapid Prototyping" bezeichnet.

05. Simultaneous Engineering

Um der Forderung nach immer kürzeren Produktentwicklungszeiten gerecht zu werden, bedient man sich des Verfahrens „Simultaneous Engineering".

a) Erläutern Sie diesen Fachbegriff.

b) Nennen Sie drei Merkmale des Simultaneous Engineering.

c) Nennen Sie drei Einzelziele des Simultaneous Engineering.

06. Begriffe der DIN 199, Teil 2

Beschreiben Sie die Definitionen der DIN 199, Teil 2.

Hinweis: Es werden dort folgende Begriffe genannt: Erzeugnis, Gruppe, Teil, Rohstoff, Grundstoff, Rohmaterial, Halbzeug, Rohteil, Vorarbeitsteil, Umarbeitsteil, Wiederholteil, Variante.

2 Produktionsplanung

2.1 Ziele und Aufgaben

01. Ziele der Produktionsplanung und -steuerung

Nennen Sie sechs Einzelziele der Produktionsplanung und -steuerung.

02. Aufgaben der Produktionsplanung und -steuerung

Nennen Sie sechs Einzelaufgaben der Produktionsplanung und -steuerung.

03. Aufgabe der Ablaufplanung

Erläutern Sie die Aufgabe der Ablaufplanung.

04. Wandel der Rahmenbedingungen

Die Produktion muss sich in der Planungsphase zunehmend auf einen raschen Wandel der Rahmenbedingungen einstellen.

Nennen Sie jeweils drei Beispiele für diesen Wandel aus dem Bereich der folgenden Einflussfaktoren:

*   Wandel des Absatzmarktes
*   Produktwandel
*   Zielsetzung der Kunden
*   Komplexität der Produktion
*   Politik (Gesetzgeber)
*   Kostendruck.

2.2 Produktionsprogrammplanung

01. Produktplanung

Die Produkte eines Unternehmens lassen sich in der Regel nicht über einen unbegrenzten Zeitraum absetzen. Die Produktpalette eines Unternehmens muss in bestimmten Zeitabständen überarbeitet werden.

Beschreiben Sie vier Ursachen, die dazu führen können, dass bestehende Produkte weiterentwickelt und neue Produkte geschaffen werden müssen.

02. Varianten der Produktionsprogrammänderung

Die Unternehmensleitung der Metallbau GmbH beschließt Produktprogrammänderungen.

Beschreiben Sie, wie dies durch folgende Maßnahmen realisiert werden kann:

a) Produktinnovation

b) Produktvariation

c) Produktdiversifikation

d) Produktelimination.

03. Optimierung des Produktportfolios

Die Metallbau AG fertigt für die Bauwirtschaft Maschinen, Werkzeuge, Werkstatteinrichtungen und Befestigungsteile. Das Sortiment wird durch Handelsware ergänzt. Der Bekanntheitsgrad des Unternehmens ist hoch. Die Produkte gelten bei den Kunden als qualitativ hochwertig.

Allerdings wird das Unternehmen als konservativ eingeschätzt. Bemängelt wird die wenig innovative Sortiments- und Servicepolitik. Aufgrund seines relativ hohen Preisniveaus gerät die Metallbau AG durch zwei international agierende Anbieter aus Fernost zunehmend in Bedrängnis. Dies hat in den letzten zwei Jahren zu einem drastischen Gewinnrückgang geführt, sodass der finanzielle Rahmen für das kommende Geschäftsjahr vom Vorstand eng gesteckt wurde. Vor diesem Hintergrund wurde die Unternehmensberatung G. K. Consulting Group beauftragt, die Ursachen für die Geschäftsentwicklung der Metallbau AG zu analysieren.

Die G. K. Consulting Group erstellt eine Portfolio-Analyse und kommt dabei zu folgendem Ergebnis:

Die Größe der Kreisflächen symbolisiert den Jahresumsatz der Metallbau AG je Produkt.

a) Erläutern Sie die strategische Ausgangsposition der Metallbau AG anhand des Portfolios.

b) Empfehlen Sie für den Produktbereich „Befestigungsteile" eine Normstrategie und begründen Sie Ihre Aussage.

c) Nennen Sie fünf weitere Instrumente, die ebenfalls geeignet sind, um die strategische Ausgangsposition der Metallbau AG zu analysieren.

04. Lebenszyklus

In einem Unternehmen wurden für drei Produkte folgende Kennzahlen ermittelt:

Produkt A	Umsatz	Gewinn	Stückpreis	Lager-bestand
ø Veränderung in den letzten drei Jahren – preisbereinigt	2 %	2 %	4 %	- 10 %
Veränderung gegenüber dem Vorjahr	- 3 %	- 2 %	- 3 %	10 %

Produkt B	Umsatz	Gewinn	Stückpreis	Lager-bestand
ø Veränderung in den letzten drei Jahren – preisbereinigt	30 %	25 %	5 %	20 %
Veränderung gegenüber dem Vorjahr	45 %	30 %	5 %	5 %

Produkt C	Umsatz	Gewinn	Stückpreis	Lager-bestand
ø Veränderung in den letzten drei Jahren – preisbereinigt	- 20 %	- 30 %	- 15 %	20 %
Veränderung gegenüber dem Vorjahr	- 30 %	- 35 %	- 5 %	30 %

Skizzieren Sie den idealtypischen Verlauf des Produktlebenszyklus und leiten Sie jeweils die Phase ab, in der sich die Produkte A bis C vermutlich befinden.

05. Produktionsprogrammplanung, Prognoseverfahren

a) Nennen Sie fünf Teilpläne, die im Rahmen der Produktionsprogrammplanung erstellt werden.

b) Unterscheiden Sie folgende Arten der Produktionsprogrammplanung:
   - strategische Produktionsprogrammplanung
   - taktische Produktionsprogrammplanung
   - operative Produktionsprogrammplanung.

c) Die Produktionsprogrammplanung kann je nach Branche, Absatzmarkt und Größe des Betriebs mit unterschiedlichen Schwerpunkten (Varianten) erfolgen.

   Beschreiben Sie die auftragsbezogene Programmbildung und nennen Sie einen Vorteil und einen Nachteil.

d) Es wird angenommen, der Betrieb fertigt nur ein Produkt. Seine kurzfristig unveränderliche Kapazität liegt pro Kalenderwoche bei 5.000 Stück. Sonstige Beschränkungen sind nicht zu beachten. Es liegen Ende der 20. KW folgende Aufträge vor:

Auftrag 1	Auftrag 2	Auftrag 3	Auftrag 4	Auftrag 5
4.000 Stück	6.000 Stück	5.000 Stück	3.000 Stück	3.000 Stück
bis Ende KW 21	bis Ende KW 22	bis Ende KW 23	bis Ende KW 24	bis Ende KW 25

   Stellen Sie grafisch die vorliegende Auftragssituation dar. Weisen Sie dabei die Kapazitätsüber- und -unterdeckung(en) aus und geben Sie eine Empfehlung, wie diese ausgeglichen werden können.

e) Beschreiben Sie das Verfahren der verbrauchsbezogene Programmbildung.

f) Es wird angenommen, dass für die Jahre t_1 bis t_5 folgende Absatzzahlen vorliegen:

t_1	t_2	t_3	t_4	t_5
300	360	340	380	400

1. Ermitteln Sie den Prognosewert für die Periode 6 mithilfe des gleitenden 5er-Durchschnitts und beschreiben Sie das Verfahren.
   Tatsächlich ergibt die 6. Periode einen Absatzwert von 420. Berechnen Sie den Prognosewert für die 7. Periode.
   Für die 7. Periode ergibt sich tatsächlich ein Absatzwert von 480 Einheiten. Berechnen Sie den Prognosewert für die 8. Periode.

2. Gehen Sie von den bekannten Absatzwerten aus. Berechnen Sie für die Perioden 6, 7 und 8 den Prognosewert mithilfe des gewogenen 5er-Durchschnitts. Verwenden Sie dabei folgende Gewichtungen: $g1 = 1$, $g2 = 2$, $g3 = 3$ usw. und erklären Sie das Verfahren.

3. Gehen Sie von folgender Zeitreihe aus:

Periode	t_1	t_2	t_3	t_4	t_5	t_6	t_7
Istwert	300	360	340	380	400	420	480
Prognosewert	*310,0*	305,0	332,5	341,25	360,63	380,32	400,16

Dabei ist der Prognosewert der Periode 1 mit 310 vorgegeben.

Ermitteln Sie für die Perioden 2 bis 7 die (neuen) Prognosewerte mithilfe der exponentiellen Glättung 1. Ordnung und erklären Sie das Verfahren. Es ist ein Glättungsfaktor von $\alpha = 0,5$ zu wählen.

4.***
Eine weiteres Prognoseverfahren ist die Methode der kleinsten Quadrate (Regressionsgerade). Es liegen folgende Streuungswerte vor:

x_i	1	2	3	4	5	6	7
y_i	300	360	340	380	400	420	480

Erläutern Sie in diesem Zusammenhang die Freihandmethode und die mathematische Methode. Berechnen Sie die Regressionsgerade.

06. Optimale Produktionsprogrammplanung

a) Beschreiben Sie allgemein, wie das optimale Produktionsprogramm kurzfristig zu gestalten ist.

b) Gehen Sie in diesem Zusammenhang weiterhin auf folgende Fälle ein:

   1. ein Produkt, eine Fertigungsstufe, eine Kapazitätsgrenze

   2. ein Produkt, mehrere Fertigungsstufen, Kapazitätsgrenze je Fertigungsstufe

   3. mehrere Produkte, eine Fertigungsstufe (oder mehrere), kein Engpass

   4. mehrere Produkte, eine Fertigungsstufe (oder mehrere), ein Engpass

   5. zwei Produkte, mindestens zwei Fertigungsstufen je Produkt (oder mehrere), Engpässe: die Absatzmenge für beide Produkte ist größer als die jeweilige Produktionskapazität; die Beziehungen sind linear.

07. Optimales Produktionsprogramm (1)

Ein Unternehmen stellt drei Produkte her:

Produkt	Absatz, x (Stück pro Monat)	Verkaufspreis, p (€/Stück)	Variable Kosten pro Stück, k_v (€/Stück)
A	8.000	150	160
B	10.000	270	180
C	4.000	300	250

Es existiert kein Engpass.

Erstellen Sie das optimale Produktionsprogramm und ermitteln Sie den Deckungsbeitrag insgesamt.

08. Optimales Produktionsprogramm (2)

Ein Unternehmen stellt drei Produkte her:

Produkt	Fertigungszeit (min/Stück)	Erwarteter Absatz, x (Stück pro Monat)	Verkaufspreis, p (€/Stück)	Variable Kosten pro Stück, k_v (€/Stück)	Deckungsbeitrag pro Stück, db (€/Stück)
A	40	8.000	150,00	160,00	- 10,00
B	20	10.000	270,00	180,00	90,00
C	10	4.000	300,00	250,00	50,00

Es existiert ein Engpass: Die verfügbare Kapazität beträgt nur 3.000 Stunden.

Erstellen Sie das optimale Produktionsprogramm.

09. Optimales Produktionsprogramm mithilfe linearer Optimierung***

Es gelten folgende Produktionsbedingungen:

Zielfunktion: $DB = x_1 \cdot db_1 + x_2 \cdot db_2 \rightarrow$ Maximum!

mit $p_1 = 10$ mit p_i: Preis

$p_2 = 12$ k_i: variable Stückkosten

$k_1 = 7$ db_i: $p_i - k_i$

$k_2 = 7$ $\Rightarrow db_1 = 3; db_2 = 5$

daraus folgt: $DB = 3x_1 + 5x_2 \rightarrow$ Maximum!

Nebenbedingungen:

(1) Produktionsfunktion 1 (F1): $5 x_1 + 2 x_2 \leq 200$

(2) Produktionsfunktion 2 (F2): $3 x_1 + 3 x_2 \leq 240$

(3) $x_1, x_2 \geq 0$ (Nichtnegativitätsbedingung)

Erstellen Sie grafisch und rechnerisch das optimale Produktionsprogramm.

10. Produktionsprogrammplanung, Engpassrechnung für vier Produkte

In einem Chemiewerk werden vier Produkte mit einem bestimmten Granulat gefertigt. Für den kommenden Monat soll das Produktionsprogramm geplant werden. Dazu liegen folgende Daten vor:

	Produkt 1	Produkt 2	Produkt 3	Produkt 4
Verkaufspreis (€/Stück)	35,00	40,00	28,00	16,00
variable Kosten (€/Stück)	10,00	11,00	6,00	4,00
Verbrauch, Granulat (kg/Stück)	7,00	5,00	12,50	4,00
Kapazität (Stück)	600	600	400	1.000

Die Fixkosten pro Monat betragen 30.000,00 €. Wegen eines Lieferengpasses stehen für den Planungsmonat nur 10.000 kg Granulat zur Verfügung.

a) Ermitteln Sie das Produktionsprogramm auf der Basis des Stückdeckungsbeitrags.

b) Bestimmen Sie das Produktionsprogramm mithilfe des relativen Stückdeckungsbeitrags und ermitteln Sie das Betriebsergebnis im Vergleich zu Frage a).

11. Produktionsprogrammplanung, Engpass bei Anlage Z

Das Unternehmen fertigt u. a. vier Teile, die in der Bearbeitungsfolge die Anlage Z durchlaufen. Deren Kapazitätsgrenze liegt bei monatlich 1.750 Stunden. Alternativ zur Eigenfertigung kann jedes der Teile 1 bis 4 auch zugekauft werden.

	Teil 1	Teil 2	Teil 3	Teil 4
Einkaufspreis (€/Stück)	50,00	70,00	100,00	120,00
variable Kosten bei Eigenfertigung (€/Stück)	30,00	30,00	50,00	60,00
Fertigungszeit (min)	40	40	70	100

a) Erstellen Sie das optimale Produktions-/Beschaffungsprogramm unter der Bedingung, dass monatlich 500 Stück je Teil für die Montage zur Verfügung stehen. Lieferengpässe existieren nicht.

b) Ermitteln Sie die Gesamtkosten für die optimale Fertigung zuzüglich der ggf. zugekauften Teile.

12. Break-even-Menge, Deckungsbeitrag

Aus dem Rechnungswesen liegt Ihnen für das Produkt „Anlasser" folgende Kosten- und Erlössituation vor:

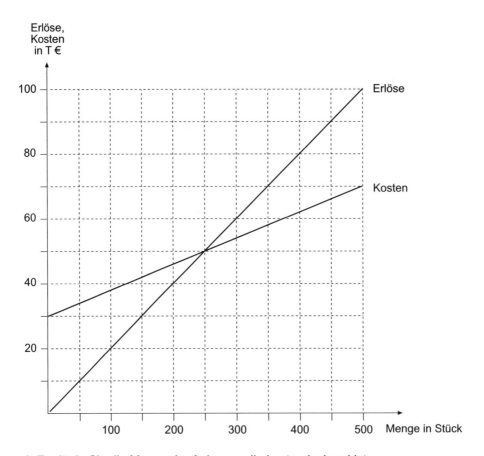

a) Ermitteln Sie die Menge der Anlasser, die kostendeckend ist.

b) Ermitteln die Erlöse zu a).

c) Berechnen Sie für einen Auftrag von 450 Anlassern:

   1. den Erlös

   2. die variablen Kosten

   3. den Gewinn.

d) Ermitteln Sie den Deckungsbeitrag bei einer Fertigung von 200 Anlassern.

2.3 Planung der Produktionsverfahren

01. Produktionsverfahren, Überblick, Vor- und Nachteile

a) Erstellen Sie einen Überblick der Produktionsverfahren nach

- den Produktionstypen
- den Organisationstypen
- der Fertigungstechnik
- den Fertigungsverfahren nach DIN 8580 (Fertigungshauptgruppen).

b) Nennen Sie jeweils drei Vor- und Nachteile der folgenden Produktionsverfahren:

- Reihenfertigung
- Werkstattfertigung
- Gruppenfertigung
- Baustellenfertigung.

02. Wahl des Fertigungsverfahrens

Für einen Auftrag stehen zwei Maschinen (Verfahren) mit folgenden Daten zur Verfügung:

Kostenart		Verfahren 1	Verfahren 2
		CNC-Maschine	Bearbeitungsautomat
K_f	Rüstkosten	50,00 €	300,00 €
k_v	Materialkosten	3,00 €/Stück	3,00 €/Stück
	Fertigungslohn	10,00 €/Stück	5,00 €/Stück

Ermitteln Sie

a) rechnerisch und

b) grafisch

die kritische Menge für beide Verfahren.

03. Eigen- oder Fremdfertigung, Make-or-Buy (langfristige Betrachtung)

Für die Fertigung werden Blechgehäuse Typ T2706 seit längerer Zeit fremd zugekauft. Der Lieferant hat zu Jahresbeginn seine Konditionen angehoben und bietet Ihnen jetzt folgende Bedingungen an: Listeneinkaufspreis 100,00 € je Stück, 10 % Rabatt und 3 % Skonto innerhalb von 10 Tagen oder 30 Tage ohne Abzug. Die Bezugskosten betragen 2,70 € pro Stück. Aufgrund der Preisanhebung soll geprüft werden, ob die Eigenfertigung des Blechgehäuses unter Kostengesichtspunkten vertretbar ist. Der Jahresbedarf wird bei rund 1.800 Stück liegen.

Für die Eigenfertigung wurden folgende Plandaten ermittelt: Anschaffung einer Fertigungslinie (Stanzen, Pressen, Lackieren) zum Preis von 400.000,00 €; die Anlage soll auf zehn Jahre linear abgeschrieben werden mit einem Restwert von 50.000,00 €.

Der Zinssatz für die kalkulatorische Abschreibung wird mit 8 % angenommen (Eigenfinanzierung). Sonstige Fixkosten p. a. in Höhe von 9.000,00 € sind zu berücksichtigen. Der Fertigungslohn beträgt 25,00 € je Stück, die Materialkosten 15,00 € je Stück.

Ermitteln Sie rechnerisch und grafisch, bei welcher Stückzahl die kritische Menge liegt und welche Kostendifferenz sich bei dem geplanten Jahresbedarf ergibt.

04. Fertigungsprinzipien: Fertigungsinseln

Beschreiben Sie das Fertigungsprinzip „Fertigungsinseln" und erläutern Sie dessen Zweck.

05. Fertigungsverfahren (Vergleich)

Ihr Unternehmen stellt derzeit Komponenten mit unterschiedlichen Varianten in Fließfertigung her. Aufgrund konjunktureller Schwankungen verzeichnet das Unternehmen eine stark wechselnde Auftragslage. Die Geschäftsleitung überlegt daher einen Wechsel des Organisationstyps in der Fertigung.

a) Sie werden beauftragt, eine Entscheidungsvorlage zu erstellen, in der für drei Organisationstypen charakteristische Merkmale beschrieben werden (vgl. nachfolgende Matrix):

Charakteristische Merkmale	Organisationstypen		
	Werkstatt-fertigung	Gruppen-fertigung	Fließ-fertigung
Stückzahl			
Maschinenausstattung			
Anordnung der Betriebsmittel			
Programmplanung			
Herstellungskosten			
Anpassungsflexibilität			
Grad der Automation			

b) Nennen Sie vier Ziele der Gruppenfertigung aus der Sicht
   - der Mitarbeiter
   - des Unternehmens.

06. Fertigungsverfahren (1)

Ein Großunternehmen der Elektroindustrie stellt Kühlschränke und Elektroherde her.

a) Klassifizieren Sie das hier vorherrschende Fertigungsverfahren in Bezug auf den Produktionstyp, die Produktionsorganisation und die Produktionstechnik.

b) Beschreiben Sie, welche Zielsetzung das Unternehmen mit der Fertigung einer Nullserie verfolgt.

07. Fertigungsverfahren (2)

In einem metallverarbeitenden Unternehmen sollen für einen zukünftigen Auftrag 15.000 Teile gefertigt werden. Es sind folgende Arbeitsgänge notwendig: Drehen, Bohren, Schleifen.

Der für diesen Auftrag zur Verfügung stehende Maschinenpark besteht aus drei Drehmaschinen, vier Bohrmaschinen und zwei Schleifmaschinen.

Dieser Auftrag und auch folgende Aufträge sollen entweder in *Werkstätten-*, *Gruppen-* oder *Reihenfertigung* durchgeführt werden.

Beschreiben Sie diese Verfahren und ordnen Sie den Maschinenpark entsprechend an.

08. Fertigungsverfahren (3)

Nennen Sie jeweils drei charakteristische Merkmale der Fertigung nach dem Verrichtungsprinzip und nach dem Fließprinzip.

09. Fertigungsverfahren (4)

Nennen Sie jeweils drei Beispiele für

- Einzelfertigung
- Serienfertigung
- Massenfertigung.

10. Ergonomie, Qualitätssicherung

Der Fall „Glattschnitt"

Die Montage des Rasenmähers Typ „Glattschnitt" bereitet Ihnen Sorgen. Bei Ihrer Erfassung der Arbeitsplatzgestaltung in Halle II haben Sie sich Folgendes notiert:

Die zugekauften Motoren und Rahmenteile werden in Gitterboxen vom Zwischenlager per Hand nach Halle II gebracht. Je zwei Mann heben jeweils den Motor und die erforderlichen Rahmenteile auf die Montagebank. Es kommt häufiger vor, dass Teile fehlen. Die Montage erfolgt mit konventionellem Werkzeug (Maulschlüssel, Schraubendreher). Die Arbeiter stehen leicht gebückt am Montageband. Die veraltete Neonbeleuchtung wirft Schatten auf das Montageband und flackert gelegentlich.

Manchmal beschweren sich Kunden, dass Schrauben zu fest oder zu lose sitzen. Der letzte Mitarbeiter am Montageband kontrolliert und verpackt die Rasenmäher in Kartons. Die Kartons werden auf Europaletten gestapelt und dann mit einem Hubwagen in das überdachte Freilager gebracht. In ca. acht Meter Entfernung ist eine Hallenpendeltür, durch die sehr häufig Flurförderfahrzeuge ein- und ausfahren. Auf den benachbarten Arbeitsplätzen gibt es zwei Stanzen und eine Presse für die Blechbearbeitung. Der durchschnittliche Lärmpegel liegt bei 90 db (A). Die fünf Mitarbeiter am Montageband „maulen" und beklagen sich über die ihrer Meinung nach „stupide Arbeitweise". Der Krankenstand der Mitarbeiter liegt über dem Durchschnitt. Platzmangel gibt es in Halle II nicht.

Nennen Sie vier allgemeine Aspekte ergonomischer Arbeitsplatzgestaltung und schlagen Sie jeweils fallbezogene Lösungsansätze vor. Berücksichtigen Sie dabei Maßnahmen zur Qualitätssicherung.

11. Ziele der Arbeitsplatzgestaltung

Die Arbeitsplatzgestaltung versucht z. B. folgende Ziele zu realisieren:

• Bewegungsvereinfachung

• Bewegungsverdichtung

• Mechanisierung/Teilmechanisierung

• Aufgabenerweiterung

• Verbesserung

   - der Ergonomie
   - des Wirkungsgrades menschlicher Arbeit
   - der Sicherheit am Arbeitsplatz
   - der Motivation

• Vermeidung von Erkrankungen/Berufskrankheiten

• Reduzierung des Absentismus.

Wählen Sie drei Ziele aus und bilden Sie dazu jeweils zwei Beispiele.

12. Prinzip „verlängerte Werkbank" (Fertigungstiefe)

Durch die Anwendung des Prinzips der „verlängerten Werkbank" wird die Fertigungstiefe eines Unternehmens verändert.

a) Beschreiben Sie den Begriff „Fertigungstiefe".

b) Nennen Sie fünf Aspekte, die maßgebend sind, ob das Prinzip der „verlängerten Werkbank" zum Tragen kommt.

c) Nennen Sie vier Risiken, die damit verbunden sein können.

13. Fertigungsbreite

In der letzten Besprechung der Abteilungsleiter Ihres Unternehmens wurde erneut das Thema „Umgestaltung der Fertigung, Outsourcing und Lean-Production" besprochen. Sie waren als Assistent anwesend. Der Leiter der Marketingabteilung äußerte etwas ungehalten: „Ich verstehe die ganze Diskussion im Moment überhaupt nicht. Das weiß doch jedes Kind, dass ein zu enges Fertigungsprogramm absatzpolitische Nachteile mit sich bringt." – „Dafür aber fertigungspolitische Vorteile", ergänzte der Betriebsleiter.

Sie sollen den genannten Argumenten auf den Grund gehen und für die nächste Sitzung eine Gegenüberstellung der Chancen und Risiken eines zu engen/breiten Fertigungsprogramms vorbereiten.

2.4 Fertigungsversorgung

2.4.1 Betriebsmittel

01. Betriebsmittelplanung

Die Betriebsmittelplanung ist ein wichtiges Teilgebiet der Fertigungsversorgung.

a) Nennen Sie vier Aufgaben der Betriebsmittelplanung.

b) Nennen Sie fünf Objekte, die bei der Planung der Betriebsmittel zu berücksichtigen sind.

c) Unterscheiden Sie die quantitative und die qualitative Betriebsmittelplanung.

d) Nennen Sie vier Ziele der Betriebsmittelplanung.

e) Nennen Sie drei Zielkonflikte bei der Betriebsmittelplanung.

f) Nennen Sie zwei Beispiele für Zielkongruenz bei der Betriebsmittelplanung.

02. Betriebsmittelbedarf

Erläutern Sie, wie sich der Betriebsmittelbedarf kurz- und langfristig an das Produktionsprogramm anpassen lässt.

03. Instandhaltung (1), Wertschöpfungskette

a) Beschreiben Sie folgende Begriffe der DIN 31051:

- Instandhaltung
- Inspektion
- Wartung

- Instandsetzung
- Verbesserung

und nennen Sie jeweils drei Beispiele für Einzeltätigkeiten.

b) Erklären Sie weiterhin die Begriffe:

- Störung
- Schaden
- Ausfall.

c) Nennen Sie sechs Elemente der Wertschöpfungskette, die von der Instandhaltung unmittelbar beeinflusst werden.

d) Nennen Sie zehn wirtschaftliche Folgen, die sich aufgrund des Ausfall eines Bauteils einer Anlage ergeben können.

04. Instandhaltung (2), Strategien

Die Tatsache, dass maschinelle Anlagen einem permanenten Verschleiß unterliegen, begründet die Notwendigkeit der Instandhaltung (IH). Im Mittelpunkt steht die Frage der Instandhaltungsstrategie (auch: Instandhaltungsmethode).

Grundsätzlich möglich ist eine

- Präventivstrategie oder
- eine störungsbedingte Instandhaltung.

Stellen Sie die beiden IH-Strategien vergleichend gegenüber.

05. Instandhaltung (3), Organisation

Erläutern Sie die Eingliederung sowie die Gliederung der Instandhaltung im Unternehmen. Nennen Sie vier Beispiele.

2.4.2 Personal

01. Biorhythmus

Während eines Arbeitstages ist unsere Leistungsfähigkeit mehr oder weniger starken Schwankungen unterworfen. Niemand kann über acht Stunden ein gleichmäßiges Leistungsniveau aufrechterhalten.

a) Tragen Sie in das nachfolgende Diagramm die durchschnittliche Leistungskurve des Menschen im Tagesverlauf ein.

Leistungsfähigkeit
in %

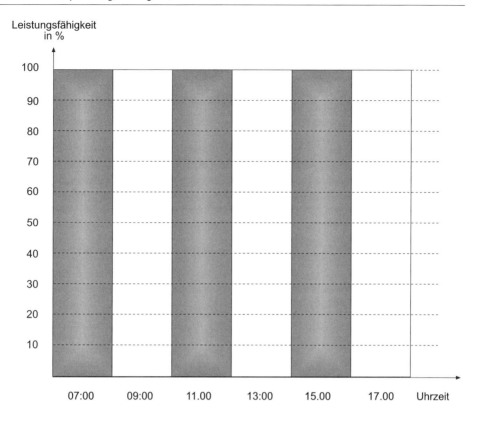

07:00   09:00   11.00   13:00   15.00   17.00   Uhrzeit

b) Beschreiben Sie den Verlauf der Leistungskurve.

02. Nettopersonalbedarf

Im Rahmen eines Job-Rotation-Programms sind Sie für drei Monate in einer Tochter-
gesellschaft Ihres Unternehmens tätig. Aus diesem Betrieb liegen per 31.07. folgende
Angaben vor:

Stellenbestand 07.2011	258
feststehende Mitarbeiterabgänge in 2011/2012	16
Mitarbeiterbestand 07.2011	255
entfallende Stellen in 2011/2012	22
feststehende Mitarbeiterzugänge in 2011/2012	8
neue Planstellen in 2012	3
geschätzte Mitarbeiterabgänge in 2011	5

Ermitteln Sie den Nettopersonalbedarf des Jahres 2012.

03. Arbeitssystem, Art-/Mengenteilung, Taktzeit, Arbeitsproduktivität, Leistungsgrad

Ihre Firma stellt Rasenmäher der Modelle „Glattschnitt" und „Luxus" her. Das Modell „Glattschnitt" wird in einer beheizten Halle an zwei Montagebändern (ohne Taktzeit) von jeweils fünf Mitarbeitern (Arbeitsgruppe) im Akkord gefertigt. Mitarbeiter 1 und 2 heben Motor und Rahmenteile auf die Werkbank und übernehmen eine Vorjustierung. Mitarbeiter 3 und 4 erledigen die Endmontage; dabei stehen Akkuschrauber und Drehmomentschlüssel zur Verfügung. Mitarbeiter 5 führt die Endkontrolle und die Verpackung durch. Der Ablauf beim Montageband 2 ist analog. Alle Teile werden zugekauft. Die Arbeitsgruppe kann über einen Tätigkeitswechsel innerhalb der Gruppe selbst entscheiden. Die Fertigungsdaten werden zum Wochenbeginn vom Meister mitgeteilt.

a) Beschreiben Sie die Elemente des Arbeitssystems anhand der Fertigung des Modells „Glattschnitt".

b) Welche Vorteile kann eine einheitliche „Beschreibung von Arbeitssystemen" bieten?

c) Welche Art- und Mengenteilung liegt bei der Montage des Modells „Glattschnitt" vor?

d) Es wird überlegt, den Montageablauf bei „Glattschnitt" zu ändern. Welche Vorteile stehen generell welchen Nachteilen bei der Artteilung bzw. der Mengenteilung gegenüber?

Nennen Sie jeweils zwei Argumente.

e) Ihr neuer Betriebsleiter, „frisch von der Fachhochschule", spricht das Thema „Taktzeit" an: Er ist der Meinung, dass man bei der Montage von „Glattschnitt" die Taktzeit einführen sollte. In der nächsten Arbeitsbesprechung soll das Thema zur Sprache kommen. Beantworten Sie daher folgende Fragen:

1. Was versteht man unter der Taktzeit?

2. Welche Ziele können mit der Einführung einer Taktzeit realisiert werden?

3. Warum ist bei der Montage von „Glattschnitt" die Einführung der Taktzeit ohne die Schaffung zusätzlicher Voraussetzungen nicht möglich?

f) „In der nächsten Woche wollen wir mal Produktivität und Leistungsgrad Ihrer Mitarbeiter unter die Lupe nehmen", meint der REFA-Fachmann Klarich als Sie mit ihm und dem Betriebsleiter beim Mittagessen zusammensitzen.

Erläutern Sie die von Herrn Klarich verwendeten Begriffe anhand eines Zahlenbeispiels.

04. Taktzeit

Die Arbeitszeit einer Schicht beträgt 480 Minuten, die Sollausbringung 80 Stück und der Bandwirkungsfaktor 0,9.

Ermitteln Sie die Solltaktzeit.

05. Personalbedarf, Personalbemessung

In Ihrem Unternehmen ist die Produktionskapazität zurzeit nicht ausgeschöpft. Aus diesem Grund nimmt die Geschäftsleitung einen Auftrag herein, von dem sie sich eine Auslastung der Kapazität verspricht. Der Auftrag soll einschichtig in rund 22 Arbeitstagen gefertigt werden.

a) Sie sollen den Personalbedarf für diesen Auftrag ermitteln. Dazu erhalten Sie folgende Daten:

Anzahl der bestellten Bauteile	500 Stück
Rüstzeit	140 Stunden
Ausführungszeit je Bauteil	22 Stunden
Monatsarbeitszeit je Mitarbeiter	167 Stunden ($\approx$ 7,5 Stunden · 22,27 Arbeitstage/ Monat)

durchschnittlicher Leistungsgrad   115 %

b) Welcher Personalbedarf ergibt sich, wenn mit einer durchschnittlichen Fehlzeit von 5 % gerechnet werden muss?

06. Personalbemessung (1)

Ihr Unternehmen arbeitet einschichtig bei einer 5-Tage-Woche und 7,5 Arbeitsstunden täglich. Es liegen zwei Aufträge (T1, T2 vor):

Auftragszeit T_1 = 32.000 min
Auftragszeit T_2 = $t_r + t_e \cdot m$ mit: t_r = 300 min
                                                    t_e = 12 min
                                                    m = 1.800 Stück

Beide Aufträge sollen in einem Monat fertig gestellt sein; der Monat ist durchschnittlich mit 22 Arbeitstagen anzusetzen. Außerdem ist ein Zuschlag von 11 % für Ausfallzeiten (Urlaub, Krankheit usw.) zu berücksichtigen.

Berechnen Sie die Anzahl der Mitarbeiter (auf Vollzeitbasis), die für die Erledigung beider Aufträge (in der vorgegebenen Zeit) erforderlich sind.

07. Personalbemessung (2)

Als Gruppenleiter sind Sie für die Personalbedarfsplanung in Ihrem Verantwortungsbereich zuständig. Für den kommenden Monat stehen bei 22 Werktagen und 7,5 Stunden täglicher Arbeitszeit zehn Mitarbeiter zur Verfügung. Für Urlaub und sonstige Fehlzeiten ist ein Planungsfaktor von 0,85 zu berücksichtigen. Der Zeitbedarf für das vorliegende Auftragsvolumen beträgt für den kommenden Monat 1.428 Stunden. Es ist ein Zusatzbedarf von 8 % zu beachten.

a) Ermitteln Sie den Personalbedarf in Vollzeitkräften für den kommenden Monat.

b) Ihre Mitarbeiter sind bereit, die personelle Unterdeckung durch Mehrarbeit auszugleichen. Ermitteln Sie die erforderliche Mehrarbeit in Stunden pro Tag pro Periode pro Mitarbeiter.

c) Nennen Sie drei gesetzliche Regelungen, die Sie bei der Anordnung von Mehrarbeit beachten müssen.

d) Nennen Sie vier Möglichkeiten, um die bestehende personelle Unterdeckung für den Folgemonat auszugleichen.

08. Personalbedarf, Kennzahlenmethode

Sie erhalten die Aufgabe, die Personalbedarfsplanung für die gewerblichen Mitarbeiter in der Produktion für das Jahr 2012 aufgrund der Datenrelationen des Jahres 2011 zu erstellen. Ihre Recherchen ergeben, dass folgende Planungsdaten vorgegeben sind:

Produktionsmenge in Einheiten im Jahr 2010	850.000
durchschnittliche Anzahl der Mitarbeiter im Jahr 2010	220
Anzahl der Arbeitswochen 2011/2012	45
geplante Steigerung der Produktionsmenge für 2012	10 %
geplante Produktivitätssteigerung für 2012	5 %
Verkürzung der wöchentlichen Regelarbeitszeit	von 37,5 Std. auf 35 Std.

09. Zeitakkord

Ein Facharbeiter hat derzeit einen Tariflohn von 10,00 €/Stunde. Die tarifliche Arbeitszeit beträgt 35 Stunden pro Woche. Bei der Umstellung auf Akkordentlohnung wird der Akkordrichtsatz auf 12,00 €/Stunde und die Normalleistung auf 15 Stück/Stunde festgelegt.

a) Berechnen Sie den Minutenfaktor.

b) Berechnen Sie den tatsächlichen Stundenlohn des Facharbeiters bei einer Istleistung pro Stunde von 17 Stück.

c) In der 39. und 40. Woche betrug der Bruttoverdienst des Facharbeiters zusammen 1.008,00 € (ohne Überstunden). Um wie viel Prozent lag seine Istleistung über der Normalleistung.

d) Welche Istleistung pro Stunde muss der Facharbeiter erbringen, um einen Bruttostundenlohn von 15,20 € zu erreichen?

10. Entgelt

a) Nennen Sie drei Arten der leistungsabhängigen Entgeltdifferenzierung.

b) Nennen Sie drei in der Praxis gebräuchliche Prämienlohnarten.

11. Entgeltdifferenzierung

Im Rahmen der Entgeltbemessung („Lohnfindung") kann sich der Arbeitgeber u. a. an den nachfolgenden zwei Prinzipien orientieren:

* Anforderungsgerechtigkeit
* Leistungsgerechtigkeit.

Erklären Sie den Unterschied, indem Sie die nachfolgende Tabelle vervollständigen:

	Bemessungsprinzipien	
	Anforderungsgerechtigkeit	Leistungsgerichtigkeit
Bemessungskriterien, z. B.		
Bemessungsobjekte		
Bemessungsverfahren		
Entgeltform, z. B.		

12. Zeitlohn, Überstunden

Ein Arbeiter erhält eine Vergütung auf Zeitlohnbasis. Die tarifliche Arbeitszeit beträgt 167 Stunden pro Monat. Der Überstunden-Zuschlag ist 50 %, der Grundlohn beträgt 12,00 € pro Stunde.

Ermitteln Sie den Monatslohn bei 205 Arbeitsstunden für den Monat September.

13. Lohnzuschläge

a) Nennen Sie sechs Beispiele für Lohnzuschläge.

b) Welche Besonderheiten gelten für die Gewährung von Mehrarbeitszuschlägen? Geben Sie vier Beispiele.

14. Prämienlohn

a) Nennen Sie fünf Merkmale, an denen sich die Gestaltung eines Prämienlohns orientieren kann.

b) Die Mitarbeiter werden im Akkordlohn beschäftigt und erhalten außerdem eine Qualitätsprämie. Erläutern Sie den sich daraus ergebenden Zielkonflikt.

15. Prämienlohnberechnung

Es liegen folgende Daten vor:

Stundenlohn	=	12,50 €	Istzeit	= 5 Stunden
Vorgabezeit	=	7 Stunden	eingesparte Zeit	= 2 Stunden
Prämie	=	50 %		

Zu berechnen ist der Iststundenlohn.

16. Akkordlohn, Lohnstückkosten

Sie bereiten die nächste Unterweisung für Ihre vier Auszubildenden vor. Auf dem Themenplan steht der Akkordlohn. Zur Veranschaulichung wählen Sie eine Akkordentlohnung aus der Fertigung mit folgenden Eckdaten:

tariflicher Mindestlohn:	10,00 €/Stunde
Akkordzuschlag:	20 %
Normalleistung:	100 Einheiten (E)/Stunde
Akkordart:	Proportionalakkord

a) Nennen Sie zwei Voraussetzungen, unter denen der Akkordlohn anwendbar ist.

b) Zeigen Sie grafisch die Entwicklung der Lohnkosten in Abhängigkeit von der Leistung und berücksichtigen Sie dabei die o. g. Eckdaten.

Tragen Sie außerdem in Ihre Grafik ein:

- die Normalleistung
- den tariflichen Mindestlohn
- den Akkordrichtsatz bzw. den Akkordzuschlag.

c) Stellen Sie in einer zweiten Grafik die Entwicklung der Lohnstückkosten beim Proportionalakkord dar. Berücksichtigen Sie auch hier die o. g. Eckdaten.

17. Akkordlohn

Es sind 30 Teile zu fräsen und es liegen folgende Angaben vor:

- Zeit je Einheit t_e = 15 min
- Rüstzeit t_r = 40 min
- Tariflohn L = 17,25 €/Stunde
- Akkordzuschlag = 15 %

a) Wie hoch ist der Akkordbruttoverdienst für die Bearbeitung des Auftrags?

b) Wie hoch ist der Akkordbruttoverdienst je Stunde bei einer tatsächlichen Arbeitszeit von 400 min und wie hoch ist dann der Zeitgrad?

18. Arbeitsbewertung (1)

In der Packerei Ihres Betriebs soll der Leistungslohn eingeführt werden. Sie haben die Aufgabe, den zuständigen Lagermeister dabei zu unterstützen.

a) Beschreiben Sie die summarische und die analytische Methode der Arbeitsbewertung.

b) Vergleichen Sie beide Methoden hinsichtlich folgender Merkmale:
   • Fachwissen über die Methode
   • Beschreibung der relevanten Tätigkeiten
   • Grad der Objektivität
   • Aufwand
   • Notwendigkeit der laufenden Aktualisierung.

c) Müssen Sie den Betriebsrat in Ihre Überlegungen einbeziehen?
   Geben Sie eine begründete Antwort.

19. Arbeitsbewertung (2)

Für zwei Arbeitsplätze existieren die nachfolgenden Arbeitsbeschreibungen:

1. Baustellenhelfer:
   Arbeit im Freien; normale Arbeitshöhe; manuelle Transportarbeiten bis maximal 10 kg Gewicht; Hilfsmittel: Sackkarre und Schubkarre; leichte Montagehilfsarbeiten nach Anweisung; keine sonstigen, besonders belastenden Arbeitsbedingungen.

2. Transportarbeiter in der Werkstatt:
   Arbeit in beheizter Halle; Transportmittel: Gabelstapler; hochwertige, sperrige, sich selten wiederholende Teile müssen auf Holzpaletten vom Bearbeitungsbereich in die Montagehalle gefahren werden; Belastung: Lärm und enge Transportwege.

Erstellen Sie eine analytische Arbeitsbewertung auf der Grundlage des Genfer Schemas und beschreiben Sie die Vorgehensweise.

20. Arbeitsbewertung (3)

In einem Manteltarifvertrag sind u. a. folgende Gehaltsgruppen beschrieben (Auszug):

K 1: Einfache Arbeiten, die nur eine kurze Einarbeitung erfordern.

K 2: Arbeiten, die Kenntnisse und Fertigkeiten voraussetzen, wie sie im Allgemeinen durch eine Zweckausbildung oder eine längere Einarbeitung erworben werden.

K 3: Arbeiten, die Fachkenntnisse voraussetzen, wie sie im Allgemeinen durch eine abgeschlossene Berufsausbildung [...] erworben werden oder Arbeiten, die neben den Anforderungen der Gruppe 2 eine einschlägige Erfahrung voraussetzen.

K 4: Arbeiten, die vertiefte Fachkenntnisse voraussetzen, wie sie über die Anforderungen der Gruppe 3 hinaus im Allgemeinen durch zusätzliche Berufserfahrung, Fortbildung [...] erworben werden.

K 5: Schwierige Arbeiten, die gründliche Fachkenntnisse und mehrjährige einschlägige Erfahrungen oder umfassende theoretische Kenntnisse erfordern.

Ihr Betrieb hat in den zurückliegenden Monaten eine durchgreifende Umorganisation erfahren. Dies betrifft auch Ihre Arbeitsgruppe. Sie sitzen mit dem Betriebsrat zusammen und beraten über die Arbeitsbewertung einer Reihe von Arbeitsplätzen, deren Anforderungen hier kurz gefasst beschrieben sind:

I: Lohnabrechner; erforderlich: abgeschlossene Berufsausbildung (z. B. als Industriekaufmann)

II: Wie Arbeitsplatz I, jedoch mit Sonderaufgaben, die eine mehrjährige Berufspraxis erfordern

III: Gewerbliche Hilfsarbeiten wie z. B. Packen, Transportieren, Botengänge durchführen usw.

IV: Anlerntätigkeit in der Lagerverwaltung.

a) Geben Sie dem Betriebsrat eine Liste mit Ihrer Arbeitsbewertung der Arbeitsplätze I bis IV auf der Basis der vorliegenden Gehaltsgruppen.

b) Wie nennt man dieses Verfahren der Arbeitsbewertung?
   Beschreiben Sie einen Nachteil dieses Verfahrens.

c) Führen Sie für die Arbeitsplätze I bis IV eine Arbeitsbewertung nach dem Rangfolgeverfahren durch. Wie gehen Sie dabei vor? Welchen Nachteil hat dieses Verfahren?

d) Erstellen Sie eine Arbeitsbewertung mit (offener) Gewichtung nach dem Stufenwertzahlverfahren auf der Basis folgender Angaben:

Arbeitsplatz	Anforderungsmerkmal	Gewich-tungsfaktor	Bewertungsstufe	Ausprä-gung
Betriebsleiter	Fachkönnen	0,4	nicht vorhanden	0
Meister	körperliche Belastung	0,2	gering	2
Facharbeiter	geistige Belastung	0,3	mittel	4
Helfer	Umwelteinflüsse	0,1	groß	6
			sehr groß	8

Hinweis: Aus Gründen der Vereinfachung wurde auf eine detaillierte Beschreibung der Stellen verzichtet.

21. Arbeitsbewertung (4)

In der Montage werden zehn Arbeitsplätze nach dem Rangreihenverfahren bewertet. Führen Sie für vier der zehn Arbeitsplätze eine Arbeitsbewertung auf der Basis der in Aufgabe 20. d) dargestellten Daten durch. Erstellen Sie dazu im ersten Schritt für jedes Anforderungsmerkmal eine Rangreihe.

2.4.3 Material

01. Prognose des Materialbedarfs

In einer Eisengießerei werden Gussteile hergestellt. Für die Herstellung pro Teil Z werden 500 g Granulat benötigt. Der Anlaufverlust liegt bei 50 Teilen. Aus der Erfahrung her ist mit 10 % Ausschuss zu rechnen.

Es liegt ein Auftrag über 5.000 Teile Z vor. Ermitteln Sie die Anzahl der zu produzierenden Teile und den Materialbedarf an Granulat für diesen Auftrag.

02. Sekundärbedarfsplanung (Bedarfsauflösung)***

Die Sekundärbedarfsplanung kann analytisch oder syntetisch durchgeführt werden.

a) Erläutern Sie den Unterschied in der Bedarfsermittlung.

b) Beschreiben Sie einen zentralen Nachteil der analytischen sowie der syntetischen Bedarfsermittlung.

03. Bestellmenge

Sie sind dabei, einen größeren Auftrag der Fa. Kunze zu planen. Sie benötigen dafür 800 Bleche in den Maßen 250 mm x 150 mm x 2 mm. Das Material ist nicht auf Lager und muss bestellt werden. Ihr Lieferant teilt Ihnen mit, dass er Tafelbleche in den Maßen 1.500 mm x 2.000 mm x 2 mm in fünf Werktagen liefern könne.

Wie viele Tafelbleche müssen Sie bestellen?

04. ABC-Analyse

Zur Vorbereitung von Rationalisierungsmaßnahmen soll das Zwischenlager der Fertigung mithilfe einer ABC-Analyse überprüft werden. Aus der Buchhaltung liegen Ihnen die folgenden durchschnittlichen Verbrauchswerte je Monat und Artikelgruppe vor:

Artikel-Gruppe	Verbrauch je Monat in Einheiten (E)	Preis je Einheit in €
900	1.000	0,70
979	4.000	0,20
105	3.000	3,80
113	6.000	1,00
121	1.000	7,00
129	16.000	0,50
137	9.000	0,10
189	400	3,00
194	600	2,00
215	4.000	0,20

a) Erstellen Sie die ABC-Analyse für das vorliegende Datenmaterial und beschreiben Sie kurz die einzelnen Arbeitsschritte. Berechnen Sie dabei die Anteilswerte auf zwei Stellen nach dem Komma.

b) Stellen Sie die Verteilung grafisch dar (Konzentrationskurve).

c) Klassifizieren Sie die Artikelgruppen nach A-, B- und C-Gruppen. Schlagen Sie jeweils zwei Rationalisierungsmaßnahmen für A- und B-Gruppen sowie C-Gruppen vor.

05. Materialflussplanung

a) Definieren Sie, was man unter der Materialflussplanung versteht.

b) Nennen Sie jeweils drei Beispiele zu folgenden Aspekten der Materialflussplanung:
   • Gegenstand (auch: Fragestellungen)
   • Einflussgrößen
   • Ziele
   • Materialflussbereiche
   • Gestaltungsprinzipien
   • Hilfsmittel.

06. Auftragsmenge, Verbrauchsabweichung, Beschäftigungsgrad

Der PLASTE GmbH ist es gelungen, mit einem bekannten deutschen Automobilhersteller einen längerfristigen Liefervertrag über Griffschalen abzuschließen: Jeweils am letzten Tag eines Monats sind 4.000 Stück versandkostenfrei zu liefern. Die Fertigungsplanung ergibt, dass es für die PLASTE GmbH vorteilhafter ist, jeweils die Liefermenge von zwei Monaten in einer Losgröße herzustellen. Pro Stück werden 100 g Kunststoffgranulat benötigt. Weiterhin ist bekannt: Die ersten 100 Teile je Charge sind NIO-Teile; der zusätzliche, nicht vermeidbare Ausschuss beträgt durchschnittlich 5 %.

a) Ermitteln Sie die Auftragsmenge pro Fertigungsauftrag.

b) Wie viel kg Kunststoffgranulat müssen pro Fertigungsauftrag bereitgestellt werden?

c) Nach vier Monaten ergab die Kontrolle des Fertigungsprozesses, dass der tatsächliche Verbrauch an Kunststoffgranulat pro Fertigungsauftrag durchschnittlich 901 kg betrug.

   1. Wie hoch ist die Verbrauchsabweichung in Prozent?

   2. Nennen Sie drei mögliche Ursachen für die Verbrauchsabweichung.

d) Welche Auswirkungen hat die Entscheidung, die Liefermenge von zwei Monaten zu einer Losgröße zusammenzufassen? Stellen Sie jeweils drei Vor- und Nachteile gegenüber.

e) Die PLASTE GmbH fertigt den dargestellten Auftrag auf der Fertigungsstraße II, deren Kapazität bei 10.000 Stück/Zeiteinheit liegt.

   Ermitteln Sie den Beschäftigungsgrad der Fertigungsstraße II. Unterstellen Sie dabei eine Istausbringung von 8.500 Stück/Zeiteinheit.

07. Kanban-System

Die Metallbau AG befasst sich mit der Überlegung, die Materialbereitstellung in der Montage nach dem Kanban-System einzuführen.

a) In welcher Form erfolgt bei diesem System die Materialbereitstellung?

   Beschreiben Sie vier zentrale Merkmale des Kanban-Systems.

b) Erläutern Sie den Unterschied zwischen Kanban und der allgemein üblichen Produktionsplanung und -steuerung (PPS).

c) Nennen Sie fünf Voraussetzungen zur Einführung von Kanban.

08. Just-in-Time

Erläutern Sie, welche Ziele mit dem Just-in-Time-Konzept verfolgt werden und welche Probleme und Risiken damit verbunden sein können.

2.5 Kapazitätsplanung

01. Begriffe, Aufgabe, und Bedeutung

Die Kapazitätsplanung ist Bestandteil der Produktionsplanung.

a) Erläutern Sie die Bedeutung der Kapazitätsplanung und beschreiben Sie deren Aufgabe.

b) Beschreiben Sie den Unterschied zwischen quantitativen und qualitativen Kapazitätsmerkmalen.

c) Erläutern Sie den Zusammenhang zwischen Kapazitätsbedarf, Kapazitätsbestand und Auslastungsgrad und bilden Sie ein Berechnungsbeispiel für den Auslastungsgrad.

d) Stellen Sie dar, was man unter dem Planungsfaktor P versteht und zeigen Sie an einem Rechenbeispiel, wie er ermittelt wird.

e) Erläutern Sie den Vorgang der Kapazitätsabstimmung und nennen Sie jeweils drei Beispiele für einen Kapazitätsabgleich sowie für eine Kapaziitätsanpassung.

f) Beschreiben Sie vier Einflussgrößen, die die Kapazitätsplanung bestimmen.

02. Kapazität, Beschäftigungsgrad, Nettobedarf

Im Herbst letzten Jahres wurde eine neue Lackieranlage angeschafft. Eine Überprüfung der Kapazitätsauslastung ergab einen durchschnittlichen Beschäftigungsgrad der letzten drei Monate von 60 %. Die Kapazität der Anlage liegt monatlich bei einem Einschichtbetrieb bei 160 Betriebsstunden.

a) Wie viel Betriebsstunden wurden auf der Lackieranlage in den letzten drei Monaten durchschnittlich gefahren?

b) Der Betriebsleiter kommt freudig erregt zu Ihnen: „Wir haben den Auftrag von Kunert bekommen: 1.000 Blechteile, grundiert. Wir müssen morgen damit beginnen. Rechnen Sie mal schnell aus, ob wir mit der Grundierung hinkommen oder ob wir noch bestellen müssen." Sie wissen, dass pro Blechteil 0,5 l Grundierung gebraucht werden und mit einem Farbverlust von rund 10 % zu rechnen ist. Laut EDV-Auszug sind von der Grundierung noch 300 l auf Lager und 150 l bestellt (mit Liefertermin morgen); außerdem sind 100 l reserviert für zwei andere Aufträge, die morgen erledigt werden; ein Sicherheitsbestand von 200 l muss grundsätzlich eingehalten werden.

03. Kapazitätsplanung

Die nachfolgende Abbildung zeigt die Kapazitätsbelastung Ihres Fertigungsbereichs in den dargestellten Kalenderwochen:

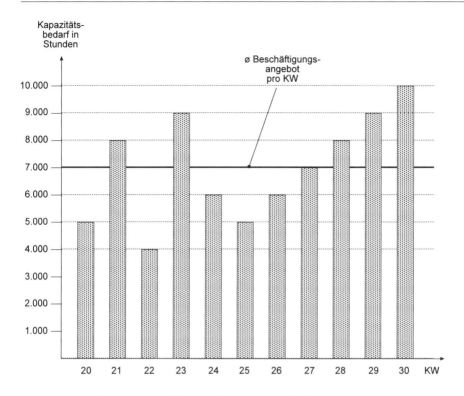

a) Ermitteln Sie die Kapazitätssituation in der KW 23.

b) Ermitteln Sie für den gesamten Planungszeitraum die durchschnittliche Kapazitätsauslastung.

c) Beschreiben Sie die Kapazitätssituation ab der KW 28 und nennen Sie vier Maßnahmen zur Bewältigung der Situation.

2.6 Standortplanung, Layoutplanung

01. Standortanalyse, Nutzwertanalyse

Ihr Unternehmen will einen internationalen Standort mithilfe der Nutzwertanalyse bewerten.

Beschreiben Sie die Vorgehensweise in sechs Schritten und erstellen Sie bespielhaft
eine Nutzwertanalyse für zwei Standorte mit sechs relevanten Standortfaktoren und
einer Skalierung von 1 (sehr schlecht) bis 10 (sehr gut).

02. Layoutplanung (1)

a) Erläutern Sie, was man unter Layoutplanung im Rahmen der Produktionswirtschaft versteht.

b) Nennen Sie vier Ziele der Layoutplanung.

c) Nennen Sie fünf Bedingungen/Anforderungen, die bei der Layoutplanung zu beachten sind.

d) Nennen Sie sechs Aspekte mit jeweils zwei Beispielen, die beim Aufstellen von Maschinen und Anlagen zu beachten sind.

03. Layoutplanung (2)***

Für die neu zu planende Herstellung eines Pneumatikzylinders (Tageslosgröße 100 Stück) sollen das Gehäuse und die Kolbenstange in Halle 1 gefertigt werden. Kleinteile werden fremdbezogen. Es sind unter Berücksichtigung der Belegungs- und Auftragszeiten folgende Arbeitsplätze/Maschinen erforderlich: Das Gehäuse wird an zwei Metallsägen gefertigt und anschließend montiert. Die Kolbenstange wird auf drei CNC-Drehmaschinen und einer Universalfräsmaschine hergestellt. Es ist ein Pufferlager zwischen Fertigung und Montage einzurichten. Die Montage erfolgt in drei Stufen an drei Arbeitsplätzen. Der Montage nachgeschaltet ist die Qualitätskontrolle. Die nachfolgende Skizze zeigt für Halle 1 die Gebäude- und Raumanordnung, das Raumangebot sowie den Flächenbedarf je Arbeitsplatz:

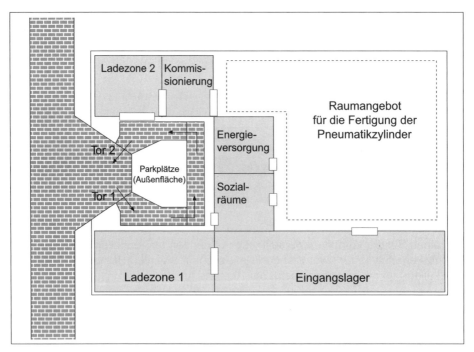

Flächenbedarf

CNC-Maschine   Universalfräsmaschine   Metallsäge   Montageplatz   Zwischenlager

Erläutern Sie

1. die Fertigungsorganisation
2. die Fertigungstechnik
3. die Montageorganisation
4. die Materialversorgung
5. die PPS-Steuerungsmethode
6. eventuelle Schnittstellen, Restriktionen

und tragen Sie die Layoutplanung in die oben dargestellte Raumskizze der Halle 1 ein. Verwenden Sie dabei den oben dargestellten Flächenbedarf je Bearbeitungsplatz.

04. Arbeitsablaufdiagramm

Die Untersuchung des Arbeitsablaufs „Materialbereitstellung in der Montage" hat sechs Einzelverrichtungen ergeben:

* Sortieren der Bauteile nach Montagebereichen
* Lagern der Bauteile in vorgesehene Behälter an den Montage-Werkbänken
* Zwischenlagern der Bauteile in der Montagehalle
* Anliefern der Bauteile aus dem Zwischenlager
* Transport der Bauteile zu den jeweiligen Montage-Teams
* Stichprobenartige Kontrolle der Bauteile vor Transport zu den Montageteams.

a) Stellen Sie den Arbeitsablauf in einem verrichtungsorientierten Arbeitsablaufdiagramm dar (vgl. Matrix, unten). Die Einzelverrichtungen sind vorher sachlogisch zu ordnen.

Lfd. Nr. der Verrichtung	Bearbeiten	Transport	Kontrolle	Lagern
	○	▷	□	▽
	○	▷	□	▽
	○	▷	□	▽
	○	▷	□	▽
	○	▷	□	▽
	○	▷	□	▽

b) Nennen Sie zwei Möglichkeiten der Ablaufoptimierung.

05. Montagekonzept***

In der Metallbau AG gehört zum Produktbereich „Maschinen" auch die Fertigung von Druckluftverdichtern. Die Montage der verschiedenen Verdichterbauarten erfolgt ausschließlich aus Fertigteilen, die von mehreren Lieferanten bezogen werden. Es wird im Einschichtbetrieb bei täglich acht Stunden an Einzelarbeitsplätzen gefertigt. Aufgrund der Variantenvielfalt und kleiner Losgrößen ist der Anteil der Umrüstzeiten relativ hoch.

Der kaufmännische Vorstand hat nach schwierigen Verhandlungen mit einem Handelskonzern einen auf vier Jahre befristeten Vertrag über die Lieferung von Kolbenverdichtern Typ XNK in den Baugrößen 1401, 1402 und 2501, 2502 abschließen können. Die Auftragsmenge je Baugröße beträgt 15.000 Stück pro Jahr. Die Baugrößen unterscheiden sich nur in der Hubhöhe und der Höhe des Zylinders. Die Verpackung gehört nicht zur Montage. Sie erfolgt in der Versandabteilung. Mit der bisher praktizierten Einzelplatzmontage ist dieser Auftrag wirtschaftlich nicht zu realisieren. Die Arbeitsvorbereitung hat ermittelt, dass für das neue Montagekonzept fünf Montagearbeitsplätze (MP 1 bis MP 5) erforderlich sind. Auf MP 5 wird u. a. der Verschlussdeckel eingesetzt und das Fertigteil automatisch geprüft.

a) Sie haben die Aufgabe, ein schlüssiges Montagekonzept vorzulegen: Entscheiden Sie sich begründet für einen Montagestrukturtyp und gehen Sie auf die Aspekte Automatisierungsgrad, Verkettung, Materialversorgung und Qualitätsprüfung ein. Stellen Sie das Konzept grafisch dar.

b) Nennen Sie sechs zentrale Faktoren, die bei der Bestimmung des Flächenbedarfs für die neue Montage zu berücksichtigen sind.

c) Im Anschluss an die Präsentation Ihres Montagekonzepts werden Sie vom Vorstand gefragt, ob nicht eine Vollautomation der Verdichter-Montage deutliche Vorteile bringen würde.

Nehmen Sie zu diesem Problem ausgewogen Stellung und nennen Sie vier Risiken der Vollautomation.

3 Produktionssteuerung

01. Produktionssteuerung (Ziele, Aufgaben, Zielkonflikte)

a) Nennen Sie vier Ziele der Produktionssteuerung.

b) Beschreiben Sie einen zwischen diesen Zielen existierenden Zielkonflikt. Er wird auch als „Dilemma der Fertigungsablaufplanung" bezeichnet.

c) Nennen Sie die Funktion der Produktionssteuerung und deren fünf Teilaufgaben. Geben Sie dazu jeweils zwei Einzeltätigkeiten an.

02. Teamarbeit

In der Fertigung sollen Sie Teamarbeit als Organisationsform einrichten.

a) Nennen Sie jeweils drei Vor- und Nachteile von Teamarbeit.

b) In Arbeitsgruppen entwickeln sich zwischenmenschliche Beziehungen.

Nennen Sie jeweils zwei Entwicklungen, die sich positiv bzw. negativ auf die Gruppenentwicklung auswirken können.

03. Teambildung

Sie sind verantwortlich für die Planung und Einrichtung einer neuen Montagelinie für Pkw-Heizanlagen. Einige Baugruppen der Heizanlage werden intern entwickelt, andere Komponenten werden fremdbezogen.

a) Nennen Sie sechs Personen (bzw. Funktionsbereiche), die außer Ihnen in dem zu bildenden Team „Planung und Errichtung des neuen Montagesystems" vertreten sein müssen.

b) Beschreiben Sie vier Methoden um in der ersten Teamsitzung die zukünftige Arbeitsweise im „Projektteam" zu steigern.

04. Werkstattsteuerung

a) Was bezeichnet man als Werkstattsteuerung?

b) Stellen Sie dar, welche Arbeiten im Rahmen der Werkstattsteuerung zu planen und umzusetzen sind.

05. Auftragsreihenfolge, Prioritätsregeln***

a) Nennen Sie vier Modelle zur Festlegung der Auftragsreihenfolge.

b) Beschreiben Sie die Fertigungsversorgung Just-in-Sequence (JiS).

c) Für die Bearbeitungsreihenfolge von Aufträgen kennt man sogenannte Prioritätsregeln. Nennen Sie sechs Prioritätsregeln und beschreiben Sie drei davon.

d) Beschreiben Sie vier charakteristische Merkmale der belastungsorientierten Auftragsfreigabe (BOA).

06. Techniken der Terminverfolgung

a) Nennen Sie vier Techniken der Terminverfolgung.

b) Beschreiben Sie zwei Methoden der Terminfeinplanung anhand eines Beispiels und nennen Sie jeweils zwei Vor- und Nachteile.

07. Maschinenbelegung

Ihrem Unternehmen liegen drei Aufträge (A1 - A3) vor. Die Ausführung erfolgt an drei Maschinen (M1 - M3) in unterschiedlicher Reihenfolge und Zeitdauer (Produktionsstufen P1 - P3).

Ermitteln Sie die optimale Maschinenbelegung mithilfe des Balkendiagramms (Plannet-Technik). Die Bedingungen: Es entstehen keine Umrüstzeiten. Die einzelnen Bearbeitungsvorgänge je Auftrag sind nicht teilbar.

	P 1	P 2	P 3
Auftrag 1	6 Stunden M1	1 Stunde M3	4 Stunden M2
Auftrag 2	4 Stunden M3	3 Stunden M2	2 Stunden M1
Auftrag 3	4 Stunden M2	2 Stunden M1	1 Stunde M3

08. Durchlaufzeit

Aus Wettbewerbsgründen müssen Sie interne Kostenvorteile schaffen. Dazu planen Sie die Durchlaufzeit Ihrer Fertigung zu verkürzen.

a) Aus welchen Größen setzt sich die Durchlaufzeit zusammen?

b) Nennen Sie sechs geeignete Maßnahmen zur Verkürzung der Durchlaufzeit.

c) Für einen Auftrag über 80 Stück ist die Durchlaufzeit nach folgenden Angaben zu ermitteln:

Vorgang		Ausführungszeit in min	Rüstzeit je Auftrag in min
10	Bohren	15	30
20	Entgraten	5	
30	Gewinde schneiden	20	15
40	Reinigen	5	
50	Galvanisieren	25	20
60	Montage	20	15
70	Funktionsprüfung	5	

Zwischen den Vorgängen ist eine Transportzeit von 10 min und eine Liegezeit von 30 min zu berücksichtigen.

09. Durchlaufzeit und Selbstkosten

Dem Unternehmen liegt eine Bestellung über 1.200 lackierte Blechteile vor. Die Materialkosten betragen 12,00 € pro Stück. Die Fertigungsvorgänge benötigen folgende Zeiten:

Vorgang	Rüstzeit	Ausführungszeit pro Stück	Zeit
Stanzen	300 min	0,25 min	
Biegen	120 min	0,50 min	
Lackieren	–	0,30 min	
Aushärten des Lacks			12 Stunden

Zwischen den Übergängen Stanzen – Biegen und Biegen – Lackieren ist eine Pufferzeit von jeweils zwei Stunden vorgesehen.

Weiterhin liegen folgende Daten vor:

Vorgang	Fertigungslohnkosten in €/Stunde	Gemeinkostenzuschag
Material		12 %
Stanzen	60,00	450 %
Biegen	55,00	700 %
Lackieren	70,00	120 %
Verwaltung und Vertrieb		25 %

a) Erstellen Sie den Arbeitsplan mithilfe eines Balkendiagramm und ermitteln Sie die Durchlaufzeit.

b) Berechnen Sie die Selbstkosten pro Stück.

10. Verkürzung der Durchlaufzeit (Splitting, Überlappung, Zusammenfassung)

a) Zur Verkürzung der Durchlaufzeit eignen sich die drei Verfahren:

- Splitting
- Überlappung und
- Zusammenfassung

von Aufträgen.

Geben Sie jeweils eine Erläuterung.

b) Nennen Sie drei weitere Maßnahmen zur Verkürzung der Durchlaufzeit.

11. Paralleles Fertigen

a) Erklären Sie, was paralleles Fertigen ist.

b) Ein Auftrag besteht aus den Arbeitsgängen A bis F.
Der Arbeitsplan weist folgende Bearbeitungsstruktur aus:

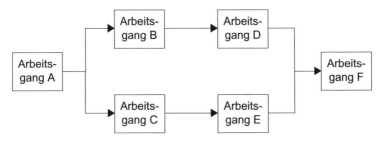

Es sind folgende Bearbeitungszeiten vorgegen:

Arbeitsgang	Rüsten (R) in min	Bearbeitungszeit in min
A	3	2
B	2	4
C	1	2
D	1	2
E	3	2
F	1	2

Stellen Sie die Lösung als Balkendiagramm dar.

12. Optimierung der Haupt- und Nebenzeiten***

Beschreiben Sie vier Maßnahmen, die sich zur Optimierung der Haupt- und Nebenzeiten eignen.

13. Ausweicharbeitsplatz

Stellen Sie an einem Beispiel dar, wie ein Ausweicharbeitsplatz (Arbeitssystem B) bei Überschreiten der Kapazität (Arbeitssystem A) genutzt werden kann.

14. SMED***

Erläutern Sie, wie sich die Rüstzeit mit dem Verfahren SMED (Single Minute Exchange of Die) verkürzen lässt.

15. Optimale Fertigungslosgröße (1)

a) Ermitteln Sie die optimale Losgröße nach folgenden Angaben:

- geplante jährliche Stückzahl: 25.000 Stück
- losfixe Kosten: 250,00 €
- losvariable Kosten: 5,00 €/Stück
- Lagerhaltungskostensatz: 25 %

b) Erklären Sie, was losfixe und losvariable Kosten sind und geben Sie jeweils ein Beispiel.

16. Optimale Fertigungslosgröße (2)***

Ein Werkstück wird über eine Periode konstant nachgefragt. Die produzierte und abgesetzte Menge beträgt 500 Stück.

Weiterhin ist bekannt:

- Herstellkosten (ohne Rüstkosten) pro Stück: 5,00 €
- Rüstkosten pro Los: 10,00 €
- Lagerhaltungskostensatz   20,0 %

a) Ermitteln Sie für die Losgrößen 50, 75, 100, 125, 150, 175, 200, 225, und 250

- den durchschnittlichen Lagerbestand
- die Rüstkosten
- die Lagerhaltungskosten
- die Gesamtkosten.

b) Stellen Sie den Verlauf der Kosten aus a) grafisch dar.

c) Ermitteln Sie die kostenminimale Losgröße

- aufgrund der Berechnung/Grafik zu a)
- mithilfe der Losgrößenformel nach Andler.

17. Verkürzung der Durchlaufzeit durch Losteilung

Sie sind in der Arbeitsvorbereitung eines großen Maschinenbauers tätig. Aufgrund von hohen Durchlaufzeiten sind in der Vergangenheit einige Kundenaufträge an Ihren Wettbewerber vergeben worden. Es ist erklärtes Ziel Ihrer Geschäftsführung, diese Zeiten erheblich zu verringern. Eine Möglichkeit hierzu ist die Losteilung.

a) Erstellen Sie eine Tabelle mit möglichen Losteilungsdivisoren für folgende Eckdaten:
   • Rüstzeit: 120 min
   • Bearbeitungszeit: 700 min.

b) Berechnen Sie die Kosten, wenn für eine Belegungsstunde 65,00 € anfallen.

18. Verkürzung der Durchlaufzeit durch Überlappung

Das Erzeugnis EK wird in vier Arbeitsgängen gefertigt:

Erzeugnis EK		
Arbeitsgang	Rüstzeit (min)	Ausführungzeit je Stück (min)
01	60	30
02	60	45
03	60	60
04	60	60

Für einen Kundenauftrag wird eine Losgröße von vier Stück hergestellt.

a) Ermitteln Sie die Durchlaufzeit des Auftrags. Liege-, Warte- und Transportzeiten sind nicht zu berücksichtigen.

b) Stellen Sie grafisch mithilfe eines Balkendiagramms die mögliche Verkürzung der Durchlaufzeit durch Überlappung dar.

c) Ermitteln Sie die Verkürzung der Durchlaufzeit durch Überlappung (Angabe in Prozent).

19. Durchlaufzeit, kritischer Weg

Ihr Firma erhält einen Auftrag über 20 Stück eines Getriebeteils. Nachfolgend ist die Erzeugnisgliederung des Getriebeteils dargestellt:

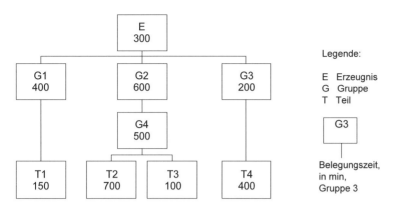

Hinweis zum Fertigungsablauf: Jede Fertigung erfolgt an unterschiedlichen Arbeitsplätzen. Nach jedem Fertigungsabschnitt (E, G, T) ist eine Übergangszeit (= Transportzeit + Liegezeit) in Höhe von 20 % der Belegungszeit zu berücksichtigen.

a) Stellen Sie grafisch oder tabellarisch dar, welche Fertigungsabschnitte auf dem kritischen Weg liegen.

b) Berechnen Sie die Durchlaufzeit des Auftrags.

c) Nennen Sie drei Maßnahmen, mit denen eine Verkürzung der Durchlaufzeit realisiert werden kann.

20. Balkendiagramm, Netzplan

Ein Anruf vom Kunden Mertens: „Ich brauche überraschenderweise noch 100 Stück Anlasserritzel Typ M. Können Sie mir die Lieferung in zwei Tagen garantieren? Ich bitte um Rückruf in der nächsten halben Stunde." Es ist jetzt Dienstag, 15:30 Uhr.

Laut Arbeitsplan liegen für die Fertigung von Typ M folgende Daten vor:

Rüsten 1:   1 Stunde
Fräsen: 3 min/Stück
Rüsten 2:   2 Stunden
Bohren: 2,4 min/Stück
Reinigen: 1 Stunde

Für die Fertigung steht pro Vorgang nur ein Halbautomat zur Verfügung; Paralleltätigkeiten sind nicht möglich. Nach jedem Maschinenwechsel ist eine Pufferzeit von einer Stunde zu berücksichtigen. Der Arbeitstag beträgt acht Stunden im Einschichtbetrieb. Für Verpackung und Transport rechnen Sie mit fünf Stunden. Sie könnten mit der Arbeit morgen, bei Schichtbeginn anfangen. Durchlaufend wird eine Vollzeitkraft benötigt.

a) Stellen Sie den Arbeitsablauf mithilfe eines Balkendiagramms dar.

b) Können Sie die Ausführung des Auftrags – wie gewünscht – zusagen? Geben Sie eine begründete Antwort.

c) Könnten Sie die Aufgabe auch mithilfe der Netzplantechnik lösen? Nennen Sie in Ihrer Begründung vier Gemeinsamkeiten bzw. Unterschiede der beiden Planungstechniken.

21. Terminermittlung: Netzplan

Sie sind Leiter des Projekts „Erweiterung der Fertigungshalle 3" und erhalten die nachfolgende Vorgangsliste:

Nr.	Vorgänger	Zeit in Tagen
1	–	3
9	3/7	1
4	1	3
13	11/12	3
3	1	4
6	2	6
10	8	5
7	2	4
2	1	2
12	10	1
5	1	1
8	4/5	3
11	6/9	5

Ordnen Sie die Vorgangsliste, zeichnen Sie die Netzstruktur, berechnen Sie alle Zeiten und kennzeichnen Sie den kritischen Weg.

22. Mengenstückliste

Für ein Erzeugnis liegt folgende Struktur vor:

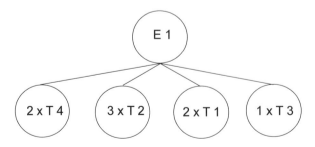

a) Erstellen Sie aus der vorgegebenen Erzeugnisstruktur eine einfache Mengenstückliste.

b) Errechnen Sie den Sekundärbedarf für alle Bauteile bei einem Primärbedarf von 1.700 Stück für das Erzeugnis E1.

23. Erzeugnisstruktur

Die Erzeugnisgliederung ist ein wichtiges produktionsorientiertes Hilfsmittel.

a) Definieren Sie den Begriff „Erzeugnisgliederung".

b) Bei welchen Tätigkeiten im Betrieb kann die Erzeugnisgliederung als nützliches Hilfsmittel eingesetzt werden? Nennen Sie vier Möglichkeiten.

c) Skizzieren Sie die Erzeugnisstruktur zu folgender Strukturstückliste:

Fertigungsstufe	Bauteil	Anzahl
1	G1	2
2	T1	1
2	T2	1
1	T3	1
1	G2	1
2	G3	2
3	T1	1
3	T2	2
2	T5	2
1	T4	2

24. Teileverwendungsnachweis

Erstellen Sie aus den unten aufgeführten Stücklisten Teileverwendungsnachweise.

Erzeugnis 1		Erzeugnis 2		Erzeugnis 3	
Bauteil	Anzahl	Bauteil	Anzahl	Bauteil	Anzahl
T3	4	T1	1	T5	2
T4	3	T2	3	T3	1
T5	1	T5	2	T4	2

25. Konstruktionsunterlagen

Beschreiben Sie folgende Konstruktionsunterlagen:

Lastenheft, Gesamtzeichnung, Baugruppenzeichnung, Funktionsgruppenzeichnung, Einzelteilzeichnung, Stromlaufplan, Bauschaltplan, Stückliste, Aufbauübersicht, Auflösungs-/Gliederungsübersicht (Stammbaum).

26. Technische Zeichnung

Nennen Sie sechs Grundsätze, die eine montagegerechte, technische Zeichnung erfüllen muss.

27. Stücklisten

a) Stellen Sie dar, welche Bestandteile die Grundform einer Stückliste enthält.

b) Nennen Sie drei Merkmale, nach denen Stücklisten unterschieden werden.

c) Beschreiben Sie folgende aufbaubezogene Stücklisten:

- Strukturstückliste
- Mengenübersichtsstückliste
- Baukastenstückliste
- Variantenstückliste.

d) Beschreiben Sie folgende anwendungsbezogene Stücklisten:

- Konstruktionsstückliste
- Fertigungsstückliste
- Einkaufsstückliste
- Terminstückliste
- Teilebereitstellungsliste
- Teileverwendungsnachweis.

e) Beschreiben Sie, welche Darstellungsform eine Stückliste hat.

28. Montagegerechte Konstruktion/Produktion***

a) Nennen Sie zehn Gestaltungsregeln, die für eine montagegerechte Konstruktion gelten.

b) Nennen Sie sechs Methoden bzw. Hilfsmittel oder Maßnahmen, die für eine montagegerechte Produktgestaltung geeignet sind.

4 Systeme der Produktionssteuerung

01. CAX-Techniken

a) Erläutern Sie CIM und nennen Sie vier CAX-Techniken.

b) Erläutern Sie, welches Ziel mit CIM verfolgt wird und welchen Nutzen CIM für ein Unternehmen hat.

c) Stellen Sie dar, in welcher chronologischen Abfolge die zu einem CIM-System verbundenen Organisationseinheiten mit ihren jeweiligen rechnergestützten Teilsystemen stehen.

d) Beschreiben Sie, wozu CAD-Software dient.

e) Beschreiben Sie, welche Aufgaben ein PPS-System erfüllt.

f) Wie lässt sich die Verknüpfung der PPS-Funktionen und der entsprechenden technischen CAX-Funktionen grafisch darstellen?***

g) Beschreiben Sie vier Steuerungskonzepte für PPS-Systeme.***

02. Managementinformationssystem, Data Warehouse-Architektur***

a) Erläutern Sie, wie sich ein Managementinformationssystem aufbauen lässt.

b) Beschreiben Sie, welche Anwendungsmöglichkeiten eine Data Warehouse-Architektur bietet.

03. Echtzeitbetriebssysteme

Erläutern Sie den Unterschied zwischen Real-time-Processing und Batch-Processing.

04. Übernahme bestehender Zeichnungen, CAD***

a) Wie können bestehende Zeichnungen auf elektronischem Wege übernommen werden, um sie anschließend mit einem CAD-Programm weiterzuverarbeiten? Beschreiben Sie zwei mögliche Vor- und Nachteile des Verfahrens.

b) Welche Vorteile besitzen CAD-Programme im Vergleich zu herkömmlichem Zeichnen? Nennen Sie sechs Argumente.

c) Nennen Sie sechs Funktionen, die CAD-Programme einem technischen Zeichner bieten.

05. Betriebsdatenerfassung (BDE)

a) Beschreiben Sie, was man unter BDE versteht.

b) Die Betriebsdatenerfassung für Lohnscheine soll von Magnetstreifen auf Barcodes umgestellt werden. Worin liegen die Vorteile der BDE mittels Barcodes im Vergleich zur BDE mittels Magnetstreifen? Beschreiben Sie zwei Beispiele.

c) Nennen Sie vier Arten von Betriebsdaten mit jeweils drei Beispielen, die bei der BDE erfasst werden können.

d) Die Konfigurationsmöglichkeiten bei heutigen BDE-Systemen sind vielfältig und unterscheiden sich vor allem in den Aspekten

- Offline-/Online-Erfassung

- Grad der Vernetzung mit anderen Verarbeitungssystemen, z. B. der Zeiterfassung

- Hierarchiestufen

- Output-Daten (Möglichkeiten der Auswertung).

Beschreiben Sie drei Konfigurationstufen.

5 Produktionsüberwachung

01. Ziele und Aufgabe der Produktionsüberwachung

a) Beschreiben Sie die Aufgabe der Produktionsüberwachung.

b) Nennen Sie fünf Einzelziele der Produktionsüberwachung.

02. Fertigungskontrolle

Die Aufgabengebiete der Fertigungskontrolle sind vor allem:

Kontrolle

- der Termine
- der Kapazitätsauslastung
- der Kosten
- des Materialverbrauchs
- der Qualität.

Nennen Sie zu jedem Aufgabengebiet beispielhaft eine Einzeltätigkeit.

03. Störungen bei der Fertigungsdurchführung

a) Nennen Sie vier Arten von Störungen, die bei der Fertigungsdurchführung typisch sind und geben Sie jeweils zwei Beispiele.

b) Nennen Sie fünf Auswirkungen, die sich infolge von Störungen bei der Fertigungsdurchführung ergeben können.

c) Nennen Sie fünf Ereignisse, die zu einer Verlängerung der (geplanten) Durchlaufzeit (DLZ) führen können und daher zu vermeiden sind.

d) Im Rahmen der Produktionsüberwachung sind insbesondere folgende Variablen des Fertigungsprozesses zu beachten:

- Beachten der Kapazitätsgrenzen
- Nutzung von Fertigungsalternativen
- Fehler und Störungen im Fertigungsprozess
- Überwachung der Termineinhaltung.

Erläutern Sie, warum diese Variablen besonders zu überwachen sind.

04. Produktionscontrolling, Produktionsbudget

a) Beschreiben Sie die Aufgabenstellung des Produktionscontrollings.

b) Nennen Sie zehn typische Kennzahlen des Produktionscontrollings.

c) Nennen Sie drei Instrumente, die das operative Produktionscontrolling verwendet.

d) Nennen Sie sechs Kennzahlen, die im Rahmen des operativen Produktionscontrollings im Mittelpunkt stehen.

e) ***

   Ihr Betrieb stellt Gussteile her. Entwickeln Sie ein Controllingblatt mit den sechs wesentlichen Leistungsdaten Ihrer Fertigung, um dadurch eine Kontrolle hinsichtlich der Wirtschaftlichkeit, Produktivität und Rentabilität zu ermöglichen.

f) Begründen Sie, warum die Größe „Gewinn" im Rahmen des Produktionscontrollings nicht aussagefähig ist.

g) Nennen Sie fünf Maßnahmen, durch die sich das Produktionsbudget verringern lässt.

h) Der Prozess der betrieblichen Wertschöpfung lässt sich in folgende Phasen gliedern:

   • Input
   • Througput
   • Output.

   Nennen Sie je Phase zwei Überwachungspunkte und drei Überwachungsinstrumente.

i) Erläutern Sie, welche Arbeiten im Rahmen der Endprüfung durchzuführen sind und nennen Sie drei Beispiele.

6 Rahmenbedingungen der Produktion

Hinweis: Einige Rahmenpläne enthalten im Handlungsbereich „Produktion(swirtschaft)" den Qualifikationsinhalt „Rahmenbedingungen der Produktion". Überwiegend werden werden hier Teilaspekte der Themen

- Qualitätssicherung (Qualitätsmanagement)
- Arbeitsschutz- und Arbeitssicherheit
- Umweltschutz.

behandelt. Aufgrund der Stofffülle müssen wir uns in diesem Übungsbuch auf einen Auschnitt möglicher Fragen und Antworten beschränken. Eigene Klausurentrainings zu diesen Themen sind geplant.

6.1 Qualitätssicherung

01. Stichprobe, Prüfschärfe

In der Qualitätssicherung werden unterschiedliche Prüfverfahren eingesetzt.

a) Nennen Sie zwei Situationen, in denen die Stichprobenprüfung eingesetzt wird.

b) Beschreiben Sie den Ablauf der Stichprobenprüfung.

c) Erläutern Sie, was man unter „Prüfschärfe" versteht.

02. Qualitätsbegriff, Q7, Qualitätsarten

Sie besuchen ein Einführungsseminar zum Thema „Qualitätsmanagement". Zu Beginn der Veranstaltung äußern die Teilnehmer zum Teil sehr unterschiedliche Auffassungen zum Begriff „Qualität".

a) Nennen Sie zwei Normen, die den Begriff „Qualität" eindeutig festlegen.

b) Nennen Sie die Definition nach einer der Normen.

c) Das Histogramm gehört zu den klassischen Qualitätswerkzeugen (Q7). Beschreiben Sie dieses Werkzeug und nennen Sie vier weitere Beispiele der Q7.

d) Beschreiben Sie vier Qualitätsarten im Verlauf des Wertschöpfungsprozesses.

03. Qualitätskosten

Qualitätskosten sind – in Anlehnung an die DGQ (Deutsche Gesellschaft für Qualität) und DIN 55350 – die Summe aller Kosten zur Fehlerverhütung, Kosten der planmäßigen Qualitätsprüfungen, Fehlerkosten, Fehlerfolgekosten und Darlegungskosten.

Definieren Sie diese Kostenarten nach der Festlegung durch die DGQ und nennen Sie jeweils zwei Beispiele.

04. TQM

Nach der Definition der Deutschen Gesellschaft für Qualität (DGQ) ist TQM eine „auf der Mitwirkung aller Mitglieder beruhende Führungsmethode einer Organisation, die Qualität in den Mittelpunkt stellt […]".

Nennen Sie jeweils vier detaillierte Inhalte, die mit „T", „Q" und „M" verbunden sind.

05. Kaizen, KVP

Um den Rationalisierungsprozess in Ihrem Unternehmen konsequent voranzubringen, soll das Konzept „Kaizen" eingeführt werden.

a) Erläutern Sie das Konzept.

b) Erläutern Sie den KVP-Ansatz (Kontinuierlicher Verbesserungsprozess).

c) Nennen Sie sechs Verschwendungsarten nach KVP.

d) Nennen Sie vier Möglichkeiten/Medien, um den KVP-Gedanken im Ihrem Unternehmen, das einen Betriebsrat hat, wirksam zu kommunizieren (innerbetriebliches Marketing).

06. Maßnahmen der Rationalisierung

a) Nennen Sie jeweils zwei Maßnahmen der Rationalisierung im Produktbereich, im Materialbereich, zur Verbesserung der Produktivität und der Flexibilität der Produktion sowie zur Humanisierung der Arbeit.

b) Nennen Sie fünf Konzepte der verfahrensorientierten Rationalisierung.

c) Wie lassen sich Rationalisierungserfolge messen? Nennen Sie fünf Beispiele.

07. Pareto-Analyse

In der monatlichen Besprechung zur Qualitätssicherung werden für das Produkt XY folgende Fehlerzahlen und -kosten je Fehler für das zurückliegende Quartal vorgelegt:

Bereich	Fehleranzahl (in Stück)	Kosten je Fehler (in €)
Vorfertigung	20	1,50
Beschaffung	30	3,00
Fertigung	15	15,00
Montage	10	25,00
Arbeitsvorbereitung	7	60,00
Konstruktion	5	250,00

a) Erstellen Sie auf der Basis der gesamten Fehlerkosten je Bereich ein Pareto-Diagramm in Form der Summenkurve.

b) Interpretieren Sie das Ergebnis der Summenkurve bezüglich notwendiger QM-Maßnahmen.

08. Ursache-Wirkungsdiagramm

Sie sind Mitglied in einem Qualitätszirkel. Zum Einstieg für die nächste Sitzung sollen Sie eine Präsentation halten. Insbesondere wird die Bearbeitung folgender Aufgaben erwartet.

a) Beschreiben Sie das Ursache-Wirkungsdiagramm.

b) Nennen Sie drei Anwendungsgebiete.

c) Nennen Sie vier Randbedingungen, die zu beachten sind.

d) Nennen Sie jeweils zwei Vor- und Nachteile.

e) Stellen Sie den Ablauf bei der Bearbeitung dar.

09. Strichliste (Fehlersammelkarte)

Erklären Sie, was eine Strichliste ist und nennen Sie zu folgenden Aspekten jeweils drei Argumente:

• Anwendungsbereich
• Randbedingungen
• Vorteile
• Nachteile.

10. Interpretation von Histogrammen

Interpretieren Sie die dargestellten Histogramme 1 bis 6 anhand der Zielwertes und der oberen und unteren Toleranzgrenze (OTG, UTG) und nennen Sie die ggf. erforderlichen Eingreifmaßnahmen.

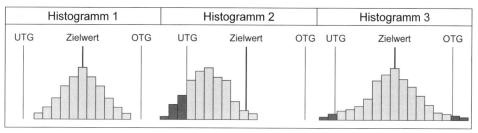

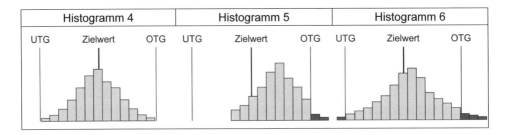

11. DIN ISO 9000

In der Werkzeug GmbH soll ein Qualitätsmanagementsystem nach DIN ISO 9000 ff. eingeführt werden.

a) Beschreiben Sie den Inhalt der Norm DIN ISO 9000.

b) Nennen Sie vier Zielsetzungen, die mit der Einführung eines Qualitätsmanagementsystems realisiert werden können.

12. QM-System (1)

Ein QM-System muss in schriftlicher Form dokumentiert werden. Man verwendet im Allgemeinen die Darstellung in sog. Dokumentationsebenen (QM-Dokumentations-Pyramide).

a) Stellen Sie den Inhalt der QM-Dokumentations-Pyramide grafisch dar.

b) Beschreiben Sie vier darin enthaltene QM-Dokumente.

13. QM-System (2)

Von der Geschäftsleitung wird die Einführung eines Qualitätsmanagements erwogen.

a) Beschreiben Sie jeweils anhand von drei Aspekten, worin sich

• das Qualitätsmanagement (TQM) im Vergleich
• zur traditionellen Qualitätskontrolle

unterscheidet.

b) Nennen Sie sechs Maßnahmen, die Sie innerbetrieblich einleiten müssen, um die Forderung nach einem Total-Quality-Management zu erfüllen.

14. Qualitätsplanung

Die letzten beiden Produktneuentwicklungen ergaben bei der Markteinführung nicht den gewünschten Verkaufserfolg. Die Analysen zeigten, dass die Produkte nicht den

Erwartungen der Kunden entsprachen. Beide Produkte mussten nach ihrer Markteinführung aufwändig angepasst werden.

a) Nennen und beschreiben Sie die Methode, die bei der Qualitätsplanung die Kundenanforderungen/-erwartungen in den Mittelpunkt stellt und dabei eine spezielle Form der grafischen Darstellung nutzt.

b) Nennen Sie vier Vorteile dieser Methode.

c) Nennen Sie acht Bearbeitungsschritte dieser Methode in sachlogischer Reihenfolge.

15. Prüfplanung

a) Welches Ziel hat die Prüfplanung?

b) Was ist ein Prüfplan?

c) Ihr Betrieb fertigt Diagnosegeräte. Die dazu erforderlichen Platinen werden zugekauft. In den letzten drei Monaten hat sich in der Endkontrolle gezeigt, dass die Anzahl der NIO-Teile stark angestiegen ist. Ursache war zu 70 % eine Fehlfunktion der Platine. Daher soll die Systematik der Wareneingangsprüfung kontrolliert werden.

Nennen Sie vier Merkmale, die im Wareneingang bei allen Einkaufswaren geprüft werden sollen.

16. Qualitätslenkung, Abweichungsursachen

Qualitätslenkung ist die vorbeugende, überwachende und korrigierende Tätigkeit mit dem Ziel, Qualitätsanforderungen zu erfüllen.

a) Stellen Sie sechs Abweichungsursachen grafisch als Ursache-Wirkungs-Diagramm (Ishikawa-Diagramm) dar.

b) Nennen Sie zu jeder Ursache drei Beispiele.

17. FMEA

a) Beschreiben Sie Methode „FMEA".

b) Nennen Sie drei Anwendungsgebiete.

c) Nennen Sie zwei Randbedingungen, die zu beachten sind.

d) Nennen Sie jeweils zwei Vor- und Nachteile.

e) Die Methode „FMEA" soll in Ihrem Unternehmen eingeführt werden.
Nennen Sie der Geschäftsleitung vier erforderliche Maßnahmen.

f) Sie sollen in der Einführungsveranstaltung „FMEA" die Istsituation des Unternehmens sowie den Projektablauf präsentieren.

Nennen Sie dazu vier geeignete Formen der grafischen Darstellung mit je einem Beispiel.

g) Erläutern Sie, welche Bedeutung eine RPZ = 30 bzw. eine RPZ = 300 hat.

18. Fehlerbaumanalyse

a) Beschreiben Sie die Methode „Fehlerbaumanalyse".

b) Nennen Sie vier Anwendungsgebiete.

c) Nennen Sie drei Randbedingungen, die zu beachten sind.

d) Nennen Sie drei Vorteile und einen Nachteil.

19. SPC

Aufgrund der Ausweitung der Serienproduktion will die Geschäftsleitung die Statistische Prozesskontrolle (SPC) forcieren.

a) Beschreiben Sie die Methode „SPC".

b) Nennen Sie drei Kernelemente der Methode.

20. Kontrollkarte (QRK = Qualitätsregelkarte)

Die nachfolgende Abbildung enthält den Ausschnitt einer Kontrollkarte:

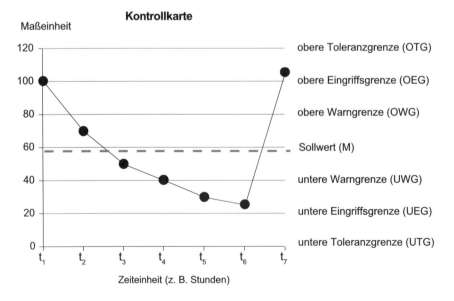

Interpretieren Sie die Kontrollkarte

a) zum Zeitpunkt t_4

b) zum Zeitpunkt t_6

c) zum Zeitpunkt t_7.

21. NIO-Teile

Auf einem Halbautomaten werden Anlasser gefräst. Aus einem Los von 500 Stück werden 8 % entnommen und auf die Einhaltung der Toleranz überprüft. Die Stichprobe ergibt 6 NIO-Teile.

Ermitteln Sie die Anzahl der wahrscheinlichen NIO-Teile des Loses in Prozent.

22. Maschinenfähigkeitsindex***

Es werden Edelstahlwellen auf einer CNC-Maschine hergestellt. Die Stichprobe vom Umfang n = 30 aus einer Losgröße von N = 2.000 ergibt einen Mittelwert von x = 430 bei einer Standardabweichung von s = 12,4. Die Toleranz T wurde bei 120 festgelegt.

Beurteilen Sie, ob die Maschine fähig ist.

23. Maschinenfähigkeit, Prozessfähigkeit (Unterschiede)

Welche Einflussgrößen werden bei der Ermittlung der Maschinenfähigkeit und welche bei der Prozessfähigkeit betrachtet? Stellen Sie die Unterschiede dar.

6.2 Umweltschutz

01. Ökologie

a) Erläutern Sie den Begriff „Ökologie".

b) Beschreiben Sie sechs Phänomene, an denen sich heute die globale Umweltbelastung festmachen lässt.

02. Wasserhaushaltsgesetz (WHG)

Ihr Firmensitz befindet sich direkt an einem Fließgewässer. Sie beabsichtigen, in dieses Gewässer Ihr benutztes Kühlwasser einzuleiten.

a) Welche Voraussetzungen müssen Sie nach dem WHG erfüllen, um die Erlaubnis von der zuständigen Behörde für das Einleiten des Kühlwassers zu bekommen?

b) Kann diese Erlaubnis auch widerrufen werden?

03. Elektro- und Elektronikgerätegesetz (ElektroG)

Im März 2005 wurde das Elektro- und Elektronikgerätegesetz (ElektroG) verabschiedet. Beschreiben Sie kurz den Inhalt des Gesetzes.

04. Chemikaliengesetz REACH

Welchen Inhalt hat das Chemikaliengesetz REACH?

05. Kooperationsprinzip

Im Umweltrecht ist u. a. der Begriff „Kooperationsprinzip" festgeschrieben. Beschreiben Sie allgemein, „wer mit wem kooperieren soll" und geben Sie zwei Beispiele für die praktische Umsetzung.

06. Prinzipien des Umweltrechts

Im Umweltrecht gelten verschiedene Prinzipien. Erläutern Sie in diesem Zusammenhang

• das Vorsorgeprinzip
• das Verursacherprinzip.

07. Umweltmanagement I

a) Erläutern Sie die Begriffe

   • Umweltpolitik
   • Umweltmanagementsystem
   • Umweltbetriebsprüfung.

b) Ihr Unternehmen stellt Druckluftverdichter her und vertreibt diese weltweit. Das Unternehmen beabsichtigt, eine Umweltschutzzertifizierung durchzuführen. Nennen Sie zwei Varianten und begründen Sie, welche Möglichkeit der Zertifizierung Sie für Ihr Unternehmen vorschlagen.

c) Was sind Emissionen und was versteht man unter Immissionen? Geben Sie eine Erläuterung mithilfe von jeweils drei Beispielen.

08. Standort- und produktorientierte Probleme

Bei der Produktion sind heute ökologische Aspekte maßgeblich zu beachten. Im Zusammenhang damit unterscheidet man so genannte

* standortorientierte und
* produktorientierte

Probleme.

Nennen Sie für beide Problembereiche vier Beispiele.

09. Verpackungsverordnung

a) Verpackungen im Sinne der Verpackungsverordnung sind folgende Verpackungsgruppen:

* Transportverpackungen
* Umverpackungen
* Verkaufsverpackungen.

Vervollständigen Sie die nachfolgende Tabelle:

	Verpackungsgruppen laut Verpackungsverordnung (VerpackV)		
	Transport-verpackungen	Um-verpackungen	Verkaufs-verpackungen
Pflichten: Handel, Industrie			
Pflichten: Lieferant, Vorstufe			
Entsorgungs-varianten von Handel/Industrie			

b) Im Rahmen der Kampagne „Ökologische Verpackungspolitik" sind alle Mitarbeiter aufgefordert, Vorschläge zur Vermeidung oder Reduzierung von Abfällen aus Verpackungen einzureichen.

Schlagen Sie fünf geeignete Maßnahmen vor.

10. Abfallverordnungen

Nennen Sie fünf Abfallverordnungen.

11. Umweltmanagement II

Ihr Unternehmen gehört zur Verpackungsmittelindustrie und hat rund 1.400 Mitarbeiter. Die Geschäftsleitung hat beschlossen, zukünftig Fragen des Umweltschutzes stärker in die gesamte Organisation einzubinden und noch stärker in das Bewusstsein der Mitarbeiter zu bringen. Der betriebliche Umweltschutz soll zu einem laufenden Thema im Unternehmen werden.

Nennen Sie sechs Maßnahmen, die geeignet sind, diese Zielsetzung zu realisieren.

12. Umweltschutz und Produktlebenszyklus

Im Rahmen der Marketingstrategie verfolgt Ihr Unternehmen die Verlängerung des Produktlebenszyklus des Rasenmähers Modell „Elegance".

Erläutern Sie die Gestaltung der Lebensdauer eines Produkts aus umweltpolitischer Sicht. Nennen Sie zwei Nachteile, die damit verbunden sein können.

13. Umweltgefährdendes Handeln Ihrer Mitarbeiter

Sie sind seit drei Monaten leitender Mitarbeiter in einem Logistikzentrum. Ihnen fällt auf, dass Ihre Mitarbeiter umweltgefährdend arbeiten. Was können Sie tun um diesen Verhaltensweisen entgegenzuwirken? Nennen Sie fünf Handlungsempfehlungen.

14. Umweltmanagement und Firmenjubiläum

Ihr Unternehmen feiert demnächst ein Firmenjubiläum. Es sind mehrere hundert Gäste eingeladen. Beschreiben Sie vier Maßnahmen für eine ökologische Durchführung der Feier.

15. Öko-Audit

Ihr Betrieb möchte den Umweltschutz weiter voranbringen. Man erwägt die Einführung eines Öko-Audits. In der nächsten Besprechung mit Ihrem Betriebleiter sollen Sie über folgende Fragen Auskunft geben können:

a) Welchen Inhalt hat das Öko-Audit-System?

b) Nennen Sie zwei wirtschaftliche Vorteile, die mit der Einführung verbunden sein können.

c) Nennen Sie drei Umweltschutzgesetze bzw. -verordnungen, die von Ihnen zu beachten sind.

d) Wie muss sich ein Unternehmen auf ein Öko-Audit vorbereiten?
   Nennen Sie sechs zentrale Maßnahmen.

16. Öko-Sponsoring

Ihr Unternehmen weiß, dass das Umweltbewusstsein des Verbrauchers zunimmt. Aus diesem Grunde erwägt die Geschäftsleitung, finanzielle Mittel für Öko-Sponsoring zur Verfügung zu stellen.

Schlagen Sie vier geeignete Maßnahmen vor.

17. Produktorientierter Umweltschutz

Der Umweltschutz ist heute in allen Teilprozessen der Produktion zu beachten. Dies gilt auch für die Phase der Konstruktion. Eine der Forderungen ist die demontagegerechte Produktgestaltung.

a) Nennen Sie die Zielsetzung einer demontagegerechten Produktgestaltung.

b) Nennen Sie vier Vorteile der demontagegerechten Produktgestaltung.

c) Beschreiben Sie zwei Beispiele, in denen die Forderung der demontagegerechten Produktgestaltung nicht zu erfüllen ist.

d) Beschreiben Sie die unternehmerische Produktverantwortung im Sinne des Umweltschutzes.

e) Nennen Sie drei weitere Möglichkeiten einer umweltgerechten Produktgestaltung.

18. Produktverantwortung der Lieferanten

Der Einkauf ist aufgefordert, die Lieferanten in die ökologische Produktverantwortung mit einzubeziehen.

Schlagen Sie fünf geeignete Maßnahmen vor.

19. Abwasserreinigung

Abwässer müssen, bevor sie in Gewässer eingeleitet werden können, so weit wie möglich von umweltschädlichen Stoffen gereinigt werden. Dies wird kostenpflichtig durch kommunale Kläranlagen gelöst oder kann in eigenen betrieblichen Anlagen geschehen.

Beschreiben Sie in Grundzügen die Stufen der Abwasserreinigung.

20. Entsorgung, KSS***

Ihr Betrieb hat eine zerspanende Fertigungsabteilung, in der Kühlschmierstoffe (KSS) eingesetzt werden. An den Drehautomaten fallen Späne an, die mit Kühlschmierstoff versetzt sind.

a) Beschreiben Sie eine Möglichkeit, wie die Späne und der Kühlschmierstoff umweltgerecht verwertet bzw. entsorgt werden können.

b) Nennen Sie zwei Schutzmaßnahmen im Umgang mit KSS.

c) Erklären Sie in diesem Zusammenhang den Begriff „Minimalmengenschmierung"
   (MMS).

6.3 Arbeitsschutz und Arbeitssicherheit

01. Arbeitsstättenverordnung (ArbStättV)

a) Nennen Sie vier Inhalte der Arbeitsstättenverordnung (ArbStättV).

b) Nennen Sie vier Anforderungen an Arbeitsstätten gemäß § 3 Abs. 1 ArbStättV und
   bilden Sie jeweils ein Beispiel.

02. Arbeitsschutzausschuss (ASA)

Sie erhalten die Aufgabe, die Einrichtung des Arbeitsschutzausschusses (ASA) in Ihrem
Unternehmen zu koordinieren.

a) Beschreiben Sie die Aufgabenstellung des ASA.

b) Ab welcher Betriebsgröße ist der ASA zu bilden?

c) Nennen Sie das Sitzungsintervall des ASA.

d) Beschreiben Sie die personelle Zusammensetzung des ASA.

e) Nennen Sie fünf Beispiele für mögliche Tagesordnungspunkte der ASA-Sitzung.

03. Berufsgenossenschaften, Amt für Arbeitsschutz und Sicherheitstechnik

Am Donnerstag sollen Sie einen innerbetrieblichen Unterricht für Ihre gewerblichen Auszubildenden durchführen. Thema ist u. a.: „Berufsgenossenschaften und
Gewerbeaufsichtsamt (Amt für Arbeitsschutz und Sicherheitstechnik)".

a) Nennen Sie drei Aufgaben der Berufsgenossenschaften.

b) Nennen Sie sechs Leistungen der Berufsgenossenschaften.

c) Beschreiben Sie den Unterschied der Maßnahmen bei Verstößen seitens der Berufsgenossenschaft und der Gewerbeaufsicht.

d) Nennen Sie jeweils zwei Befugnisse der Berufsgenossenschaft und der Gewerbeaufsicht.

04. Gefährdungsbeurteilung***

In Ihrem Unternehmen werden auf Spritzgießmaschinen Kunststoffe verarbeitet. Die Ausgangsstoffe liegen als Granulat vor. Der Arbeitszyklus besteht aus

- Schließen des Werkzeuges
- Einspritzen des Kunststoffes
- Standzeit zur Abkühlung bzw. zum Aushärten des Kunststoffes
- Öffnen des Werkzeuges
- Herausnehmen des fertigen Kunststoffteils.

Die Arbeitsgänge werden von Hand gesteuert.

a) Klassifizieren Sie im Rahmen der Gefährdungsbeurteilung fünf Gefährdungen und nennen Sie jeweils zwei geeignete Schutzmaßnahmen.

b) Nennen Sie fünf Handlungsschritte der Gefährdungsbeurteilung in sachlogischer Reihenfolge.

05. Pflichten nach dem Arbeitsschutzgesetz

Nach dem Arbeitsschutzgesetz haben Arbeitgeber, Arbeitnehmer und Betriebsrat Pflichten zu übernehmen.

a) Nennen Sie drei Grundpflichten und fünf besondere Pflichten des Arbeitgebers.

b) Nennen Sie drei Pflichten der Arbeitnehmer.

c) Nennen Sie vier Beteiligungsrechte des Betriebsrates im Arbeits- und Gesundheitsschutz.

d) Erläutern Sie, welche Rechtsfolgen sich für den Arbeitgeber bzw. die Beschäftigten bei Verstößen und Ordnungswidrigkeiten im Rahmen des Arbeitsschutzes ergeben.

06. Sicherheit beim Einsatz von Maschinen***

In Ihrem Betrieb werden häufig Bohrmaschinen eingesetzt.

a) Nennen Sie vier Schutzmaßnahmen, die beim Einsatz von Bohrmaschinen zu beachten sind.

b) Nennen Sie vier generelle Schutzmaßnahme, um Scher- und Quetschstellen an Maschinen zu sichern.

c) Wie können generell Gefahrstoffe in den menschlichen Körper gelangen? Nennen Sie drei Möglichkeiten.

07. Gefährdungsarten und Schutzmaßnahmen

a) Nennen Sie sieben Gefährdungsklassen und geben Sie jeweils zwei Beispiele an.

b) Nennen Sie vier Beispiele für die Gefährdung der Augen.

08. Persönliche Schutzausrüstung (PSA)

Nennen Sie sechs Arten der persönlichen Schutzausrüstung (PSA) und geben Sie jeweils ein Beispiel an.

09. Gehörschutz

a) Bei welchen Werten (db [A]) ist vom Arbeitgeber ein Gehörschutz bereitzustellen und wann muss dieser getragen werden?

b) Nennen Sie drei gängige Gehörschutzarten.

10. Betriebsanweisung

a) Nennen Sie vier Rechtsvorschriften, nach denen das Unternehmen verpflichtet ist, eine Betriebsanweisung zu erstellen.

b) Welche Rechtsfolge ergibt sich, wenn das Unternehmen die vorgeschriebene Betriebsanweisung nicht erstellt?

c) Beschreiben Sie Form und Inhalt der Betriebsanweisung und geben Sie ein Beispiel.

d) Stellen Sie vergleichend gegenüber:

• Betriebsanleitung
• Betriebsanweisung
• Arbeitsanweisung
• Sicherheitsanweisung.

Verwenden Sie dabei die Merkmale:

• Wer erstellt?
• Inhalt?
• Kann-/Mussvorschrift?

11. Arbeitsunfall

Ein Mitarbeiter Ihrer Abteilung wird aufgrund eines unverschuldeten Arbeitsunfalls mit schweren Verletzungen in das örtliche Krankenhaus eingeliefert. Die Ehefrau des Verletzten möchte von Ihnen wissen, wer die nachfolgenden Kosten übernimmt:

• Notarzt
• Krankenhausbehandlung
• Reha-Maßnahme
• Entgeltfortzahlung für ca. drei Monate.

12. Vorbeugender Brandschutz

Nennen Sie fünf Verhaltensregeln/Maßnahmen im Rahmen des vorbeugenden Brandschutzes.

13. Sicherheitsfarben

Nennen Sie die Bedeutung folgender Sicherheitsfarben:

• gelb-schwarz
• blau-weiß
• rot-weiß
• grün-weiß.

Lösungen

1 Grundlagen und Begriffe

a) *Produktion* umfasst alle Arten der *betrieblichen* Leistungserstellung. Produktion erstreckt sich somit auf die betriebliche Erstellung von materiellen (Sachgüter/Energie) und immateriellen Gütern (Dienstleistungen/Rechte).

Fertigung meint nur die Seite der *industriellen* Leistungserstellung, d. h. der materiellen, absatzreifen Güter und Eigenerzeugnisse.

Hinweis: Diese Unterscheidung wird in den Rahmenplänen meist vernachlässigt; so heißt es z. B. in vielen Rahmenplänen „Organisation der *Produktion*" bzw. „*Fertigungssteuerung*".

b) Die Produktion ist das *Bindeglied* zwischen den betrieblichen Funktionen „*Beschaffung*" und „*Absatz*". Im Prozess der betrieblichen Leistungserstellung erfüllt sie die Funktion der „*Transformation*": Der zu beschaffende Input wird transformiert in den am Markt anzubietenden Output:

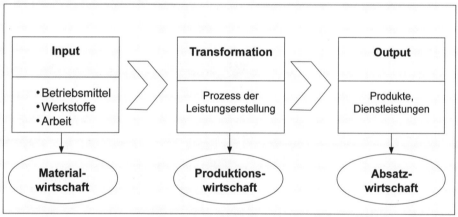

c) Die Produktion ist in Industriebetrieben die Funktion, mit der der Hauptbeitrag zur Wertschöpfung realisiert wird. Als *betriebliche Wertschöpfung* bezeichnet man den wertmäßigen Unterschied zwischen den *Vorleistungen* anderer Wirtschaftseinheiten (z. B. Materialaufwand), die der Betrieb zur Erzeugung/Veredlung seiner Leistungen braucht und den vom Betrieb erzeugten und abgesetzten *Leistungen*.

Beispiel:

	Erlöse	4.000 Geldeinheiten	←	Güterwerte *nach* außen
–	Vorleistungen	2.500 Geldeinheiten	←	Güterwerte *von* außen
=	Wertschöpfung	1.500 Geldeinheiten		

02. Werdegang eines Produkts (1)***

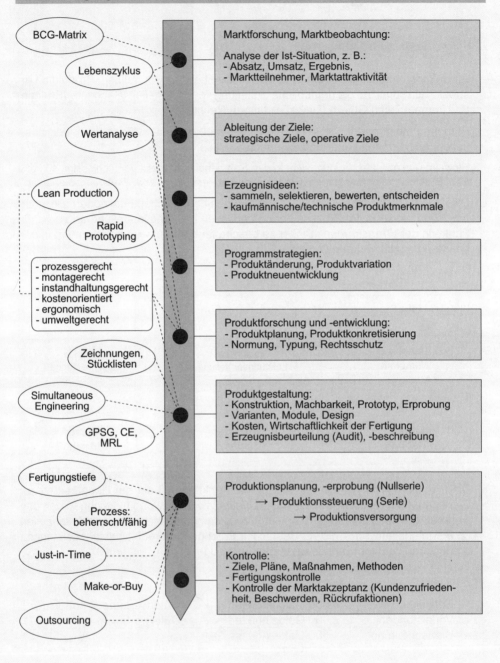

BCG-Matrix

Lebenszyklus

Marktforschung, Marktbeobachtung:

Analyse der Ist-Situation, z. B.:
- Absatz, Umsatz, Ergebnis,
- Marktteilnehmer, Marktattraktivität

Wertanalyse

Ableitung der Ziele:
strategische Ziele, operative Ziele

Lean Production

Rapid Prototyping

Erzeugnisideen:
- sammeln, selektieren, bewerten, entscheiden
- kaufmännische/technische Produktmerknmale

- prozessgerecht
- montagerecht
- instandhaltungsgerecht
- kostenorientiert
- ergonomisch
- umweltgerecht

Programmstrategien:
- Produktänderung, Produktvariation
- Produktneuentwicklung

Produktforschung und -entwicklung:
- Produktplanung, Produktkonkretisierung
- Normung, Typung, Rechtsschutz

Zeichnungen, Stücklisten

Simultaneous Engineering

GPSG, CE, MRL

Produktgestaltung:
- Konstruktion, Machbarkeit, Prototyp, Erprobung
- Varianten, Module, Design
- Kosten, Wirtschaftlichkeit der Fertigung
- Erzeugnisbeurteilung (Audit), -beschreibung

Fertigungstiefe

Prozess: beherrscht/fähig

Produktionsplanung, -erprobung (Nullserie)
→ Produktionssteuerung (Serie)
→ Produktionsversorgung

Just-in-Time

Make-or-Buy

Outsourcing

Kontrolle:
- Ziele, Pläne, Maßnahmen, Methoden
- Fertigungskontrolle
- Kontrolle der Marktakzeptanz (Kundenzufriedenheit, Beschwerden, Rückrufaktionen)

03. Werdegang eines Produkts (2)

Tätigkeit	Reihenfolge
• Entwicklungsauftrag erteilen	1
• Konstruktionszeichnung anfertigen	2
• Stückliste erstellen	3
• Fertigungsplan erstellen	4
• Fertigungsauftrag erstellen	5
• Material bereitstellen	6
• Einzelteile fertigen	7
• Montage der Baugruppen	8
• Fertigprodukt prüfen	9
• Fertigungserzeugnisse lagern	10

04. Rapid Prototyping***

Rapid Prototyping (RP) sind Verfahren zur additiven Herstellung von Prototypen. Im Gegensatz dazu sind z. B. Drehen, Fräsen usw. subtraktive Fertigungstechniken. Die Verfahren des RP haben folgende Prozessschritte gemeinsam:

1. *Schritt:* Das 3-D-Modell wird konstruktiv oder durch Scannen erstellt und die Daten werden an die RP-Software übergeben.

2. *Schritt:* Die RP-Software zerlegt den 3-D-Körper in Schichten (Schnitte = Slicen) und erzeugt die erforderlichen Schnitt- und Steuerinformationen für die Fertigung.

3. *Schritt:* Das Modell wird schichtweise erstellt; ggf. können sich Folgeverfahren anschließen (z. B. Gießen, Oberflächenbehandlung).

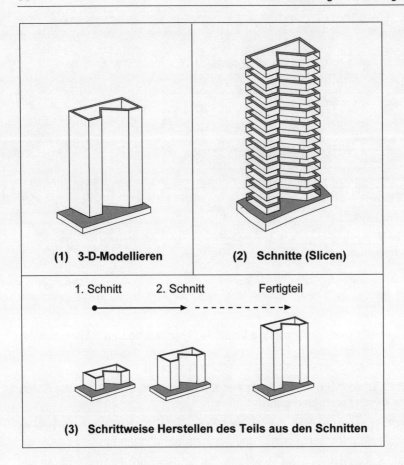

(1) 3-D-Modellieren   (2) Schnitte (Slicen)

1. Schnitt   2. Schnitt   Fertigteil

(3) Schrittweise Herstellen des Teils aus den Schnitten

05. Simultaneous Engineering

a) Erläuterung:

Simultaneous Engineering (SE) ist eine Methode der Arbeitsorganisation, bei der alle bei einem Projekt betroffenen Bereiche parallel in sich überlappenden Tätigkeiten (zum Beispiel Entwicklung, Beschaffung, Versuchsdurchführung usw.) zusammenarbeiten. Durch die parallele Bearbeitung der einzelnen Projektentstehungsphasen werden die Projektablaufzeiten verkürzt. Dieser Zeitgewinn ist meist eine Überlebensforderung auf den Märkten, um sich gegenüber den Mitbewerbern einen Wettbewerbsvorteil und Marktanteile sichern zu können.

b) Merkmale:

- Parallelisierung: zeitgleiche Abwicklung von Tätigkeiten – soweit möglich
- Standardisierung von Abläufen und Bauteilen (DIN, Baukastensysteme)
- interdisziplinäre Zusammenarbeit in Projekten.

c) Einzelziele, z. B.:

- Verkürzen der Entwicklungszeit
- Senken der Entwicklungskosten
- Orientierung an den Bedürfnissen des Kunden
- Vermeidung nachträglicher Produktänderungen.

06. Begriffe der DIN 199, Teil 2

Die DIN 199, Teil 2 gibt folgende Definitionen:

Erzeugnis	„Ein Erzeugnis ist ein durch Fertigung entstandener gebrauchsfähiger bzw. verkaufsfähiger Gegenstand."
	Synonym für Erzeugnis stehen auch die Begriffe Produkt, Ware, Gut u. a. Sie alle kennzeichnen materielle Güter sowie auch immaterielle Güter (Dienstleistungen).
Gruppe	„Eine (Bau-)*Gruppe* ist ein aus zwei oder mehr Teilen oder Gruppen niedrigerer Ordnung bestehender Gegenstand."
	Diese Gruppe kann sowohl montiert sein, als auch aus losen Teile bestehen, die z. B. in einen Beutel verpackt werden.
Teil	„Ein (Einzel-)*Teil* ist ein Gegenstand, für dessen weitere Aufgliederung aus Sicht des Anwenders dieses Begriffes kein Bedürfnis entsteht."
	Ein Einzelteil ist nicht zerstörungsfrei zerlegbar.
Rohstoff	„Der Rohstoff ist das Ausgangsmaterial, aus dem ein Einzelteil erstellt wird."
	Er wird unterteilt in *Grundstoff, Rohmaterial und Halbzeug.* Die DIN zählt auch *Vorarbeits- und Umarbeitsteile* sowie Rohteile zu den Rohstoffen.
Grundstoff	„Der Grundstoff ist ein Material ohne definierte Form, das gefördert, abgebaut, angebaut oder gezüchtet wird und als *Ausgangssubstanz für Rohmaterial* dient."
Rohmaterial	„Das Rohmaterial ist ein *aufbereiteter Grundstoff* in geformtem Zustand, der zur Weiterbearbeitung oder als *Ausgangssubstanz für Hilfs- und Betriebsstoffe* dient."
Halbzeug	„*Halbzeug* ist der Sammelbegriff für Gegenstände mit *bestimmter Form*, bei denen mindestens noch ein Maß unbestimmt ist."
	Es wird insbesondere durch erste, technologische *Bearbeitungs*stufen wie Walzen, Pressen, Schmieden, Weben usw. hergestellt. Beispiele: Stangenmaterial, Bleche, Seile, Tuche.
Rohteil	„Ein *Rohteil* ist ein zur Herstellung eines bestimmten Gegenstandes *spanlos* gefertigtes Teil, das noch einer Bearbeitung bedarf."
	Beispiele: Guss- und Pressteile, Schmiederohlinge.
Vorarbeitsteil	„Ein *vorgearbeitetes Teil* ist ein Gegenstand, der aus fertigungstechnischen Gründen in einem definierten Zwischenzustand vorliegt."
Umarbeitsteil	„Ein *Umarbeitsteil* ist ein Gegenstand, der aus einem Fertigteil durch weitere Bearbeitung entsteht."

Wiederholteil	„Ein *Wiederholteil* ist ein Gegenstand, der in verschiedenen Gruppen verwendet wird." Diese Teile haben eine sogenannte *Mehrfachverwendung*. In diesem Zusammenhang kann man bei Gruppen mit Mehrfachverwendung von *Wiederhol(bau)gruppen* sprechen.
Variante	„*Varianten* sind Gegenstände ähnlicher Form oder Funktion mit einem in der Regel hohen Anteil identischer Gruppen oder Teile." Sie stellen Ausführungsunterschiede eines Erzeugnisses dar, die aus konstruktiven Unterschieden in den untergeordneten Gliederungsebenen resultieren. Es werden *Muss*-Varianten (veränderte Basisversionen) und *Kann*-Varianten (erweiterbare Basisversionen) unterschieden.

2 Produktionsplanung

2.1 Ziele und Aufgaben

01. Ziele der Produktionsplanung und -steuerung

Die *Ziele der Produktionsplanung und -steuerung* leiten sich aus den Unternehmenszielen ab und sind auf ihre Vereinbarkeit mit diesen zu prüfen:

- Minimierung der Fertigungskosten
- kontinuierliche Auslastung der Kapazitäten
- kurze Durchlaufzeiten
- hoher Nutzungsgrad der Betriebsmittel
- hohe Lieferbereitschaft
- Einhaltung der Termine
- optimale Lagerbestandsführung
- Gewährleistung der Sicherheit am Arbeitsplatz
- Ergonomie der Fertigung.

Die optimale Realisierung dieser Ziele verschafft Wettbewerbsvorteile am Absatzmarkt und gehört daher zu den *Erfolgsfaktoren der industriellen Fertigung*.

Hinweis: Die Fachbegriffe der Produktionswirtschaft sind in der Literatur nicht einheitlich. Sehr häufig wird die Produktionsplanung wegen des engen Zusammenhangs mit der Produktionssteuerung als geschlossenes System behandelt unter dem Begriff *„Produktionsplanung und -steuerung" (PPS)*. Dabei wird besonders auf rechnergestützte, integrierte Systeme abgestellt, die alle relevanten Daten der Produktionsplanung und -steuerung zusammenfassen und vernetzen (z. B. CIM-Konzepte).

02. Aufgaben der Produktionsplanung und -steuerung

Einzelaufgaben der Produktionsplanung und -steuerung:

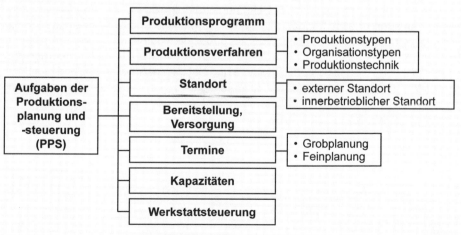

03. Aufgabe der Ablaufplanung

Die Aufgabe der Ablaufplanung besteht in der Festlegung der Arbeitsabläufe für die Fertigungsdurchführung. Im Einzelnen sind dies die Aufgabenbereiche:

- Durchführung der Arbeitsplanung und Arbeitsfolgeplanung
- Durchführung der Zeitplanung
- Erstellen der Arbeitspläne
- Durchführen der Transportmittelplanung
- Durchführen der Bedarfsplanung.

Der wirtschaftliche Erfolg der Ablaufplanung hängt davon ab, ob es gelingt, die zeitliche Ordnung der Arbeitsabläufe so zu gestalten, dass einerseits die Durchlaufzeiten der Fertigungsaufträge soweit wie möglich verringert werden, andererseits die vorhandenen technischen Anlagen so gut wie möglich ausgelastet werden.

Die Teilaufgaben der Ablaufplanung sind:

- Durchführung der Arbeitsplanung und Arbeitsfolgeplanung anhand von technischen Unterlagen (z. B. Konstruktionszeichnungen und Stücklisten bei der Fertigung von Maschinen, Anlagen, technischen Geräten, bzw. Lagepläne und Baupläne bei Bauprojekten) oder Rezepturen (z. B. bei Farbmischungen und chemischen Produkten) oder Mustern (z. B. bei Tapeten und Stoffen).
- Dabei werden die einzelnen Arbeitsgänge nach:
  - Art
  - Umfang und
  - Gestaltung

  festgelegt.
- Ebenso werden die technisch bedingten oder planerisch gewollten Arbeitsfolgen (Folgefertigung bzw. Parallelfertigung) sowie die zur Fertigungsdurchführung geeigneten Kostenstellen (Maschinen bzw. Arbeitsplätze) schriftlich festgehalten.
- Durchführen der Zeitplanung:

  Sind die einzelnen Arbeiten nach Art, Umfang und Folge sowie die betreffenden technischen Anlagen erfasst, können mithilfe der Arbeitszeit- und Arbeitswertstudien die Stückzeitplanungen zur Berechnung der Vorgabezeiten durchgeführt werden. Anhand der festgelegten Arbeitsfolgen kann die gesamte Durchlaufzeit berechnet werden. Als Hilfsmittel dienen hierbei Balkendiagramme und Netzpläne. Arbeitspläne und Zeitpläne ermöglichen die Anfertigung von Maschinenbelegungs- und Stellenbesetzungsplänen.

04. Wandel der Rahmenbedingungen

- *Wandel des Absatzmarkts:*

  - gesättigte Märkte (für Standardprodukte, Konsumgüter und viele Investitionsgüter)
  - Wandel vom Verkäufer- zum Käufermarkt (der Kunde bestimmt, was produziert wird)
  - Globalisierung der Märkte (Wettbewerb, neue Möglichkeiten, Risiken)
  - extreme Markttransparenz
  - neue Vertriebsformen (E-Commerce, Internet-Märkte).

- *Produktwandel:*

  - Vielzahl von Produkten
  - viele Varianten
  - Problemlösungen werden verlangt (statt bloßen Maschinen/Geräten/ Produkten)
  - neue Technologien
  - kurze Produktzyklen.

- *Zielsetzung des Kunden:*

  - Leistungsfähigkeit
  - Spitzenqualität
  - kurze Liefertermine und Einhaltung der Termine
  - günstige Preise
  - umweltverträgliche Produkte und Herstellungsprozesse.

- *Komplexitätserhöhung in der Produktion:*

  - vernetzte Produktionsstrukturen, Parallelproduktion
  - häufiger Produktwechsel
  - kurze Durchlaufzeiten
  - enge Termine
  - hohe Prozessqualität
  - komplexe Informationsstrukturen.

- *Politischer Wille* (durch Kommunen, Bundesländer, Bundesrepublik, Europa):

  - durch Privatisierung von Staatsbetrieben
  - Subventionen, Bürgschaften
  - Staatsaufträge
  - regionale Wirtschaftsförderung
  - private Altersversorgung usw.

- *Gesetze und Verordnungen*:

  - durch Steuerrecht
  - erweiterte Produkthaftung
  - neue Gewährleistungsfristen
  - Pflegeversicherung
  - Krankenhausfinanzierung
  - Wegfall von Rabattgesetz, Ladenschlussgesetz
  - Verpackungsverordnung.

- *Kostendruck*:

  - durch Wettbewerb, Preisdruck am Markt
  - Einfluss der Niedriglohnländer/Entwicklungsländer
  - Produktionsfaktor Arbeit ist in Deutschland teuer.

2.2 Produktionsprogrammplanung

01. Produktplanung

Ursachen, die dazu führen können, dass bestehende Produkte weiterentwickelt und neue Produkte geschaffen werden müssen sind z. B.:

- Der Markt verlangt eine höhere Leistungsfähigkeit der bestehenden Produkte (Produktverbesserung, neue Eigenschaften).

- Der Markt verlangt nach Problemlösungen in einem bestimmten Einsatzgebiet (z. B. Baustoffe mit wassersperrenden Eigenschaften). Als Problemlösung wird dafür vom Unternehmen ein geeignetes Produkt entwickelt (z. B. Mörtel mit Kunststoffanteil).

- Gesetzliche Auflagen verbieten die Verwendung von z. B. schadstoffbelasteten Materialien. Im Ergebnis müssen Materialsubstitute realisiert werden (z. B. Verwendung recyclingfähiger Kunststoffe).

- Der Absatz eines Produkts ist aufgrund seines Lebenszyklus zurückgegangen. Aus Gründen der Absatzsteigerung (Verlängerung des Produktlebenszyklus) wird eine Produktmodifikation vorgenommen (z. B. Face-Lifting bei Kfz).

02. Varianten der Produktionsprogrammänderung

a) *Produktinnovation:*

   Entwicklung und Einführung völlig neuer Produkte.

b) *Produktvariation:*

   Erweiterung des Produktprogramms durch Verbesserung und Abwandlung bestehender Produkte.

c) *Produktdiversifikation:*

   Aufnahme von Produkten in das Programm, die bisher nicht produziert wurden und sich von der bisherigen Produktpalette unterscheiden.

d) *Produktelimination:*

   Bereinigung des Produktionsprogramms durch Herausnahme von Produkten.

03. Optimierung des Produktportfolios

a) *Strategische Ausgangsposition der Metallbau AG:*

In der 4-Felder-Matrix lassen sich folgende Positionierungen unterscheiden:

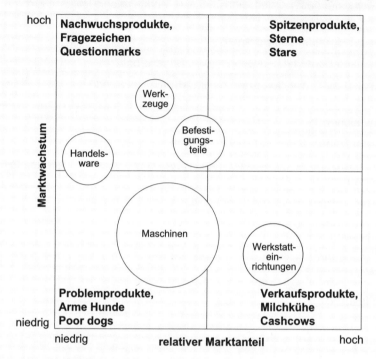

Hinweis: Die Abbildung ist zur Lösung nicht erforderlich

- Die Metallbau AG hat kein Produkt im Segment „Spitzenprodukte/Sterne".

- Hauptumsatzträger ist die Produktgruppe Maschinen; sie liegt allerdings im Segment „Problemprodukte/Arme Hunde".

- Einzige „Milchkuh" ist die Produktgruppe Werkstatteinrichtungen – allerdings mit bescheidenem Umsatz.

- Die übrigen drei Produktgruppen sind im Segment „Nachwuchsprodukte/Fragezeichen" positioniert; der Umsatzbeitrag ist jedoch überwiegend gering.

Im Ergebnis ist das Portfolio in einer unausgewogenen Schieflage:

Der Metallbau AG fehlen Zukunftsprodukte und Cashcows. Damit mangelt es zurzeit auch an finanziellen Ressourcen, um geeignete Spitzenprodukte zu entwickeln und am Markt zu positionieren. Eventuelle Hoffnungsträger könnten die Produktbereiche Werkzeuge und Befestigungsteile sein. Gelingt der Metallbau AG keine strategische Weichenstellung ist ein Verkauf bzw. die Insolvenz vermutlich nicht zu vermeiden.

b) *Normstrategie für den Produktbereich „Befestigungsteile":*

Die grundsätzliche Strategieempfehlung für „Nachwuchsprodukte/Fragezeichen" lautet „Ausbau" oder „Eliminieren". Aufgrund der Ausgangsposition der Metallbau AG kommt „Eliminieren" nicht infrage (vgl. Antwort zu a)). Der Produktbereich „Befestigungsteile" sollte ausgebaut werden; eine offensive Marktstrategie ist zu empfehlen, z. B.:

• Verbesserung des Bekanntheitsgrades

• Verbesserung von Beratung und Service (vgl. Sachverhalt)

• Preisstrategien (z. B. Preisdifferenzierung nach Regionen, Kundengruppen; Preisaktionen)

• Produktinnovationen

• ggf. Entwicklung einer eigenen Marke mit Ergänzungsprodukten.

Die dazu erforderlichen Mittel müssen beschafft werden (Fremdkapital, Beteiligungsfinanzierung u. Ä.)

c) Weitere *Instrumente zur Analyse der strategischen Ausgangsposition* sind z. B.:

• Chancen-Risiken-Analyse
• Konkurrenzanalyse
• Stärken-Schwächen-Analyse
• ABC-Analyse
• Swot-Matrix
• Geschäftsfeldanalyse.

04. Lebenszyklus

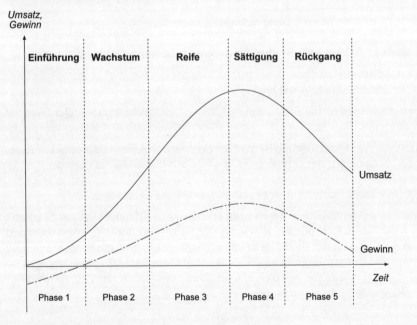

Sättigung

Produkt A	Umsatz	Gewinn	Stückpreis	Lager-bestand
Veränderungen	↑↓	↑↓	↑↓	↓↑

Wachstum

Produkt B	Umsatz	Gewinn	Stückpreis	Lager-bestand
Veränderungen	↑↑	↑↑	↑↑	↑↓

Degeneration (Rückgang)

Produkt C	Umsatz	Gewinn	Stückpreis	Lager-bestand
Veränderungen	↓↓	↓↓	↓↓	↑↑

steigt an: ↑   sinkt: ↓

05. Produktionsprogrammplanung, Prognoseverfahren

a)

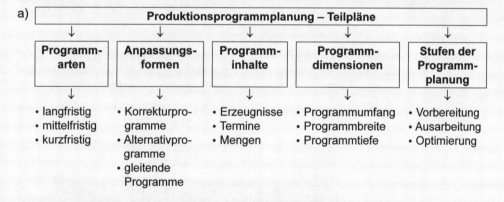

Produktionsprogrammplanung – Teilpläne				
Programm-arten	**Anpassungs-formen**	**Programm-inhalte**	**Programm-dimensionen**	**Stufen der Programm-planung**
• langfristig • mittelfristig • kurzfristig	• Korrekturpro-gramme • Alternativpro-gramme • gleitende Programme	• Erzeugnisse • Termine • Mengen	• Programmumfang • Programmbreite • Programmtiefe	• Vorbereitung • Ausarbeitung • Optimierung

b)

Produktionsprogrammplanung	
Fristigkeit	*Aufgaben/Inhalte*
Strategische Produktionspro-grammplanung *Langfristige Planung: 4 bis 10 Jahre*	Schafft den Rahmen für die operative Planung.
	Festlegen der Produktfelder (Strategische Geschäftsfelder; SGF)
	generelle Strukturierung des Produktionssystems: • Produktionsorganisation • Produktionstyp
	langfristige Dimensionierung der Kapazität
	genereller Ablauf der Produktionsprozesse

Taktische Produktionspro- grammplanung *Mittelfristige Planung 1 bis 3 Jahre*	Konkretisierung der Strategischen Programmplanung, z. B.: • Konkretisierung der Produktfelder • Grobplanung der Produktionskapazitäten
Operative Produktionspro- grammplanung *Kurzfristige Planung: 1 Monat bis 1 Jahr*	Setzt die taktische Produktionsprogrammplanung in konkrete Produktionsabläufe um. Dabei sollen die vorhandenen Leistungspotenziale (Betriebsmittel, Personal usw.) ausgeschöpft und angepasst werden.
	Festlegen der Mengen je Produkt: • Losgrößenfestlegung • Auslastung der Kapazitäten • Fertigungsfolgen
	Bereitstellen der Produktionsfaktoren: • RHB-Stoffe • Betriebsmittel • Personal
	Terminplanung

c) Eine der Varianten der Produktionsprogrammplanung ist die *auftragsbezogene Programmbildung* (auch: kundenorientierte P.). Das Produktionsprogramm wird exakt an den vorliegenden Kundenaufträgen ausgerichtet. Dies trifft für viele kleinere und mittlere Industriebetriebe zu.

• *Vorteil:*   hohe Planungssicherheit

• *Nachteil:* unregelmäßige Kapazitätsauslastung; man versucht häufig, diesen Nachteil auszugleichen, indem aus Kundenanfragen und Angebotsaktionen zusätzliche Kundenaufträge gewonnen werden.

d)

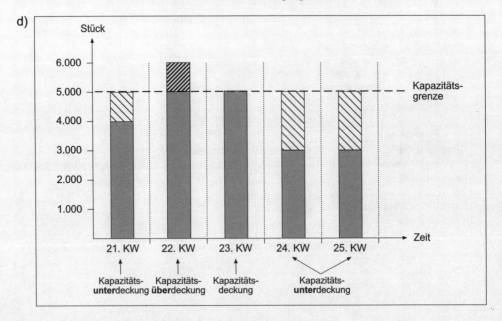

Im vorliegenden Fall sollte die Kapazitätsüberdeckung der 22. KW in die 21. KW vorgeholt und die Kapazitätsunterdeckung in der 24. und 25. KW durch Hereinholen von Zusatzaufträgen ausgeglichen werden.

e) Eine weitere Variante ist die verbrauchsbezogene Produktionsprogrammbildung (auch: markt- oder erwartungsorientierte P.). Das Produktionsprogramm orientiert sich an Absatzprognosen. Je nach Verlauf des Absatzes und der Betriebsgröße werden in der Praxis verschiedene Prognosemodelle eingesetzt.

f) 1.

Gleitender Mittelwert	Es wird aus einer bestimmten Anzahl von Vergangenheitswerten (z. B. drei bis fünf Jahresabsatzzahlen der Vergangenheit) der Mittelwert gebildet. Er dient als Planungsgröße für das kommende Jahr. In der nächsten Periode wird der älteste Vergangenheitswert aus der Berechnung herausgenommen und der neueste kommt hinzu.

Als Planwert für die Periode t_6 wird der Mittelwert μ der Perioden t_1 bis t_5 genommen (sog. gleitender 5er-Durchschnitt):

$$\mu_6 = \frac{\sum x_i}{n} = \frac{300 + 360 + 340 + 380 + 400}{5} = 356$$

Für die 6. Periode wird ein Planwert von 356 Einheiten gewählt.

Tatsächlich ergibt die 6. Periode einen Absatzwert von 420. Als Mittelwert für die Periode 7 werden daher die Absatzwerte von t_2 bis t_6 herangezogen:

t_2	t_3	t_4	t_5	t_6
360	340	380	400	420

$$\mu_7 = \frac{\sum x_i}{n} = \frac{360 + 340 + 380 + 400 + 420}{5} = 380$$

Für die 7. Periode ergibt sich tatsächlich ein Absatzwert von 480 Einheiten. Demzufolge wird für die 8. Periode folgender Planwert gewählt:

t_3	t_4	t_5	t_6	t_7
340	380	400	420	480

$$\mu_8 = \frac{\sum x_i}{n} = \frac{340 + 380 + 400 + 420 + 480}{5} = 404$$

2.

Gewogener gleitender Mittelwert	Man berechnet den Planwert analog zum Verfahren „Gleitender Mittelwert" – mit dem Unterschied, dass die einzelnen Vergangenheitswerte gewichtet werden. Dabei erhalten die Werte der jüngeren Vergangenheit eine stärkere Gewichtung. Auf diese Weise kann eine vorliegende Trendentwicklung besser berücksichtigt werden.

t_1	t_2	t_3	t_4	t_5
300	360	340	380	400

Als Planwert für die Periode t_6 wird der gewogene Mittelwert μ der Perioden t_1 bis t_5 genommen (sog. gewogener gleitender 5-Durchschnitt):

$$\mu_6 \;=\; \frac{\sum g_i \cdot x_i}{\sum g_i} \;=\; \frac{1 \cdot 300 + 2 \cdot 360 + 3 \cdot 340 + 4 \cdot 380 + 5 \cdot 400}{1 + 2 + 3 + 4 + 5}$$

$$=\; 5.560 : 15 \;=\; 370,7$$

Analog werden die Planwerte (μ_7, μ_8) für die 7. und 8. Periode ermittelt. Es ergibt sich:

$$\mu_7 \;=\; 5.880 : 15 \;=\; 392,0$$

$$\mu_8 \;=\; 6.380 : 15 \;=\; 425,3$$

4.	**Exponentielle Glättung 1. Ordnung**	Zur Berechnung des Prognosewertes für die kommende Periode wird nur der Istwert und der Prognosewert der Vorperiode herangezogen:
		Prognosewert_neu
		= Prognosewert _Vorperiode_ + α (Istwert - Prognosewert _Vorperiode_)
		Dabei ist α der sog. Glättungsfaktor. Er nimmt Werte zwischen 0 und 1 an. Je kleiner α gewählt wird, desto weniger werden Absatzschwankungen berücksichtigt.

Periode	t_1	t_2	t_3	t_4	t_5	t_6	t_7
Istwert	300	360	340	380	400	420	480
Prognosewert	*310,0**	305,0	332,5	336,25	358,13	379,03	399,53

*vorgegeben

Prognosewert$_2$ = Prognosewert$_1$ + α (Istwert$_1$ - Prognosewert$_1$)

  = 310 + 0,5 (300 - 310)   =   305,00

Prognosewert$_3$ = 305 + 0,5 (360 - 305)   =   332,50

Prognosewert$_4$ = 332,5 + 0,5 (340 - 332,5)   =   336,25

Prognosewert$_5$ = 336,25 + 0,5 (380 - 336,25) =   358,13

Prognosewert$_6$ = 358,13 + 0,5 (400 - 358,13) =   379,03

Prognosewert$_7$ = 379,07 + 0,5 (420 - 379,07) =   399,53

4. ***

Regressionsgerade auch: **Methode der kleinsten Quadrate**	4.1 *Freihandmethode:* Betrachtet man die Istwerte des Absatzes, so liegt die Vermutung nahe, dass hier ein linearer Zusammenhang besteht. In der sog. *Freihandmethode* lässt sich eine Gerade über die Punkte legen, bei der die Abstände der Punkte (Istwerte) zu der Geraden ein Minimum sind: 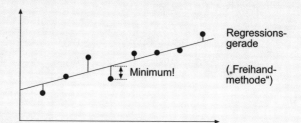
Regressionsgerade	4.2 *Mathematische Methode:* Allgemein hat eine Gerade die Gleichung $y = b \cdot x + a$ dabei ist: a: der Schnittpunkt der Geraden mit der Ordinate (y-Achse) b: der Steigungskoeffizient Es lässt sich mathematisch zeigen, dass Folgendes gilt: $a = y - b \cdot x$ mit x, y = Mittelwert und $$b = \frac{n \sum x_i y_i - (\sum x_i)(\sum y_i)}{n \sum x^2_i - (\sum x_i)^2}$$

Zur Berechnung der Variablen a und b der Geraden wird zu den vorliegenden Istwerten eine Arbeitstabelle gebildet:

	x_i	y_i	$\sum x_i y_i$	$\sum x^2_i$
	1	300	300	1
	2	360	720	4
	3	340	1.020	9
	4	380	1.520	16
	5	400	2.000	25
	6	420	2.520	36
	7	480	3.360	49
$\sum$	**28**	**2.680**	**11.440**	**140**
	x = 28 : 7 = **4**	y = 2.680 : 7 = **382,86**		

$a = y - b \cdot x$

$a = 382{,}86 - 4b \qquad \rightarrow \qquad a = 382{,}86 - 4 \cdot 25{,}7$

$a = 280{,}06$

$$b = \frac{n \sum x_i\, y_i - (\sum x_i)\,(\sum y_i)}{n \sum x^2_i - (\sum x_i)^2}$$

$$b = \frac{7 \cdot 11.440 - 28 \cdot 2.680}{7 \cdot 140 - 28^2} = \frac{5.040}{196}$$

$b \approx 25{,}7$

Die Regressionsgerade schneidet also die y-Achse (für $x_i = 0$) im Punkt 280,06 und hat eine Steigung von 25,7: daher lautet die Gleichung der Regressionsgeraden:

$$y = 25{,}7x + 280{,}06$$

06. Optimale Produktionsprogrammplanung

a) Auf der operativen Ebene sind die Eckdaten der langfristig orientierten Kapazitätsbereitstellungen ein Datum. Die Aufgabe der kurzfristigen Produktionsprogrammplanung besteht also darin, die Produktionsbedingungen optimal zu nutzen. Dies ist dann der Fall, wenn unter Nutzung der vorliegenden (fixen) Produktionsbedingungen der Gewinn maximiert wird:

$$G = \text{Umsatz} \cdot \text{Kosten} \rightarrow \text{Maximum!}$$

$$= p \cdot x - K_f - x \cdot k_v \qquad \text{mit} \qquad \begin{aligned} p &= \text{Preis} \\ x &= \text{Menge} \end{aligned}$$

$$= x\,(p - k_v) - K_f \qquad\qquad\quad \begin{aligned} K_f &= \text{Fixkosten gesamt} \\ k_v &= \text{variable Stückkosten} \end{aligned}$$

$$= x \cdot db - K_f$$

In Worten:
Bei der kurzfristigen Produktionsprogrammplanung sind die Fixkosten (K_f) (z. B. Zinsen, Abschreibungen, Leasingkosten) ein Datum. Der Gewinn wird bei der kurzfristigen Produktionsprogrammplanung also dann maximiert, wenn der Deckungsbeitrag pro Stück (db) ein Maximum erreicht.

$$db = p - k_v \rightarrow \text{Maximum!}$$

Der Stückdeckungsbeitrag ist also die Schlüsselgröße in der kurzfristigen Produktionsprogrammplanung.

b) Das optimale Produktionsprogramm ist abhängig von der Anzahl der Produkte sowie der Anzahl der Produktionsengpässe. Es werden daher folgende Fälle betrachtet:

1. *Ein Produkt, eine Fertigungsstufe, eine Kapazitätsgrenze*

   Der Gewinn wird dann maximiert, wenn die vorhandene Kapazität zu 100 % ausgelastet wird; weitere Bedingung: der Stückdeckungsbeitrag muss positiv sein (db > 0, d. h. p > k_v).

2. *Ein Produkt, mehrere Fertigungsstufen, Kapazitätsgrenze je Fertigungsstufe*

   Gemessen am Absatzprogramm wird die Maximalmenge gefertigt – unter Berücksichtigung der Fertigungsstufe, die den Engpass darstellt. Ist z. B. bei vier Fertigungsstufen (A bis D) der Engpass bei der Fertigungsstufe C, so ist so viel zu produzieren, dass die Stufe C zu 100 % ausgelastet ist.

3. *Mehrere Produkte, eine Fertigungsstufe (oder mehrere), kein Engpass*

   → Maßgeblich sind die absolute Deckungsbeiträge.

4. *Mehrere Produkte, eine Fertigungsstufe (oder mehrere), ein Engpass*

   → Maßgeblich sind die relative Deckungsbeiträge.

5. *Zwei Produkte, mindestens zwei Fertigungsstufen je Produkt (oder mehrere), Engpässe: die Absatzmenge ist für beide Produkte größer als die jeweilige Produktionskapazität; die Beziehungen sind linear*

   → Die Lösung erfolgt mithilfe der linearen Optimierung.

---

07. Optimales Produktionsprogramm (1)

Es ergeben sich für die Produkte A bis C folgende (absolute) Deckungsbeiträge pro Stück: db = p - k_v

Produkt	Verkaufspreis, p (€/Stück)	Variable Kosten pro Stück, k_v (€/Stück)	Deckungsbeitrag pro Stück, db = p - k_v (€/Stück)
A	150,00	160,00	150 - 160 = **-10,00**
B	270,00	180,00	270 - 180 = **90,00**
C	300,00	250,00	300 - 250 = **50,00**

Das optimale Produktionsprogramm ohne Engpass ist daher:

- Produkt A wird nicht hergestellt (negativer db); Ausnahme: Produkt A muss aus produktionstechnischen Gründen oder Marktgesichtspunkten hergestellt werden, z. B. der Kunde ordert C häufig in Verbindung mit A.

- Produkt B und C werden mit der Höchstmenge (Absatz) hergestellt.

08. Optimales Produktionsprogramm (2)

Liegt ein Engpass vor, kann nicht mit dem (absoluten) Deckungsbeitrag gearbeitet werden, da die Fertigungszeiten zu berücksichtigen sind. Man ermittelt daher den relativen Deckungsbeitrag. Er ist der Deckungsbeitrag , der pro Engpasszeiteinheit erwirtschaftet wird (im vorliegenden Fall die Fertigungszeit in min/Stück).

$$\text{Relativer Stückdeckungsbeitrag} \;=\; \frac{\text{(absoluter) Deckungsbeitrag pro Stück}}{\text{Engpass-Fertigungszeit pro Stück}}$$

Im vorliegenden Fall ergibt sich für Produkt B und C:

Relativer $db_{\text{Produkt B}}$ = (absoluter) db : min/Stück

$\qquad\qquad$ = 90 : 20,00 = 4,50 €/min = 270,00 €/Stunde

Relativer $db_{\text{Produkt C}}$ = 50 : 10,00 = 5,00 €/min = 300,00 €/Stunde.

Anhand der relativen Deckungsbeiträge wird das Produktionsprogramm in eine Rangfolge (Priorität) gebracht. Die begrenzte Kapazität (3.000 Stunden · 60 min = 180.000 min) ist entsprechend der Rangfolge zu verteilen: Von Produkt C wird die erwartete Absatzmenge hergestellt; von B können nur noch 7.000 Stück produziert werden.

	Produkte		
	A	B	C
(absoluter) db (€/Stück)	-10,00	90,00	50,00
benötigte Fertigungszeit (min/Stück)	40	20	10
relativer db (€/min)	- 0,25	4,50	5,00
Priorität/Reihenfolge	3	2	1
Erwarteter Absatz (Stück)	8.000	10.000	4.000
zugewiesene Fertigungsminuten (min)	0	140.000	40.000
Produktionsmenge (Stück)	0	7.000	4.000
Deckungsbeitrag je Produkt (€)	0,00	630.000,00	200.000,00
Deckungsbeitrag insgesamt (€)			830.000,00

09. Optimales Produktionsprogramm mithilfe linearer Optimierung***

Grafische Lösung:

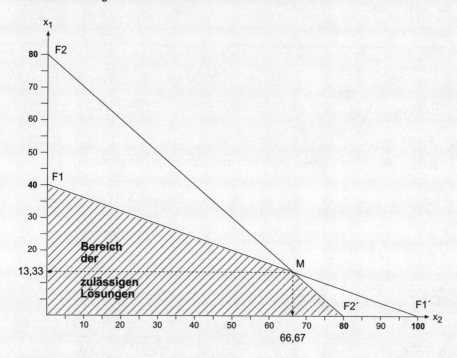

Die Produktionsfunktion F1F1´ schneidet die Ordinate im Wert 40 und die Abzisse im Wert 100. Man erhält diese Werte, indem jeweils die Menge x_1 bzw. x_2 in jeder Produktionsfunktion gleich Null gesetzt wird:

$5\,x_1 + 2\,x_2 \leq 200$ mit $x_1 = 0$ folgt $x_2 \leq 100$

  mit $x_2 = 0$ folgt $x_1 \leq 40$

Man erhält die Gerade F2F2´ wie folgt:

$3\,x_1 + 3\,x_2 \leq 240$ mit $x_1 = 0$ folgt $x_2 \leq 80$

  mit $x_2 = 0$ folgt $x_1 \leq 80$

Ergebnis:

• Die Fläche unterhalb der Linie F1MF2´ enthält den Bereich der zulässigen Lösungen.

• Die optimale Mengenkombination liegt im Punkt M mit den Koordinaten $x_1 \approx 13$ und $x_2 \approx 67$.

Mathematische Lösung:

Aus (1) folgt: $x_1 + \frac{2}{5} x_2 \leq 40$

$\quad\quad x_1 \leq 40 - \frac{2}{5} x_2$

Aus (2) folgt: $x_2 \leq 80 - x_1$

Daraus folgt: $x_2 \leq 66,67$

$\quad\quad\quad x_1 \leq 13,33$

$\quad\quad\quad DB = 3 \cdot 13,33 + 5 \cdot 66,67$ (vgl. Zielfunktion)

$\quad\quad\quad DB = 373,34$

Andere Werte von x_1 und x_2 als 13,33 bzw. 66,67 liegen entweder außerhalb des zulässigen Lösungsbereichs oder führen zu einem geringeren Deckungsbeitrag.

10. Produktionsprogrammplanung, Engpassrechnung für vier Produkte

a)

Produktionsplanung nach Stückdeckungsbeitrag				
	Produkt 1	Produkt 2	Produkt 3	Produkt 4
Verkaufspreis (€/Stück)	35,00	40,00	28,00	16,00
variable Kosten (€/Stück)	10,00	11,00	6,00	4,00
Stückdeckungsbeitrag, db (€/Stück)	25,00	29,00	22,00	12,00
Programmreihenfolge	2	1	3	4
Produktionsmenge (Stück)	600	600	224	0
Verbrauch (kg)	4.200	3.000	2.800	0
Deckungsbeitrag je Produkt (€)	15.000,00	17.400,00	4.928,00	0,00
Deckungsbeitrag, insgesamt (€)				37.328,00
– Fixkosten (€)				30.000,00
= Betriebsergebnis (€)				7.328,00

b)

Produktionsplanung nach relativem Stückdeckungsbeitrag				
	Produkt 1	Produkt 2	Produkt 3	Produkt 4
Stückdeckungsbeitrag, db (€/Stück)	25,00	29,00	22,00	12,00
relativer Stückdeckungsbeitrag (€/Stück)	3,57	5,80	1,76	3,00
Programmreihenfolge	2	1	4	3
Produktionsmenge (Stück)	600	600	0	700
Verbrauch (kg)	4.200	3.000	0	2.800
Deckungsbeitrag je Produkt (€)	15.000,00	17.400,00	0,00	8.400,00
Deckungsbeitrag, insgesamt (€)				40.800,00
– Fixkosten (€)				30.000,00
= Betriebsergebnis (€)				10.800,00

Die Programmplanung nach relativem Deckungsbeitrag erbringt einen Vorteil von 3.472,00 €.

11. Produktionsprogrammplanung, Engpass bei Anlage Z

a) und b)

	Teil 1	Teil 2	Teil 3	Teil 4
Deckungsbeitrag pro Stück, db (€)	20,00	40,00	50,00	60,00
relativer db (db : t) (€)	0,50	1,00	0,71	0,60
Rangfolge	**4**	**1**	**2**	**3**
zugewiesene Fertigungsminuten	–	20.000	35.000	50.000
Summe Fertigungsminuten				105.000 min = 1.750 Std.
Stückzahlen Eigenfertigung	–	500	500	500
Kosten Eigenfertigung (€)	–	15.000,00	25.000,00	30.000,00
Kosten Fremdbezug (€)	25.000,00			
Gesamtkosten des optimalen Fertigungsprogramms zzgl. Fremdbezug (€)				95.000,00

12. Break-even-Menge, Deckungsbeitrag

a) Im Break-even-Point ist

$$x = 250 \text{ Stück (aus der Grafik ablesen)}$$

b) Im Break-even-Point sind die Erlöse

$$E = 50.000,00 \text{ € (aus der Grafik ablesen)}$$

Weiterhin gilt:

Preis $p = E : x$

$= 50.000,00 \text{ € : } 250 \text{ Stück}$

$= 200,00 \text{ €/Stück}$

fixe Kosten $K_f = 30.000,00 \text{ € (aus der Grafik ablesen)}$

variable Kosten $K_v = 20.000,00 \text{ € (aus der Grafik ablesen)}$

variable Kosten pro Stück $k_v = 20.000,00 \text{ € : } 250 \text{ Stück}$

$= 80,00 \text{ €/Stück}$

c) Für 450 Stück gilt:

1. Erlös $E = 450 \text{ Stück} \cdot 200,00 \text{ €/Stück}$

$= 90.000,00 \text{ €}$

2. Variable Kosten

$K_v = 450 \text{ Stück} \cdot 80,00 \text{ €/Stück}$

$= 36.000,00 \text{ €}$

3. Gewinn

$$G \quad = \quad \text{Erlöse - Kosten}$$

$$= \quad 90.000,00\ € \cdot 66.000,00\ €$$

$$= \quad 24.000,00\ €$$

d) Deckungsbeitrag bei einer Fertigung von 200 Anlassern:

Deckungsbeitrag
pro Stück

$$db \quad = \quad \text{Preis - variable Stückkosten}$$

$$= \quad 200,00\ € - 80,00\ €$$

$$= \quad 120,00\ €$$

Deckungsbeitrag
gesamt

$$DB \quad = \quad x \cdot db$$

$$= \quad 200 \text{ Stück} \cdot 120,00\ €$$

$$= \quad 24.000,00\ €$$

2.3 Planung der Produktionsverfahren

01. Produktionsverfahren, Überblick, Vor- und Nachteile

a)

Fertigungsverfahren (Überblick)			
Bezeichnung	**Gliederungsprinzip**	**Beispiele**	
Produktions-typen	Anzahl der hergestellten, gleichartigen Produkte (Erzeugnismenge)	Einzelfertigung	• sukzessiv • simultan
		Mehrfachfertigung	Serienfertigung: • Großserie • Kleinserie
			Sortenfertigung: • Partiefertigung • Chargenfertigung
			Massenfertigung: • Parallelfertigung • Kuppelproduktion
Organisations-typen	Anordnung der Betriebsmittel (Fertigungsablauf)	Verrichtungsprinzip	• Werkstattfertigung • Werkstättenfertigung
		Flussprinzip	• Reihenfertigung • Fließfertigung
		Objektprinzip	Baustellenfertigung
		Mischform	Gruppenfertigung

Fertigungs-technik	Grad der Automation	keine	Handarbeit
		teilweise	Mechanisierung
		total	Vollautomation
Fertigungs-verfahren	nach DIN 8580	Fertigungshauptgruppen:	
		1 = Urformen	4 = Fügen
		2 = Umformen	5 = Beschichten
		3 = Trennen	6 = Stoffeigenschaft ändern

b)

Reihenfertigung	
Vorteile	**Nachteile**
• geeignet für größere Serien • Verkürzung der Durchlaufzeit • Spezialisierung der Tätigkeiten • verbesserte Maschinenauslastung • verbesserter Materialfluss	• Flexibilität der Fertigung nimmt ab • höhere Investitionskosten für Maschinen • Anfälligkeit bei Störungen • höhere Lagerkosten (Zwischenläger) • repetetive Teilarbeit

Werkstattfertigung	
Vorteile	**Nachteile**
• geeignet für Einzelfertigung und Kleinserien • flexible Anpassung an Kundenwünsche • Anpassung an Marktveränderungen • geringere Investitionskosten • hohe Qualifikation der Mitarbeiter • weniger anfällig, falls ein Einzelbearbeitungsplatz ausfällt	• relativ hohe Fertigungskosten • lange Transportwege • Zwischenläger erforderlich • hoher Facharbeiterlohn • aufwändige Arbeitsvorbereitung • aufwändige Kalkulation (Preisgestaltung) • meist hoher Flächenbedarf • lange Durchlaufzeit → hohe Kapitalbindung • vor den Werkstattplätzen können Staus in der Bearbeitung entstehen

Gruppenfertigung	
Vorteile	**Nachteile**
• Eigenverantwortung der Gruppe • Motivation der Mitarbeiter • Abwechslung durch Rotation • Einsatz des Gruppenakkords	• Verantwortungsdiffusion: Zuordnung der Leistung zu einer Einzelperson ist nicht mehr möglich • setzt intensive Vorbereitung voraus: Ausbildung, Teamentwicklung, Gruppendynamik

Baustellenfertigung	
Vorteile	**Nachteile**

• Einsatz von Normteilen
• Einsatz vorgefertigter Teile
• rationelle Fertigung durch Standards
• internationale Arbeitsteilung
  (z. B. Airbus)
	• Kosten: Errichtung/Abbau der
	  Baustelle
	• Transportkosten für Stoffe, Mitarbeiter
	  und Betriebsmittel (Logistikaufwand)

02. Wahl des Fertigungsverfahrens

a) *Rechnerische Lösung:*

Es wird auf die Berechnung der kritischen Menge zurückgegriffen:

$$x = \frac{K_{f2} - K_{f1}}{k_{v1} - k_{v2}} = \frac{300,00 \text{ €} - 50,00 \text{ €}}{13,00 \text{ €/Stück} - 8,00 \text{ €/Stück}} = 50 \text{ Stück}$$

Die kritische Menge liegt bei 50 Stück; oberhalb von 50 Stück ist Verfahren 2 kostengünstiger.

b) *Grafische Lösung:*

$U^* = 50 + 50 \cdot 13 = 700,00 \text{ €}$
oder:
$U^* = 300 + 50 \cdot 8 = 700,00 \text{ €}$

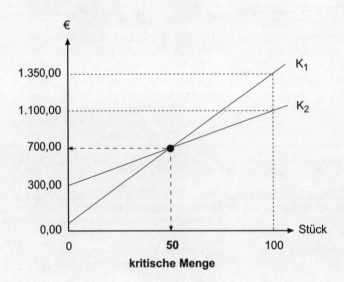

03. Eigen- oder Fremdfertigung, Make-or-Buy (langfristige Betrachtung)

Rechnerische Lösung:

Stückkalkulation					
Fremdbezug			**Eigenfertigung**		
	Listeneinkaufspreis	100,00 €		kalkulatorische Abschreibung: (400.000,00 – 50.000,00) : 10	35.000,00 €
–	Rabatt, 10 %	- 10,00 €	+	kalkulatorische Zinsen: 450.000,00 : 2 · 8 : 100	18.000,00 €
=	Zieleinkaufspreis	90,00 €	+	sonstige Fixkosten	9.000,00 €
–	Skonto, 3 %	- 2,70 €	=	**Fixkosten, gesamt**	**62.000,00 €**
=	Bareinkaufspreis	87,30 €		Fertigungslohn je Stück	25,00,00 €
+	Bezugskosten	2,70 €	+	Materialkosten je Stück	15,00,00 €
=	**Einstandspreis**	**90,00 €**	=	**variable Stückkosten, gesamt**	**40,00,00 €**

Die Formel zur Berechnung der kritischen Menge:

$$x = \frac{K_{f2} - K_{f1}}{k_1 - k_2}$$

1: Eigenfertigung
2: Fremdfertigung

modifiziert sich zu:

$$x = \frac{K_f \text{ (Eigenfertigung)}}{\text{Bezugspreis} - k_v \text{ (Eigenfertigung)}}$$

mit K_f (Fremdfertigung) = 0
k_1 = Bezugspreis

$$= \frac{62.000\ €}{90,00/\text{Stück} - 40,00\ €/\text{Stück}} = 1.240\ \text{Stück}$$

Die kritische Menge liegt bei 1.240 Stück. Oberhalb dieser Menge ist die Eigenfertigung kostengünstiger, da die variablen Stückkosten niedriger als der Basispreis sind.

Für die Planmenge p. a. ergibt sich:

bei *Eigenfertigung:* 1.800 Stück · 40,00 €/Stück + 62.000,00 € = 134.000,00 €
bei *Fremdbezug:* 1.800 Stück · 90,00 €/Stück = 162.000,00 €

→ Kosteneinsparung p. a. durch den
   Wechsel von Fremdbezug zur Eigenfertigung = 28.000,00 €

Grafische Lösung:

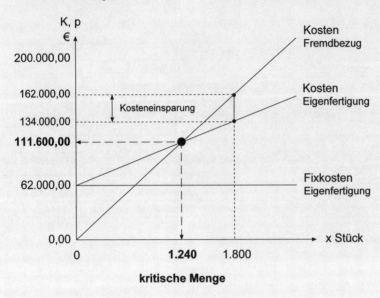

04. Fertigungsprinzipien: Fertigungsinseln

• *Beschreibung:* Bei der Einrichtung von Fertigungsinseln werden geeignete Arbeitspakete gebündelt. Dazu werden die notwendigen Maschinen und Werkzeuge zu sogenannten Inseln zusammengefügt. Erst nach Abschluss mehrerer Arbeitsgänge verlässt das Erzeugnis die Fertigungsinsel.

• *Zweck:* In der Fertigungsinsel werden verschiedene Qualifikationen zusammengefasst. Entweder wird hier im Team gearbeitet oder an Einzelarbeitsplätzen. In jedem Fall kann die Fertigungsinsel-Mannschaft auch eine (teil-)autonome Arbeitsgruppe sein. Da die Gruppe für die Stückzahl und die Qualität meist gemeinschaftlich verantwortlich ist, soll die Verantwortungsbereitschaft und die Arbeitszufriedenheit gesteigert werden. Die Unternehmensleitung erhofft sich außerdem eine Senkung des Qualitätssicherungsaufwands.

05. Fertigungsverfahren (Vergleich)

a)

Charakteri-stische Merkmale	Organisationstypen		
	Werkstatt-fertigung	Gruppen-fertigung	Fließ-fertigung
Stückzahl	Einzelfertigung	• Einzelfertigung • Kleinserie	• Großserie • Massenfertigung
Maschinenaus-stattung	Einzelmaschinen	Universalmaschinen	Spezialmaschinen

Anordnung der Betriebsmittel	Verrichtungsprinzip	• Verrichtungsprinzip • Objektprinzip • Fließprinzip • Mischformen	Fließprinzip
Programm-planung	auftragsorientiert	• auftragsorientiert • programmorientiert	programmorientiert
Herstellungs-kosten	Stückkosten sehr hoch	Stückkosten niedriger	Stückkosten niedrig (Degression der fixen Kosten)
Anpassungs-flexibilität	sehr hoch	begrenzt	kurzfristig sehr niedrig (kaum)
Grad der Automation	gering	mittel bis hoch	sehr hoch

b) Ziele der Gruppenfertigung:

- Aus der Sicht der Mitarbeiter, z. B.:

  - Monotonieabbau
  - Verbesserung des Betriebsklimas und der Kommunikation
  - Verbesserung der Identifikation mit der Arbeitsaufgabe
  - Verbesserung der Fähigkeiten der einzelnen Gruppenmitglieder.

- Aus der Sicht des Unternehmens, z. B.:

  - Senkung der Kosten
  - Verbesserung der Qualität
  - Verbesserung der Flexibilität
  - Organisationsentwicklung
  - Nutzung der Mitarbeiterkreativität
  - Einsatz der Leistungsfähigkeit von Gruppen
  - Monotonieabbau.

06. Fertigungsverfahren (1)

a)

Produktionstyp	Produktionsorganisation	Produktionstechnik
Serienfertigung	• Fließfertigung und/oder • Fließbandfertigung und/oder • Gruppenfertigung	• Mechanisierung und/oder • Automation und/oder • Vollautomation

b) Nullserie: Vor Beginn der eigentlichen Serienfertigung eines neuen Produkts wird eine Kleinmenge unter Echtbedingungen hergestellt, um Fehler in der Konstruktion, im Fertigungsprozess usw. erkennen und ggf. abstellen zu können. Danach erst erfolgt die Freigabe der Fertigung.

07. Fertigungsverfahren (2)

- *Werkstättenfertigung*:
  Bei der Werkstättenfertigung sind die Maschinen nach ihrer Art in unterschiedlichen Räumen (Werkstätten) untergebracht. Im vorliegenden Fall wären das die Dreherei, Bohrerei und Schleiferei. Der Materialfluss erfolgt von einem Raum zum anderen.

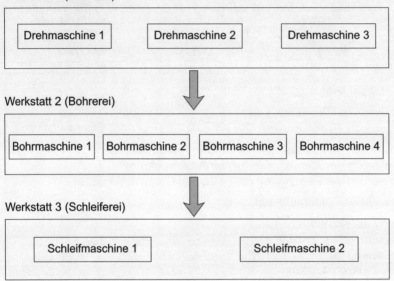

- *Gruppenfertigung*
  Bei der Gruppenfertigung sind alle für die Bearbeitung der jeweiligen Aufträge benötigten Maschinen in einem Raum. Sie sind allerdings nicht eingebunden. Der Transport von einem Raum zum anderen entfällt.

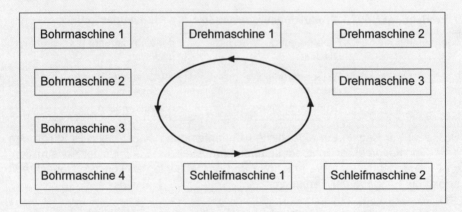

- *Reihenfertigung*
  Bei der Reihenfertigung sind alle Maschinen in einem Raum eingebunden, d. h. sie sind durch die Fördereinrichtungen miteinander verbunden. Die einzelnen Vorgänge sind zeitlich allerdings nicht aufeinander abgestimmt.

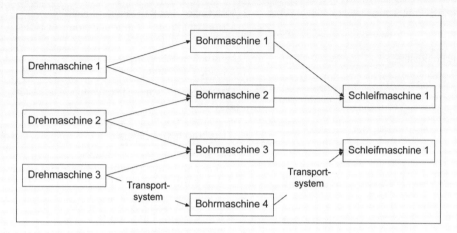

08. Fertigungsverfahren (3)

- Fertigung nach dem Verrichtungsprinzip, Merkmale, z. B.:

  - Die Arbeitsplätze für Arbeitsverrichtungen gleicher Art sind räumlich zusammengefasst, z. B. Kabelbaumfertigung, Wickelei für Transformatoren, Flächenverdrahtung, Oberflächenbearbeitung und Montage, mechanische Fertigung.

  - Das Fertigungsprinzip ist gegenüber Markt- und Fertigungsschwankungen relativ unempfindlich. Wartezeiten sind gering, Mitarbeiter sind Facharbeiter, Improvisieren ist besser möglich, die Durchlaufzeiten sind höher, der Materialfluss ist schwieriger zu überblicken, die Wegstrecken sind länger.

- Fertigung nach dem Fließprinzip, Merkmale, z. B.:

  - Betriebsmittel sind Einzweckmaschinen. Es können ungelernte Mitarbeiter eingesetzt werden.

  - Serienfertigungen nach Typisierung der Erzeugnisse möglich. Transportzeiten und Wartezeiten niedrig. Kürzere Durchlaufzeiten gegenüber dem Verrichtungsprinzip. Im Hinblick auf geänderte Marktforderungen unelastisch.

09. Fertigungsverfahren (4)

Beispiele für

- Einzelfertigung: Großmaschinenbau, Schiffbau, Brückenbau
- Serienfertigung: Maschinenbau, Motorenbau, Automobilbau
- Massenfertigung: Glühbirnen, Schrauben, Normteile.

10. Ergonomie, Qualitätssicherung

Maßnahmen der ergonomischen Arbeitsplatzgestaltung	fallbezogene Lösungsansätze (Beispiele)
Anthropometrische	„Mitarbeiter arbeiten leicht gebückt" → Beachtung der Körpermaße bei der Höhe des Montagebandes
Physiologische	„Mitarbeiter heben Motor und ..." → Hebevorrichtung „Mitarbeiter arbeiten mit konventionellem Werkzeug" → Akkuschrauber, Pressluftschrauber, <u>Drehmomentschlüssel</u> „Mitarbeiter verpackt und stapelt ..." → Verbindung von Paletten und Montageband über Fördereinrichtung (Rollenbänder o. Ä.) „... mit Hubwagen in das Freilager" → Transport mit Flurförderfahrzeug; kein permanenter Wechsel von Halle und Freilager
Psychologische, sicherheitstechnische	„... Hallenpendeltür ... Flurförderfahrzeuge ... 90db(A)" → Montageband bautechnisch abgrenzen (Schallschutzwand in Leichtbauweise o. Ä.) „... Neonbeleuchtung ..." → <u>Austausch der Beleuchtungseinrichtungen</u>
Organisatorische	„... maulen ... stupide Arbeitsweise ... Krankenstand ..." → Befragung der Mitarbeiter, Erarbeitung eines Konzeptes unter Beteiligung der Betroffenen: z. B. <u>Job-Rotation; Teilautonomie; Prämienentlohnung;</u> Verbesserung der Materialzuführung; keine Endkontrolle, sondern <u>Sicherung der Qualität durch jeden einzelnen Mitarbeiter</u> („Qualität fertigen") usw. Hinweis: Die unterstrichenen Lösungsansätze können als Maßnahmen zur Qualitätssicherung getroffen werden.

11. Ziele der Arbeitsplatzgestaltung

Ziele	Beispiele
Bewegungsvereinfachung	• Materialanschläge • Vermeidung von Drehbewegungen • Verkürzen der Bewegung
Bewegungsverdichtung	• Zusammenlegung von Vorgängen • Kopplung von manueller Arbeit und mechanischer Unterstützung • Verbindung von Hand- und Fußarbeit
Mechanisierung/Teilmechanisierung	• Verwendung von druckluftunterstützten Werkzeugen • Fördervorrichtungen
Aufgabenerweiterung	• Zusammenlegung von ausführender und kontrollierender Tätigkeit • Aufnahme zusätzlicher Arbeiten mit erweiterter Kompetenzzuweisung
Verbesserung der Ergonomie	• vgl. dazu die Beispiele oben, Aufgabe 10.
Verbesserung des Wirkungsgrades menschlicher Arbeit	• Hebe- und Biegevorrichtungen
Verbesserung der Sicherheit am Arbeitsplatz	• Überprüfung, ob die Sicherheitsvorschriften beachtet werden • Gefährdungsbeurteilung und Einleitung ggf. erforderlicher Maßnahmen
Verbesserung der Motivation	• Leistungslohn • Job-Enrichment/Job-Enlargement • Job-Rotation • Teilautonomie
Vermeidung von Erkrankungen/ Berufskrankheiten	• Gefährdungsbeurteilung • Begutachtung durch den werksärztlichen Dienst • Beachtung der Fehlzeiten/Fluktuation • Mitteilungen der Berufsgenossenschaften
Reduzierung des Absentismus	• Kombination der o. g. Maßnahmen

12. Prinzip „verlängerte Werkbank" (Fertigungstiefe)

a) *Fertigungstiefe* = Anzahl der unterschiedlichen Fertigungsstufen in einem Betrieb.

b) Die Entscheidung für oder gegen die Anwendung des Prinzips der „verlängerten Werkbank" hängt maßgeblich von folgenden Größen ab:

• Kosten
• Kapazitäten
• Qualität
• Know-how
• flexible Verfügbarkeit
• Risikotransfer.

c) Mögliche Risiken, z. B.:

- Know-how-Verlust
- Abhängigkeit von Lieferanten
- ggf. Qualitätseinbuße
- Möglichkeiten der Einflussnahme durch den Lieferanten
- ggf. Identitätsverlust.

13. Fertigungsbreite

Chancen und Risiken	
breites Fertigungsprogramm, z. B.	enges Fertigungsprogramm, z. B.
• Absatzrisiko ist verteilt ("mehrere Standbeine") • komplementäre Produkte können sich "stützen" • Schaffung von Präferenzen • Erfüllung individueller Kundenwünsche • kleinere Fertigungslose • anteilig hohe Rüstkosten • überwiegend mehr Universalmaschinen (Kosten!) • flexibel einsetzbares Personal (Lohnkosten!) • in der Regel höhere Stückkosten	• Absatzrisiko ruht auf wenigen "Standbeinen" • mehr Standardangebote • spezielle Kundenwünsche werden nicht erfüllt • Degression der Fixkosten (hohe Losgrößen) • tendenziell mehr Spezialmaschinen • Minimierung der Rüstkosten • verbesserte Materialsteuerung • verbesserte Spezialisierung (Qualitätsstandards)

2.4 Fertigungsversorgung

2.4.1 Betriebsmittel

01. Betriebsmittelplanung

a) *Aufgaben der Betriebsmittelplanung:*

Planung

- des Betriebsmittel*bedarfs*

- der Betriebsmittel*beschaffung* (Auswahl der Lieferanten; Finanzierung durch Kauf, Miete oder Leasing; Beschaffungszeitpunkte usw.)

- des Betriebsmittel*einsatzes*

- der *Einsatzbereitschaft* der Betriebsmittel (Instandhaltung).

b) Bei der Planung der Betriebsmittel sind folgende Objekte zu berücksichtigen:

- Grundstücke und Gebäude
- Ver- und Entsorgungsanlagen

- Maschinen und maschinelle Anlagen
- Werkzeuge, Vorrichtungen
- Transport- und Fördermittel
- Lagereinrichtungen
- Mess-, Prüfmittel, Prüfeinrichtungen
- Büro- und Geschäftsausstattung.

c) Neben der Anzahl der Betriebsmittel (quantitative Betriebsmittelplanung) ist zu entscheiden, welche Eigenschaften und Leistungsmerkmale die Betriebsmittel haben müssen (qualitative Betriebsmittelplanung).

- Bei der qualitativen Betriebsmittelplanung geht es z. B. um folgende Fragestellungen:

  - handgesteuerte oder teil- bzw. vollautomatische Maschinen

  - Bearbeitungszentren und/oder flexible Fertigungszellen/-systeme/-Transferstraßen

  - Größendegression der Anlagen (Senkung der Kosten bei Vollauslastung)

  - Spezialisierungsgrad der Anlagen (Spezialmaschinen/Universalanlage)

  - Grad der Umrüstbarkeit der Anlagen

  - Aufteilung des Raum- und Flächenbedarfs in Fertigungs-, Lager-, Verkehrs-, Sozial- und Büroflächen.

d) Ziele der Betriebsmittelplanung

- Vermeidung von Umweltbelastungen

- geringer Energieverbrauch

- universelle Einsatzmöglichkeit und schnelle Anpassung an geänderte Produktionsbedingungen

- Vermeidung der Erhöhung der Kapitalkosten (Zinsen, Abschreibungen)

- Der Einsatz sollte weitgehend wartungsfrei sein.

- Der Einsatz sollte möglichst bedienungsfreundlich sein.

e) Beispiele:

Konflikt

Fertigungsqualität hoch	↔	Fertigungskosten minimieren
Flexibilität der Betriebsmittel hoch	↔	Investitionsvolumen gering
Standort beibehalten	↔	Standort wechseln aus Gründen der Kostensenkung
Qualitätsansprüche hoch	↔	Investitionsvolumen gering

f) Beispiele:

Kongruenz

Qualitätsansprüche hoch	→	Umsatz hoch
Flexibilitäts der Betriebsmittel hoch	→	Umsatz hoch

02. Betriebsmittelbedarf

* *Kurzfristig* (Feinplanung)
  ist der Betriebsmittelbestand ein Datum. Hier kann nur eine optimale Nutzung der bestehenden Ressourcen erfolgen. Dabei bedient man sich verschiedener gewinn-maximierender Verfahren (DB-Rechnung, relative DB-Rechnung, lineare Program-mierung).

  Weiterhin erfolgt im Rahmen der Feinplanung die Betriebsmittelanpassung z. B. durch

  - Terminierungstechniken

  - Festlegen der Auftragsreihenfolge (Prioritätsregeln)

  - Prinzipien der Fertigungssteuerung (stabile/flexible Reihenfolge, überlappende/ parallele Fertigung, Auftragssplittung).

* *Langfristig*
  erfolgt die Anpassung der Betriebsmittel an das Produktionsprogramm durch eine Erhöhung oder Reduzierung der Ressourcen – orientiert an der mittel- und langfri-stigen Absatzplanung. Im Kern ist dies eine Frage der Kapazitätsplanung.

  - Im Fall der *Kapazitätserweiterung* werden die Auswahlentscheidungen zwischen unterschiedlichen Investitionsobjekten mithilfe der Investitionsrechnungsverfahren gelöst (statische/dynamische Verfahren der Investitionsrechnung). Weiterhin ist die Frage der Lieferantenauswahl zu klären.

  - Im Fall der *Kapazitätsverminderung* ist die Frage der Veräußerung von Betriebs-mitteln zu klären (Zeitpunkt, Abnehmer, Preis, Buchwert/Verkaufspreis, Änderung der AfA-Beträge, Fixkostenentlastung).

03. Instandhaltung (1), Wertschöpfungskette

a) * *Instandhaltung (IH; Oberbegriff)*
  umfasst alle Maßnahmen der Störungsvorbeugung und der Störungsbeseitigung

  Nach der DIN 31051 versteht man darunter „alle Maßnahmen zur Bewahrung und Wiederherstellung des Sollzustandes sowie zur Feststellung und Beurteilung des Istzustandes der technischen Mittel eines Systems". Die Instandhaltung wird in vier Teilbereiche gegliedert:

Maßnahmen der Instandhaltung nach DIN 31051			
Wartung	**Inspektion**	**Instandsetzung**	**Verbesserung**
Tätigkeiten:			
Reinigen Schmieren Nachstellen Nachfüllen	Planen Messen Prüfen Diagnostizieren	Austauschen Ausbessern Reparieren Funktionsprüfung	Verschleißfestigkeit erhöhen Bauteilsubstitution

- *Inspektion*
  ist die „Feststellung des Istzustandes von technischen Einrichtungen durch Sichten, Messen, Prüfen". Inspektion ist die Überwachung der Anlagen durch periodisch regelmäßige Begehung und Überprüfung auf den äußeren Zustand, ihre Funktionsfähigkeit und Arbeitsweise sowie auf allgemeine Verschleißerscheinungen. Das Ergebnis wird in einem *Prüfbericht* niedergelegt. Aus dem Prüfbericht werden Prognosen über die weitere Verwendungsfähigkeit der jeweiligen Anlage abgeleitet.

- *Wartung*
  ist die „Bewahrung des Sollzustandes durch Reinigen, Schmieren, Auswechseln, Justieren". Wartung umfasst routinemäßige Instandhaltungsarbeiten, die meistens vom Bedienungspersonal selbst durchgeführt werden, häufig in *Betriebsanweisungen* festgelegt sind und auf den *Wartungsplänen des Herstellers* basieren.

- *Instandsetzung* (Reparatur)
  ist die „Wiederherstellung des Sollzustandes durch Ausbessern und Ersetzen". Instandsetzung umfasst die Wiederherstellung der Nutzungsfähigkeit einer Anlage durch Austausch bzw. Nacharbeit von Bauteilen oder Aggregaten.

- *Verbesserung*
  ist die Steigerung der Funktionssicherheit, ohne die geforderte Funktion zu verändern.

b) - *Störung*
  ist eine „unbeabsichtigte Unterbrechung oder Beeinträchtigung der Funktionserfüllung einer Betrachtungseinheit".

- *Schaden*
  ist der „Zustand nach Überschreiten eines bestimmten (festzulegenden) Grenzwertes, der eine unzulässige Beeinträchtigung der Funktionsfähigkeit bedingt".

- *Ausfall*
  ist die „unbeabsichtigte Unterbrechung der Funktionsfähigkeit einer Betrachtungseinheit". Von Bedeutung sind Dauer und Häufigkeit der Ausfallzeit.

c)

Die Instandhaltung hat unmittelbaren Einfluss auf ...			
die Sicherheit der Anlagen	den Kundenservice	den Umweltschutz	die Anlagenverfügbarkeit
die Energieeffizienz	die Produktqualität	die Wirtschaftlichkeit der Fertigung	

d)

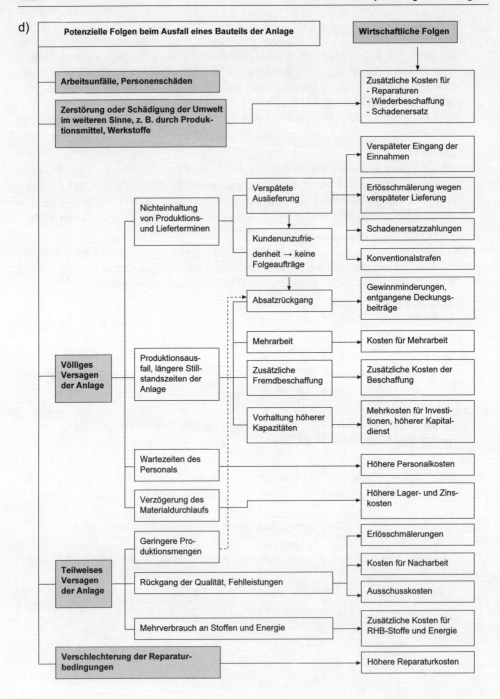

Potenzielle Folgen beim Ausfall eines Bauteils der Anlage

Wirtschaftliche Folgen

Arbeitsunfälle, Personenschäden

Zerstörung oder Schädigung der Umwelt im weiteren Sinne, z. B. durch Produktionsmittel, Werkstoffe

Zusätzliche Kosten für
- Reparaturen
- Wiederbeschaffung
- Schadenersatz

Völliges Versagen der Anlage

Nichteinhaltung von Produktions- und Lieferterminen

Verspätete Auslieferung

Verspäteter Eingang der Einnahmen

Erlösschmälerung wegen verspäteter Lieferung

Kundenunzufriedenheit → keine Folgeaufträge

Schadenersatzzahlungen

Konventionalstrafen

Produktionsausfall, längere Stillstandszeiten der Anlage

Absatzrückgang

Gewinnminderungen, entgangene Deckungsbeiträge

Mehrarbeit

Kosten für Mehrarbeit

Zusätzliche Fremdbeschaffung

Zusätzliche Kosten der Beschaffung

Vorhaltung höherer Kapazitäten

Mehrkosten für Investitionen, höherer Kapitaldienst

Wartezeiten des Personals

Höhere Personalkosten

Verzögerung des Materialdurchlaufs

Höhere Lager- und Zinskosten

Teilweises Versagen der Anlage

Geringere Produktionsmengen

Erlösschmälerungen

Kosten für Nacharbeit

Rückgang der Qualität, Fehlleistungen

Ausschusskosten

Mehrverbrauch an Stoffen und Energie

Zusätzliche Kosten für RHB-Stoffe und Energie

Verschlechterung der Reparaturbedingungen

Höhere Reparaturkosten

04. Instandhaltung (2), Strategien

Grundsätzlich möglich ist eine

- *Präventivstrategie* (= vorbeugender Austausch von Verschleißteilen) oder
- eine *störungsbedingte Instandhaltung* (= Austausch der Teile bei Funktionsuntüchtigkeit).

Die jeweils notwendige Strategie der Instandhaltung ergibt sich aus der Art der Anlagen, ihrem Alter, dem Nutzungsgrad, der betrieblichen Erfahrung usw.

In den meisten Betrieben ist heute eine vorbeugende Instandhaltung üblich, die zu festgelegten Intervallen durchgeführt wird, sich auf eine Wartung und Kontrolle der Funktionsfähigkeit der gesamten Anlage erstreckt und besondere Verschleißteile vorsorglich ersetzt.

Im Überblick:

Instandhaltungsmethoden (auch: -strategien, -konzepte)	
1. **Vorbeugende Instandhaltung**	**1.1 Zustandsabhängige Instandhaltung** Es erfolgt eine *vorbeugende Instandhaltungsstrategie,* die sich exakt am konkreten *Abnutzungsgrad des Instandhaltungsobjekts* orientiert. Sie lässt sich mithilfe von Einrichtungen zur Anlagenüberwachung und -diagnose für kritische Stellen durchführen (Anwendung der technischen Diagnostik, Condition Monitoring).
	1.2 Zeitabhängige, periodische Instandhaltung = *Vorbeugende Instandhaltung mit den Varianten:* • Präventiver Austausch einzelner Bauteile, wenn sich zum Beispiel Verschleißgeräusche, Ermüdungserscheinungen oder Spielvergrößerungen zeigen. • Vorbeugender Austausch von Bauteilen und Baugruppen basierend auf Erfahrungen, Schadenanalysen oder aufgrund von Herstellervorgaben bzw. gesetzlichen Auflagen u. Ä.; Nachteil: Austausch erfolgt zu früh oder ggf. zu spät.
2. **Störungsbedingte Instandhaltung**	*Instandsetzung nach Ausfall* (Feuerwehrstrategie): Eine Instandsetzung nach Ausfall ist meist die ungünstigste Variante, da sofort nach Eintreten der Störung Ausfallzeiten und Kosten entstehen. Der Austausch der Verschleißteile erfolgt immer zu spät. Dies sollte nur dann angewendet werden, wenn die Funktion der Maschine/Anlage aus der Erfahrung her unkritisch ist.
	Vorteile: • Die Lebensdauer der Bauteile wird vollständig genutzt. • Es entstehen keine Kosten für Kontrollmaßnahmen und Wartung.
	Nachteile: • ungeplante Ausfallzeiten • Personaleinsatz und Ausweichen der Produktion nicht planbar • Instandsetzung unter Termindruck (Qualitätsproblem)

05. Instandhaltung (3), Organisation

- Die Anlagenüberwachung (Instandhaltung, IH) kann vom „Technischen Dienst" verantwortlich übernommen werden (*zentrale Organisation* der Anlagenüberwachung). Er kann dabei Fremdleistungen heranziehen oder die gesamte Instandhaltung selbst durchführen (*Make-or-Buy-Überlegung, MOB*).

- Bei *dezentraler Organisation* der Anlagenüberwachung übernehmen *die Mitarbeiter in der Fertigung* die erforderlichen Arbeiten. Der Vorteil liegt in der Einbindung/Motivation der unmittelbar Betroffenen und der Chance zur laufenden Weiterqualifizierung. In der Praxis existiert häufig eine *Mischform*: Instandsetzung und Inspektion übernimmt der technische Dienst; Wartung und Pflege werden vom Mitarbeiter der Fertigung durchgeführt.

- Eine Ausnahme bildet dabei selbstverständlich die Kontrolle, Wartung und ggf. Instandsetzung elektrischer Anlagen wegen des Gefährdungspotenzials und der existierenden Sicherheitsvorschriften; hier ist ausschließlich Fachpersonal einzusetzen.

- Im Überblick:

2.4.2 Personal

01. Biorhythmus

a) Skizze der durchschnittlichen Leistungskurve des Menschen im Tagesverlauf:

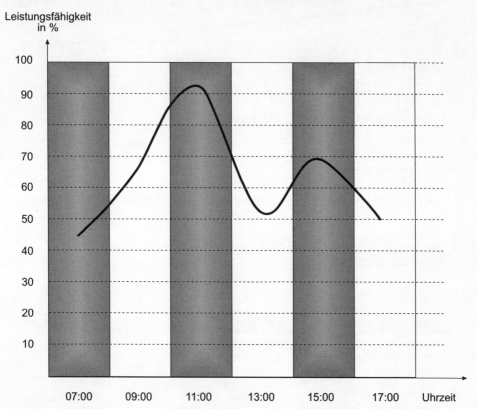

b) Beschreibung:

- Um 11:00 Uhr ist die Konzentrationsfähigkeit besonders hoch, also ein günstiger Zeitpunkt für geistig anspruchsvolle Tätigkeiten.
- Um 12:00 Uhr ist die beste Zeit für das Mittagessen plus ca. 20 Minuten Ruhepause.
- Um 15:00 Uhr – im zweiten Aktivitätshoch – ist das Langzeitgedächtnis besonders gut und die manuelle Geschicklichkeit hoch.

02. Nettopersonalbedarf

Man verwendet folgendes Berechnungsschema:

Berechnungsschema zur Ermittlung des Nettopersonalbedarfs		
Berechnungsgröße:	**Anzahl**	**Summe**
Stellenbestand per 1.07.2011	258	
neue Planstellen in 2012	3	
entfallende Stellen in 2011/2012	- 22	
Bruttopersonalbedarf 2012		**239**
Mitarbeiterbestand per 31.07.2011	255	
feststehende Mitarbeiterabgänge in 2011/2012	- 16	
feststehende Mitarbeiterzugänge in 2011/2012	8	
geschätzte Mitarbeiterabgänge in 2011	- 5	
fortgeschriebener Personalbedarf 2012		**- 242**
Nettopersonalbedarf 2012	**(239 - 242)**	**- 3**

Der Nettopersonalbedarf des Jahres 2012 beträgt minus 3, d. h., es fehlen drei Mitarbeiter.

03. Arbeitssystem, Art-/Mengenteilung, Taktzeit, Arbeitsproduktivität, Leistungsgrad

a) Die *Elemente des Arbeitssystems* sind generell:

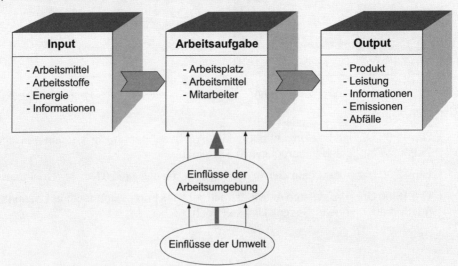

Die Elemente des Arbeitssystems sind fallbezogen:

Input	alle zugekauften Teile, Arbeitsmittel (Akkuschrauber usw.), Verpackungsmaterial, Strom, Informationen (Fertigungsdaten zu Wochenbeginn)
Arbeitsaufgabe	Montage des Modells „Glattschnitt"
Mitarbeiter	fünf Mitarbeiter an jeweils zwei Montagebändern
Arbeitsmittel	zwei Montagebänder, Hebevorrichtung, Akkuschrauber, Drehmomentschlüssel
Arbeitsablauf	→ Motor und Rahmenteile auf Werkbank heben → Vorjustierung → Endmontage → Endkontrolle → Verpackung
Arbeitsumgebung, Umwelteinflüsse	beheizte Halle, ohne Taktzeit, im Akkord, teilautonome Arbeitsgruppe
Output	fertig verpackte Rasenmäher des Modells „Glattschnitt", ggf. Verpackungsabfälle, ggf. NIO-Teile, Wärme (Körperwärme und Wärme der Akkuschrauber), Geräusche

b) Vorteile der einheitlichen Arbeitssystembeschreibung, z. B.:

- Vergleichbarkeit unterschiedlicher Arbeitssysteme
- Grundlage für Stellenbeschreibung, Personalauswahl, -qualifizierung, und -entlohnung.

c) Art- und Mengenteilung bei der Montage des Modells „Glattschnitt":

- *Artteilung:* Jeder Mitarbeiter führt nur einen Teil der Gesamtarbeit aus.

  → Modell „Glattschnitt":

Mitarbeiter 1 + 2	Mitarbeiter 3 + 4	Mitarbeiter 5
Motor und Rahmenteile anheben	Endmontage	Endkontrolle
Vorjustierung		Verpackung

- *Mengenteilung:* Jeder Mitarbeiter erledigt den gesamten Arbeitsablauf und davon eine bestimmte Menge.

  → Modell „Glattschnitt":
  Zwischen den Mitarbeitern liegt keine Mengenteilung vor. Zwischen beiden Arbeitsgruppen (Montageband 1 und 2) kann eine Mengenteilung von 50:50 unterstellt werden.

d)

	Vorteile	Nachteile
Art-teilung	• Spezialisierung • Effizienz • reduzierte Qualifizierung	• monotone Teilarbeit • Zusammenhang geht verloren • Abhängigkeit zwischen den Einzeltätigkeiten der Mitarbeiter
Mengen-teilung	• höhere Motivation • Abwechslung • mehr Handlungsspielraum	• i. d. R. zeitaufwändiger • höhere Qualifikation der Mitarbeiter erforderlich • kostenaufwändiger

e) 1. Taktzeit = Zeit, die ein einzelner Arbeitsgang bei Taktfertigung benötigt.

2. Ziele, z. B.:
   - Minimierung der Durchlaufzeit
   - ggf. Verbesserung der Produktivität und der Wirtschaftlichkeit
   - verbesserte Auslastung der Kapazitäten.

3. Die Einführung der Taktzeit ist bei der Montage des Modells „Glattschnitt" unter den gegebenen Umständen nicht möglich. Mindestvoraussetzungen wären: eine weitere Zerlegung der Arbeitsinhalte und eine zeitliche Harmonisierung der Arbeitszeiten pro Arbeitsinhalt.

f)

$$\text{Produktivität} = \frac{\text{Arbeitsergebnis}}{\text{Zeit}}$$

$$= \frac{720 \text{ Stück pro Achtstundenschicht}}{480 \text{ min}}$$

$$= 1,5 \text{ Stück/min}$$

$$\text{Leistungsgrad} = \frac{\text{Istleistung}}{\text{Normalleistung}} \cdot 100$$

$$= \frac{864 \text{ Stück pro Achtstundenschicht}}{720 \text{ Stück pro Achtstundenschicht}} \cdot 100$$

$$= 120 \text{ \%}$$

Zu beachten ist: Der Leistungsgrad wird beurteilt.

04. Taktzeit

$$\text{Solltaktzeit} = \text{Arbeitszeit je Schicht} \cdot \text{Bandwirkungsfaktor} : \text{Sollmenge je Schicht}$$

$$= 480 \text{ min} \cdot 0,9 : 80 \text{ Stück}$$

$$= 5,4 \text{ min/Stück}$$

05. Personalbedarf, Personalbemessung

a) Im vorliegenden Fall ergibt sich:

$$\text{Personalbedarf} = \frac{\text{Rüstzeit} + (\text{Ausführungszeit je Bauteil} \cdot \text{Anzahl der Bauteile})}{\text{Monatsarbeitszeit je Mitarbeiter} \cdot \text{Leistungsgrad}} \cdot 100$$

$$\text{Personalbedarf} = \frac{140 + (22 \cdot 500)}{167 \cdot 1,15} \cdot 100 = \frac{11.140}{19.205} \cdot 100 \approx 58 \text{ Mitarbeiter}$$

b) 58 Mitarbeiter · 1,05 ≈ 61 Mitarbeiter

Der Personalbedarf beträgt rund 61 Mitarbeiter (inkl. Fehlzeit) für den Auftrag.

06. Personalbemessung (1)

T_1 = 32.000 min

T_2 = t_r + t_e · m
= 300 min + (12 min · 1.800 Stück)
= 21.900 min

$\sum T_i$ = 53.900 min = 898,3 Stunden

Zur Verfügung stehende Personalkapazität (Normalbedarf):

22 Arbeitstage · 7,5 Stunden/Tag = 165 Stunden

Rechenweg 1:

898,3 Stunden : 165 Stunden	=	5,444 Mitarbeiter
+ 11 % Ausfallzeit	=	0,599 Mitarbeiter
= Normal- + Zusatzbedarf	=	6,043 Mitarbeiter
	=	rund 6 Mitarbeiter

Rechenweg 2:

111 % ↔ 165 Stunden

100 % ↔ x

x   =   148,649 Stunden

898,3 Stunden : 148,649 Stunden = rund 6 Mitarbeiter

07. Personalbemessung (2)

a)
$$\text{Personalbedarf} = \frac{\text{Zeitbedarf der Aufträge/Periode} + \text{Zusatzbedarf}}{\text{Arbeitszeit pro Periode} \cdot \text{Planungsfaktor}}$$

$$= \frac{1.428 \text{ Stunden} \cdot 1,08}{7,5 \text{ Stunden} \cdot 22 \text{ Tage} \cdot 0,85}$$

≈ 11 Mitarbeiter

Das heißt, es besteht eine Personalunterdeckung von einem Mitarbeiter.

b) | Mehrarbeit (Stunden) = Einsatzbedarf (Stunden) - Istkapazität (Stunden) |

$\qquad$ = 1.428 Stunden · 1,08 - (10 MA · 7,5 Stunden · 22 Tage · 0,85 P.faktor)

$\qquad$ = 1.542,24 Stunden - 1.402,5 Stunden

$\qquad$ = 139,74 Stunden

Daraus ergibt sich eine Mehrarbeit pro Tag pro Mitarbeiter pro Periode:

$$= \frac{139,74 \text{ Stunden}}{10 \text{ MA} \cdot 22 \text{ Tage} \cdot 0,85}$$

$\approx 0,75$ Stunde

c) Bei der Anordnung von Mehrarbeit, soweit diese keinen Notfall darstellt, ist zu beachten, z. B.:

• Mitbestimmung des Betriebsrates nach § 87 Abs. 1 Nr. 3 BetrVG

• Regelung laut Einzelarbeitsvertrag

• Regelung laut Tarifvertrag

• ggf. Mehrarbeitszuschlag (Einzelarbeitsvertrag oder Tarifvertrag)

• Höhe der täglichen Mehrarbeitszeit laut ArbZG (maximal zwei Stunden täglich unter bestimmten Bedingungen; § 3 ArbZG).

d) Die personelle Unterdeckung beträgt 139,74 Stunden Dies entspricht etwa der monatlichen Istkapazität ein Vollzeitkraft (= 7,5 Stunden · 22 Tage · 0,85 = 140,25 Stunden). Denkbar ist daher – neben Mehrarbeit – ein Ausgleich der personellen Unterdeckung durch:

• Einstellung eines Leiharbeitnehmers
• befristete Einstellung eines Mitarbeiters
• Verschieben von Urlaubszeiten (vgl. Planungsfaktor)
• Fremdvergabe/Zukauf
• ggf. Reduzierung der geplanten Auftragsmenge für den Folgemonat.

08. Personalbedarf, Kennzahlenmethode

Eckdaten	2011 Ist	2012 Plan	
Produktionsmenge in Einheiten	850.000	935.000	1)
durchschnittliche Anzahl der gewerblichen Mitarbeiter in der Produktion	220	?	
Anzahl der Arbeitswochen	45	45	
Tarifliche Wochenarbeitszeit je Mitarbeiter in Stunden	37,5	35	
Verfügbare Gesamtstundenzahl in der Produktion	371.250	–	
Erforderliche Gesamtstundenzahl in der Produktion	–	389.583	3)
Produktivität (Mengeneinheiten je Arbeitsstunde)	2,29	2,4	2)
Arbeitsstunden je Mitarbeiter pro Jahr	1.687,5	1.575	4)
Personalbedarf (Anzahl der Mitarbeiter)		247	5)

Nebenrechnungen:

1) $850.000 \cdot 1,1 = 935.000$
2) $2,29 \cdot 1,05 = 2,40$
3) $935.000 : 2,4 = 389.583$
4) $35 \cdot 45 = 1.575$
5) $389.583 : 1.575 = 247$

Der Personalbedarf für die gewerblichen Mitarbeiter in der Produktion liegt für 2012 bei rund 247; es besteht also ein Zusatzbedarf von rund 27 Mitarbeitern („Vollzeitköpfe").

09. Zeitakkord

a) $\text{Minutenfaktor} = \dfrac{12,00 \text{ €}}{60 \text{ min}} = 0,20 \text{ €/min}$

b) $\text{tatsächlicher Stundenlohn} = \dfrac{0,20 \text{ €/min} \cdot 60}{15} \cdot 17 = 13,60 \text{ €/Stunde}$

c) Bruttolohn bei Normalleistung $= 0,20 \cdot 4 \cdot 15 \cdot 35$

$\qquad\qquad\qquad\qquad\qquad = 420,00$ €/35-Stunden-Woche

Bruttolohn bei Istleistung $\qquad = 1.008,00$ €

$\qquad\qquad\qquad\qquad\qquad = 504,00$ €/35-Stunden-Woche

Leistungsgrad $\qquad\qquad\qquad = \dfrac{504,00}{420,00} \cdot 100 = 120 \%$

Die Leistung des Facharbeiters lag in der 39. und 40. Woche 20 % über der Normalleistung. (Hinweis: Es sind auch andere Berechnungswege möglich.)

d) Zeitakkord $= 0,20 \cdot 4 \cdot x = 15,20$ €
$\quad \to x \qquad\qquad = 19$ Stück/Stunde

10. Entgelt

a) Arten der leistungsabhängigen Entgeltdifferenzierung, z. B.:

- Akkordlohn
- Prämienlohn
- Zeitlohn mit Leistungszulage.

b) Prämienlohnarten, z. B.:

- Mengenprämienlohn
- Güteprämienlohn
- Nutzungsprämienlohn.

11. Entgeltdifferenzierung

	Bemessungsprinzipien	
	Anforderungsgerechtigkeit	**Leistungsgerechtigkeit**
Bemessungs-kriterien	Anforderungsarten, z. B.: • Genfer Schema (vier Merkmale) • REFA-Schema (sieben Merkmale)	Arbeitsergebnis, z. B.: • Arbeitsmenge • Arbeitsgüte
Bemessungs-objekt	Betrachtet wird der Arbeitsplatz.	Betrachtet wird der Mitarbeiter.
Bemessungs-verfahren	Arbeitsbewertung, z. B.: • summarisch • analytisch	Formen der Ergebnisbewertung, z. B.: • Leistungslohn • Provision
Entgeltformen	• Zeitlohn • Gehalt	Leistungslohn, z. B.: • Akkord-/Prämienlohn, Provision • Formen der Ergebnisbeteiligung

12. Zeitlohn, Überstunden

Beim „Zeitlöhner" erfolgt die Entlohnung auf Stundenbasis (Anzahl der Stunden · Lohnsatz pro Stunde):

Grundlohn: 167 Stunden · 12,00 €   =   2.004,00 €

Überstunden-Vergütung: 38 Stunden · 12,00 € · 1,5   =   684,00 €

Der Gesamtlohn im Monat September beträgt 2.688,00 €.

13. Lohnzuschläge

a) Beispiele:

- Nachtzuschläge
- Feiertagszuschläge
- Trennungsentschädigungen
- Sonntagszuschläge
- Gefahrenzuschläge
- Auslösungen.

b) • die Mehrarbeit wurde angeordnet oder

- vom Arbeitgeber geduldet

- bei der Anordnung der Mehrarbeit hat der Arbeitgeber die Mitbestimmungsrechte des Betriebsrates sowie

- die einschlägigen Gesetze zu beachten (z. B. ArbZG).

14. Prämienlohn

a) Merkmale, an denen sich die Gestaltung eines Prämienlohns orientieren kann, z. B.:

- Arbeitsqualität (z. B. Prozentsatz der Gutstücke)
- Arbeitsquantität (z. B. Vermeidung von Leerzeiten an Maschinen)
- Zeitverbrauch
- Termineinhaltung
- Verbrauch an Faktoreinsatzmengen (z. B. Materialverbrauch)
- Umweltverträglichkeit, Abfallvermeidung
- Unfallvermeidung.

b) Zielkonflikt:

Die Zielsetzung beim Akkordlohn ist eine möglichst hohe Mengenleistung. In Verbindung mit der Zahlung einer Qualitätsprämie (Zielsetzung ist Qualität und nicht Menge) ergibt sich daraus ein Zielkonflikt, den der Mitarbeiter zum Ausgleich bringen muss. Er hat also beide Ziele gleichermaßen ausgewogen zu beachten.

15. Prämienlohnberechnung

Prämie $= 2 \text{ Stunden} \cdot 12{,}50 \text{ €} \cdot 0{,}5 = 12{,}50 \text{ €}$

Gesamtlohn $=$ Grundlohn + Prämie
$= 5 \cdot 12{,}50 \text{ €} + 12{,}50 \text{ €} = 75{,}00 \text{ €}$

Iststundenlohn $= 75{,}00 : 5 \text{ Stunden} = 15{,}00 \text{ €/Stunde}$

16. Akkordlohn, Lohnstückkosten

a) 1. Voraussetzung: *Akkordfähigkeit*

Der Arbeitsablauf muss zeitlich und inhaltlich festgelegt und ergonomisch gestaltet sein. Der Mitarbeiter muss ihn aber noch beeinflussen können. Das Leistungsergebnis muss einfach und exakt gemessen werden können (z. B. Stückzahlen).

2. Voraussetzung: *Akkordreife*

Der Arbeitsablauf muss frei von Mängeln sein (z. B. gesicherter Materialfluss). Es müssen konstante Arbeitsbedingungen vorliegen und der Mitarbeiter muss in erforderlichem Maße geeignet, eingearbeitet und geübt sein.

b)

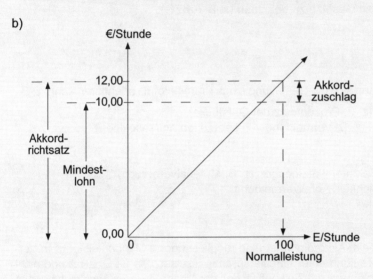

c) Lohnstückkosten:

Einheiten (E)	Lohn (L)	Lohnstückkosten (L:E)
100	12,00 €	0,12 €
120	14,40 €	0,12 €
130	15,60 €	0,12 €

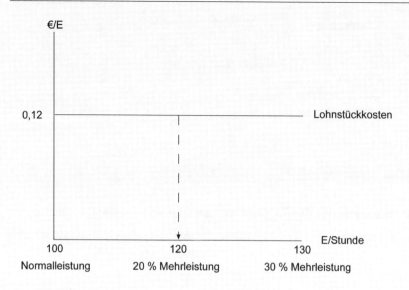

17. Akkordlohn

a)   Grundentgelt pro Stunde   17,25 €/Stunde
  + 15 % Akkordzuschlag   2,59 €/Stunde
  = Akkordrichtsatz pro Stunde   19,84 €/Stunde

Minutenfaktor   =   Akkordrichtsatz : 60 min

                =   19,84 €/Stunde : 60 min

                =   0,3307 €/min

Auftragszeit
(Vorgabezeit)   = $t_r + m \cdot t_e$

                =   40 min + 30 · 15 min

                =   490 min

Akkordbruttoverdienst für die Bearbeitung des Auftrags

                =   Minutenfaktor · Minuten (Vorgabezeit)

                =   0,3307 €/min · 490 min

                =   162,04 €

b) Iststundenlohn   =   162,04 € : 400 min · 60 min/Stunde

                    =   24,31 €/Stunde

$$\text{Zeitgrad} = \frac{\sum \text{Sollzeiten}}{\sum \text{Istzeiten}} \cdot 100$$

$$= \frac{490 \text{ min}}{400 \text{ min}} \cdot 100$$

$$= 122,5 \%$$

18. Arbeitsbewertung (1)

a) • Summarische Methode: Die Tätigkeit wird als Ganzes bewertet („en bloc").

• Analytische Methode: Es wird der Schwierigkeitsgrad je Anforderungsart ermittelt (Basis: Genfer Schema, REFA-Schema).

b) Vergleich:

Methoden der Arbeitsbewertung im Vergleich		
Merkmale	**Summarische Methode**	**Analytische Methode**
Fachwissen über die Methode	gering	hoch
Beschreibung der relevanten Tätigkeiten	als Ganzes; en bloc	je Anforderungsart
Grad der Objektivität	gering; subjektiv	hoch; weniger Subjektivität
Aufwand	gering	hoch
Notwendigkeit der laufenden Aktualisierung	gering; nur bei großer Änderung der Tätigkeitsinhalte	hoch; auch bei geringer Änderung der Tätigkeitsinhalte

c) Die Mitbestimmung des Betriebsrates in Fragen der Arbeitsbewertung ergibt sich aus:

§ 87 Abs. 1 Nr. 10. BetrVG: Fragen der betrieblichen Lohngestaltung ...

§ 99 Abs. 1 BetrVG: ... vor jeder Eingruppierung, Umgruppierung ... zu unterrichten ... die Zustimmung ... einzuholen.

19. Arbeitsbewertung (2)

1. Schritt:
Es muss ein Katalog von Anforderungsarten gebildet werden; dazu wird hier auf das Genfer Schema zurückgegriffen (Aus Gründen der Vereinfachung wird nicht nach Können und Belastung differenziert.):

• geistige Anforderungen
• körperliche Anforderungen
• Verantwortung
• Arbeitsbedingungen.

2. Schritt:
Die Anforderungsarten werden gewichtet (hier mit einem Faktor zwischen 0 und 1).

Anforderungsarten	Gewichtungsfaktor
geistige Anforderungen	0,4
körperliche Anforderungen	0,3
Verantwortung	0,5
Arbeitsbedingungen	0,3

3. Schritt:
Festlegung von Bewertungsstufen: Es werden in diesem Beispiel sechs Bewertungs-stufen zwischen 0 und 10 mit einem kardinalen Abstand von 2 gewählt:

Bewertungsarten	
äußerst gering	0
gering	2
mittel	4
groß	6
sehr groß	8
extrem groß	10

4. Schritt:
Für beide Arbeitsplätze

* werden die Anforderungen analysiert
* wird jede Anforderungsart zwischen 0 und 10 bewertet
* wird jede Bewertungszahl mit dem Gewichtungsfaktor je Anforderungsart multi-pliziert und
* jeweils die Summe der Arbeitswerte gebildet.

Anforderungsart	Faktor	Baustellenhelfer		Transportarbeiter	
		Bewertung	Arbeits-wert	Bewertung	Arbeitswert
geistig	0,4	2,0	0,8	2,0	0,8
körperlich	0,3	6,0	1,8	4,0	1,2
Verantwortung	0,5	2,0	1,0	4,0	2,0
Arbeitsbedingungen	0,3	4,0	1,2	4,0	1,2
Arbeitswertsummen			**4,8**		**5,2**

Hinweis: Es sind auch andere Ergebnisse (Bewertungen) möglich.

20. Arbeitsbewertung (3)

a)

Arbeitsplatz	Eingruppierung	Bemerkung
I	K 3	ggf. auch K 4, falls eine mehrjährige Berufspraxis erforderlich ist
II	K 5	
III	K 1	
IV	K 2	

b) • Summarische Arbeitsbewertung, Katalogverfahren (Lohn-/Gehaltsgruppenver-
    fahren)

   • Nachteil: Der Arbeitsplatz wird nur als Ganzes betrachtet; eine differenzierte Ana-
    lyse nach einzelnen Anforderungsarten unterbleibt.

c) Die Arbeitsplätze werden paarweise miteinander verglichen; es wird eine ordinale
   Rangfolge erstellt; z. B.:

   I < II   →   III, IV < I < II
   I > III
   I > IV   →   III < IV < I < II

   Ergebnis: Arbeitsplatz III wird am niedrigsten eingestuft, Arbeitsplatz II am höchsten.

   • Es gibt keine Aussage über die „Abstände" (= kardinale Unterschiede) zwischen
    den Stufen.

d)

Anforderungs- merkmal	Gewich- tungsfak- tor	Arbeitsplatz							
		Betriebsleiter		Meister		Facharbeiter		Helfer	
		Aus- prä- gung	Wert	Aus- prä- gung	Wert	Aus- prä- gung	Wert	Aus- prä- gung	Wert
Fachkönnen	0,4	8	3,2	6	2,4	4	1,6	0	0,0
körp. Belastung	0,2	2	0,4	2	0,4	4	0,8	6	1,2
geist. Belastung	0,3	8	2,4	4	1,2	2	0,6	2	0,6
Umwelteinflüsse	0,1	2	0,2	4	0,4	4	0,4	4	0,4
∑			6,2		4,4		3,4		2,2

21. Arbeitsbewertung (4)

Fachkönnen		körperliche Belastung		geistige Belastung		Umwelteinflüsse	
Rang %	Arbeits- platz	Rang %	Arbeitsplatz	Rang %	Arbeits- platz	Rang %	Arbeits- platz
100	Betriebs- leiter	100	Helfer	100	Betriebs- leiter	80	Helfer
80	Meister	70	Facharbeiter	70	Meister	60	Fach- arbeiter
50	Fach- arbeiter	40	Meister	40	Fach- arbeiter	40	Meister
10	Helfer	20	Betriebsleiter	10	Helfer	20	Betriebs- leiter

Hinweis: n = 10   Rang = 100 : n

Anforderungs-merkmal	Gewich-tungs-faktor	Arbeitsplatz							
		Betriebs-leiter		Meister		Facharbeiter		Helfer	
		Rang	Wert	Rang	Wert	Rang	Wert	Rang	Wert
Fachkönnen	0,4	100	40	80	32	50	20	10	4
körp. Belastung	0,2	20	4	40	8	70	14	100	20
geist. Belastung	0,3	100	30	70	21	40	12	10	3
Umwelteinflüsse	0,1	20	2	40	4	60	6	80	8
Σ			76		65		52		35

2.4.3 Material

01. Prognose des Materialbedarfs

	Menge	Granulat	
Nettomaterialbedarf	5.000 Stück	5.000 Stück · 500 g	2.500,00 kg
Anlaufverlust	50 Stück	50 Stück · 500 g	25,00 kg
Ausschuss	10 % von 5.050 Stück = 505	505 Stück · 500 g	252,50 kg
Prognose	**5.555** Stück	**5.555 Stück · 500 g**	**2.777,50 kg**

02. Sekundärbedarfsplanung (Bedarfsauflösung)***

a) • *Analytische Bedarfsermittlung:*

Hier betrachtet man die zeitlichen Reihenfolge der Herstellung eines Erzeugnisses und geht von den Strukturstücklisten aus. Der jeweilige Sekundärbedarf pro Teil pro Stufe ergibt sich aus der benötigten Menge pro Teil je Stufe multipliziert mit dem Primärbedarf (Anzahl der Erzeugnisse).

• *Synthetische Bedarfsermittlung:*

Basis der Bedarfsermittlung sind Teilverwendungsnachweise. Mithilfe einer Teile-stamm- oder Strukturdatei (in der alle Erzeugnisse hinterlegt sind) kann ermittelt werden, in welchem Erzeugnis ein bestimmtes Teil wie oft vorkommt.

b) • Zentraler *Nachteil des analytischen Verfahrens* ist, dass für die gleiche Kompo-nente ein Bedarf in den verschiedenen Fertigungsstufen bestehen kann. Wenn die zeitliche Beschaffung in Abhängigkeit von den Fertigungsstufen erfolgt, so ergibt sich bei der Beschaffung ein erhöhter Aufwand.

• Zentraler *Nachteil des synthetischen Verfahrens* ist, dass dem Einkauf der jewei-lige Bedarfszeitpunkt der Komponenten nicht bekannt ist.

03. Bestellmenge

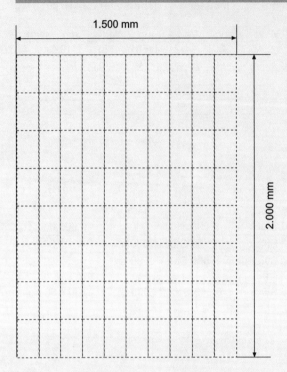

1.500 mm : 150 mm   = 10
2.000 mm : 250 mm   = 8
_____
1 Tafelblech ergibt 8 · 10 = 80 Bleche

Es müssen zehn Tafelbleche bestellt werden.

04. ABC-Analyse

a) Erstellen der ABC-Analyse und Beschreibung der Arbeitsschritte:

   1. Schritt:
   Ermittlung des wertmäßigen Monatsverbrauchs und Vergabe einer Rangzahl: Die Artikelgruppe mit dem höchsten wertmäßigen Verbrauch erhält die Rangzahl 1 usw.

Rangzahl	Artikel-Gruppe	Verbrauch je Monat in Einheiten (E)	Preis je Einheit in €	(Preis · Verbrauch) in €
10	900	1.000	0,70	700,00
8	979	4.000	0,20	800,00
1	105	3.000	3,80	11.400,00
4	113	6.000	1,00	6.000,00
3	121	1.000	7,00	7.000,00
2	129	16.000	0,50	8.000,00
7	137	9.000	0,10	900,00
5	189	400	3,00	1.200,00
6	194	600	2,00	1.200,00
9	215	4.000	0,20	800,00
Σ				38.000,00

2. *Schritt:*
Sortierung des Zahlenmaterials entsprechend der Rangzahl in fallender Reihenfolge.

Rangzahl	Artikel-Gruppe	Verbrauch je Monat in Einheiten (E)	Preis je Einheit in €	(Preis · Verbrauch) in €
1	105	3.000	3,80	11.400,00
2	129	16.000	0,50	8.000,00
3	121	1.000	7,00	7.000,00
4	113	6.000	1,00	6.000,00
5	189	400	3,00	1.200,00
6	194	600	2,00	1.200,00
7	137	9.000	0,10	900,00
8	979	4.000	0,20	800,00
9	215	4.000	0,20	800,00
10	900	1.000	0,70	700,00
Σ				38.000,00

3. *Schritt:*

• Ermittlung des wertmäßigen Monatsbedarfs in Prozent zum gesamten wertmäßigen Monatsbedarfs sowie kumuliert.

• Anteil der Artikelgruppe in Prozent zur Gesamtzahl der Artikelgruppen sowie kumuliert.

Rangzahl	Artikel-Gruppe	(Preis · Verbrauch) in €	%-Anteil Verbrauch	%-Anteil, Verbrauch kumuliert
1	105	11.400,00	30,00	30,00
2	129	8.000,00	21,05	51,05
3	121	7.000,00	18,42	69,47
4	113	6.000,00	15,78	85,25
5	189	1.200,00	3,16	88,41
6	194	1.200,00	3,16	91,57
7	137	900,00	2,37	93,94
8	979	800,00	2,11	96,05
9	215	800,00	2,11	98,16
10	900	700,00	1,84	100,00
	Σ	38.000,00	100,00	

Rangzahl	Artikel-Gruppe	%-Anteil Anzahl	%-Anteil, Anzahl kumuliert
1	105	10	10
2	129	10	20
3	121	10	30
4	113	10	40
5	189	10	50
6	194	10	60
7	137	10	70
8	979	10	80
9	215	10	90
10	900	10	100
	Σ	100	

b) Grafische Darstellung der Verteilung:

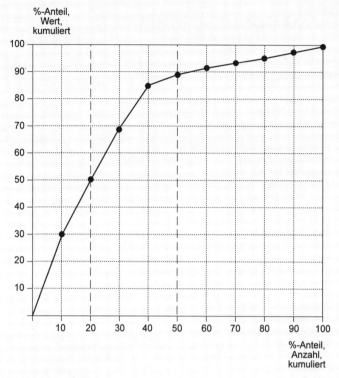

c) Klassifizierung:

Rangzahl	Artikel-Gruppe	%-Anteil, Verbrauch kumuliert	%-Anteil, Anzahl kumuliert	Klassi-fikation
1	105	30,00	10	A
2	129	51,05	20	A
3	121	69,47	30	B
4	113	85,25	40	B
5	189	88,41	50	B
6	194	91,57	60	C
7	137	93,94	70	C
8	979	96,05	80	C
9	215	98,16	90	C
10	900	100,00	100	C

- Eine übliche Einteilung in ABC-Kategorien ist die 70:20:10-Regel. Von dieser Regel kann nach betrieblichen Erfordernissen abgewichen werden.

- Rationalisierungsmaßnahmen für A- und B-Gruppen, z. B.:
  - Wettbewerbsangebote einholen, Preisvergleiche anstellen
  - Überwachung der Lagerbestände mit dem Ziel der Bestandsminimierung.

- Rationalisierungsmaßnahmen für C-Gruppen, z. B.:
  - Rahmenabkommen
  - Zusammenfassung der Bedarfe und Bestelloptimierung.

05. Materialflussplanung

a) und b)

Materialflussplanung	
Materialfluss (Definition)	Verkettung von Vorgängen beim Gewinnen, Be- und Verarbeiten sowie beim Lagern und Verteilen von Stoffen innerhalb festgelegter Bereiche (Arbeitssysteme).
Gegenstand der Materialflussplanung sind z. B. folgende Fragestellungen:	• Wo erfolgt der Transport? • Was wird transportiert? • Welche Transportmittel werden benötigt? • Sind Witterungseinflüsse zu beachten? • Welche Dauer haben die Transportwege? • Ist genügend Raum zum Be- und Entladen vorhanden? • Müssen Pufferlager vorgesehen werden? usw.
Einflussgrößen	• räumliche Faktoren • fertigungstechnische Faktoren • fördertechnische Faktoren • lagertechnische Faktoren
Ziele	• Motto: *„So wenig Material wie möglich so wenig weit wie möglich"*
	Beispiele: • Minimierung der Durchlaufzeiten • hohe Produktivität • optimale Betriebsmittelnutzung • Reduzierung der Selbstkosten
Materialflussbereiche	1. Ordnung: Lieferant und Kunde 2. Ordnung: innerhalb der Betriebsbereiche 3. Ordnung: innerhalb der Abteilungen 4. Ordnung: innerhalb der Arbeitssysteme
Gestaltungsprinzipien	Beispiele: • Vermeidung unnötiger Transportwege • Vermeidung von „Überkreuzen" der Flussrichtung • Reduzieren der Anzahl der Schnittstellen (Übergänge) • Nutzen der Schwerkraft • flexible, normgerechte Transport • und Fördermittel
Hilfsmittel	Beispiele: • Materialflussbogen • Layoutzeichnungen • Sankey • Diagramm

06. Auftragsmenge, Verbrauchsabweichung, Beschäftigungsgrad

a)   Nettomenge   = 4.000 Stück · 2 = 8.000 Stück
    +   NIO-Teile beim Anlauf   =   100 Stück
    +   Ausschuss   = 5 % von 8.000   =   400 Stück

    =   Auftragsmenge, brutto   = 8.500 Stück

b) Kunststoffgranulat,
Sollmenge (= Sollverbrauch) = 0,1 kg · 8.500 Stück = 850 kg
pro Fertigungsauftrag

c) 1. Verbrauchsabweichung

$$= \frac{\text{Istverbrauch - Sollverbrauch}}{\text{Sollverbrauch}} \cdot 100$$

$$= \frac{901 - 850}{850} \cdot 100 = 6\,\%$$

   2. Mögliche Ursachen für die Verbrauchsabweichung:
      •   Istausschuss > Planausschuss
      •   NIO-Teile beim Anlauf sind höher als geplant
      •   ggf. fehlerhafte Erfassung der Verbrauchsmengen

d) Vorteile, z. B.:   • Reduzierung der Rüstkosten
                  • geringere Qualitätsschwankungen
                  • Reduzierung der Anlaufverluste.

    Nachteile, z. B.:   • Anstieg der Lagerkosten

                   • Anstieg der Kapitalbindung

                   • ggf. Absatzprobleme, falls der Kunde kurzfristig technische Änderungen am Auftrag vornimmt (z. B. Notwendigkeit einer veränderten Rezeptur).

e)

$$\text{Beschäftigungsgrad} = \frac{\text{Beschäftigung/Zeiteinheit}}{\text{Kapazität/Zeiteinheit}} \cdot 100$$

$$= \frac{8.500}{10.000} \cdot 100$$

$$= 85\,\%$$

07. Kanban-System

a) *Materialbereitstellung bei Kanban:*

Die Materialbereitstellung erfolgt in so genannten Kanban-Behältern. Man spricht auch vom *„2-Behälter-Prinzip".* Der leere Behälter wird gegen einen vollen getauscht. Das können handelsübliche Transport- oder Lagerbehälter sein, die jeweils mit einer Materialkarte zum betreffenden Inhalt gekennzeichnet sind. Diese Materialkarte entspricht inhaltlich der Karte der Materialanforderung. Ist das Material aus dem Behälter aufgebraucht und weiteres erforderlich, erfolgt über diese Materialkarte die neue Anforderung mit der benötigten Stückzahl. Die Materialanlieferung erfolgt in einen der Montage/der Fertigung vorgelagerten *Puffer.* Von diesem Bereitstellungspuffer aus erfolgt nach Materialabruf die Materialversorgung der Montage/der Fertigung.

Zentrale Merkmale des Kanban-Systems sind:

- Hol-Prinzip (Pull) statt Bring-Prinzip (Push)
- Identifikationskarte (Kanban) als Informationsträger
- geschlossener Regelkreis aus verbrauchender Stelle (Senke) und produzierender Stelle (Quelle)
- Fließfertigung und weitgehend regelmäßiger Materialfluss
- Null-Fehler-Produktion.

b) Unterschied zwischen Kanban und der allgemein üblichen Produktionsplanung und -steuerung (PPS):

Die *traditionelle Produktionsplanung und -steuerung ist zentral organisiert,* sodass alle diesbezüglichen Aufgaben von zentralen Stellen bearbeitet werden. Die Grundlage für diese Planungen bilden oft Absatzprognosen oder für den Planungszeitraum erfolgte Hochrechnungen.

Das kann dazu führen, dass Maßnahmen oder Entscheidungen, die von den zentralen Stellen getroffen werden, oft nicht mit den tatsächlichen Anforderungen und Realitäten übereinstimmen. Die Folge davon sind Fehlplanungen.

Kanban, als selbststeuernder Regelkreis nach dem *Hol-Prinzip,* sorgt für eine verbrauchsgesteuerte Materialbereitstellung. Die Auftragsauslösung zur Neufertigung von Teilen bzw. der Beschaffung neuen Materials erfolgt durch die Signalisierung des Erreichens oder der Unterschreitung eines definierten Lagermindestbestandes.

c) *Voraussetzungen von Kanban:*

- stabiles Umfeld und stabile Randbedingungen
- hohe Vorschaugenauigkeit hinsichtlich Bedarfsmengen und -sequenzen
- enge Informationsverknüpfungen zwischen Kunde und Lieferant
- Einhaltung der Wiederbeschaffungszeit
- bestimmter Standardisierungsgrad.

08. Just-in-Time

- *Ziele*: Just-in-Time (JIT) verfolgt als Hauptziel, alle nicht wertschöpfenden Tätigkeiten zu reduzieren. Jede Verschwendung und Verzögerung auf dem Weg „vom Rohmaterial bis zum Fertigprodukt an den Kunden" ist auf ein Minimum zu senken. Teile und Produkte werden erst dann gefertigt, wenn sie – intern oder extern – nachgefragt werden. Das erforderliche *Material wird fertigungsynchron beschafft*.

  Im Einzelnen kann dies bedeuten:

  - eine Minimierung der Wartezeiten, der Arbeitszeiten, der Rüstzeiten, der Losgrößen, der Qualitätsfehler, der Fertigungsschwankungen sowie
  - schnellste Fehlerbearbeitung und präventive Instandhaltung.

- *Probleme* können dann auftreten, wenn die Voraussetzungen von Just-in-Time nicht ausreichend beachtet werden, z. B.:

  - vertrauensvolle Zusammenarbeit zwischen Lieferant und Abnehmer
  - hohe Qualitätssicherheit und hoher Grad der Lieferbereitschaft des Lieferanten
  - Abstimmung zwischen Lieferant und Abnehmer (z. B. Strategie, Planung, Informationstechnologie, Bestandsführung)
  - möglichst: Zugriff des Abnehmers auf das PPS-System des Lieferanten
  - kontinuierlicher Transport muss sichergestellt werden
  - Wirtschaftlichkeit der Transportkosten.

- *Risiken/Nachteile* von Just-in-Time, z. B.:

  - Abhängigkeit vom Lieferanten; jeder Lieferverzug hat meistens Störungen der Produktion zur Folge
  - die erhöhten Transportkosten müssen durch eine Reduzierung der Lagerhaltungskosten kompensiert werden
  - ökologische Kosten der Logistik.

2.5 Kapazitätsplanung

01. Begriff, Aufgabe, und Bedeutung

a) *Definition:*

Als *Kapazität* (auch: Beschäftigung) bezeichnet man das technische Leistungsvermögen in Einheiten pro Zeitabschnitt. Sie wird bestimmt durch die Art und Menge der derzeit vorhandenen Produktionsfaktoren (Stoffe, Betriebsmittel, Arbeitskräfte). Die Kapazität kann sich auf eine Fertigungsstelle, eine Fertigungsstufe oder auf das gesamte Unternehmen beziehen.

Aufgabe der Kapazitätsplanung

ist die Gegenüberstellung der erforderlichen und der verfügbaren Kapazität (Kapazitätsbedarf ↔ Kapazitätsbestand).

Bedeutung der Kapazitätsplanung:

Ist die verfügbare Kapazität auf Dauer höher als die erforderliche Kapazität, so führt dies zu einer Minderauslastung. Es werden mehr Ressourcen zur Verfügung gestellt als notwendig. Die Folge ist u. a. eine hohe Kapitalbindung mit entsprechenden Kapitalkosten (Wettbewerbsnachteil).

Im umgekehrten Fall besteht die Gefahr, dass die Kapazität nicht ausreichend ist, um die Aufträge termingerecht fertigen zu können (Gefährdung der Aufträge und der Kundenbeziehung).

b) *Quantitative Kapazitätsmerkmale* sind messbare Größen:

Zeiten, Mengen oder Werte je Mensch oder Betriebsmittel/Betriebsstätte. Meist wird in Zeitmaßstäben gerechnet.

Zu den *qualitativen Kapazitätsmerkmalen* gehören die nicht direkt messbaren Faktoren wie z. B.:

• Leistungspotenzial der Mitarbeiter: Ausbildung, Motivation, Erfahrung usw.

• Leistungsvermögen der Betriebsmittel: Ausstattung, Zustand der Technik, Präzision usw.

• Leistungsmerkmale der Betriebsstätte: Standort, Beschaffenheit der Gebäude, innerbetriebliche Logistik usw.

c) Der *Kapazitätsbestand* ist die verfügbare Kapazität (= maximales quantitatives und qualitatives Leistungsvermögen).

Der *Kapazitätsbedarf* ist die erforderliche Kapazität, die sich aus den vorliegenden Fertigungsaufträgen und der Terminierung ergibt.

Der *Auslastungsgrad* (auch: Beschäftigungsgrad) ist das Verhältnis von Kapazitätsbedarf und Kapazitätsbestand in Prozent des Bestandes:

$$\text{Auslastungsgrad} = \frac{\text{Kapazitätsbedarf}}{\text{Kapazitätsbestand}} \cdot 100$$

auch:

$$\text{Beschäftigungsgrad} = \frac{\text{eingesetzte Kapazität}}{\text{vorhandene Kapazität}} \cdot 100$$

oder:

$$\text{Beschäftigungsgrad} = \frac{\text{Istleistung}}{\text{Normalkapazität}} \cdot 100$$

Beispiel:
Eine Fertigungsstelle hat pro Periode einen Kapazitätsbestand von 3.000 Stunden; der Kapazitätsbedarf beträgt laut Planung 2.400 Stunden. Der Auslastungsgrad ist in diesem Fall also 80 %:

$$\text{Auslastungsgrad} = \frac{2.400 \text{ Stunden}}{3.000 \text{ Stunden}} \cdot 100 = 80 \text{ \%}$$

d) Bei der Planung des Kapazitätsbestandes werden weitere Kapazitätsgrößen unterschieden:

Technische Kapazität: z. B. 1.000 E (E = Einheiten)	→	die Anlagen laufen mit der höchsten Geschwindigkeit – ohne Pausen
Maximalkapazität: z. B. 800 E auch: *Theoretische Kapazität:*	→	die Anlagen laufen mit der höchsten Geschwindigkeit – inklusive Pausen
Realkapazität: z. B. 500 E	→	tatsächlich mögliche Mengenproduktion bei „normaler" Geschwindigkeit und durchschnittlichem Krankenstand der Mitarbeiter.

Da die Planung des Kapazitätsbestandes realistisch sein sollte, korrigiert der Planungsfaktor die maximale Kapazität (auch: theoretische Kapazität); er ist die Rechengröße aus dem Verhältnis von realer zu theoretischer Kapazität:

$$\text{Planungsfaktor} = \frac{\text{reale Kapazität}}{\text{theoretische Kapazität}}$$

Beispiel:

$$\text{Planungsfaktor} = \frac{500 \text{ E}}{800 \text{ E}} = 0{,}625$$

e) Mit *Kapazitätsabstimmung* bezeichnet man die kurzfristige Planungsarbeit, in der die vorhandene Kapazität mit den vorliegenden und durchzuführenden Werkaufträgen in Einklang gebracht werden muss. Die Kapazitätsabstimmung erfolgt kurzfristig durch eine *Kapazitätsabgleichung* oder mittelfristig und langfristig durch eine *Kapazitätsanpassung*.

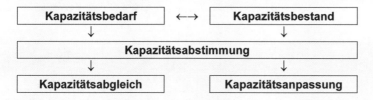

Kapazitätsabgleich: Bei unverändertem Kapazitätsbestand wird versucht, die (kurzfristigen) Belegungsprobleme zu optimieren (z. B. Ausweichen, Verschieben, Parallelfertigung; Terminierung; Prioritätsregeln).

Kapazitätsanpassung: Anpassung der Anlagen und ihrer Leistungsfähigkeit (kurz-/mittelfristiges Angebot) an die Nachfrage (Kundenaufträge).

Beispiel: Kapazitätsanpassung durch Erhöhung der Kapazität:

Kurzfristig: • Überstunden/Mehrarbeit

                    • zusätzliche Schichten
                    • Veränderung der Wochenarbeitszeit/Samstagsarbeit (Betriebsverein-barung)

                    • verlängerte Werkbank.

Mittelfristig: • Kauf/Bau neuer Anlagen und/oder Gebäude
                    • Fertigungstiefe verändern
                    • Personalneueinstellungen.

Die nachfolgende Abbildung zeigt weitere, grundsätzliche Möglichkeiten der Kapazitätsabstimmung:

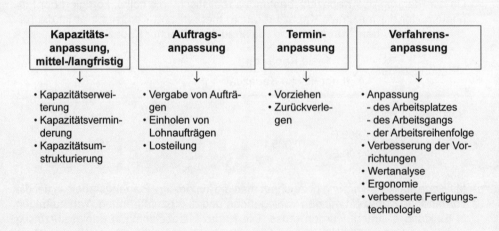

f) Aufgabe der Kapazitätsplanung ist die Gegenüberstellung der erforderlichen und der verfügbaren Kapazität. Diese Aufgabe wird von einer Reihe interner und externer Einflussgrößen bestimmt; dazu ausgewählte Beispiele:

- Der *technologische Fortschritt* der Produktions-/Fertigungstechnik kann zu einer Erhöhung des Kapazitätsbestandes führen: Der Einsatz verbesserter Fertigungstechnologie führt zu einem höheren Leistungsangebot pro Zeiteinheit (z. B. Ersatz halbautomatischer durch vollautomatische Anlagen).

- *Veränderungen auf dem Absatzmarkt* können zu einem Nachfrageanstieg bzw. -rückgang führen mit der Folge, dass das Kapazitätsangebot erhöht bzw. gesenkt werden muss.

- Die Kapazitätsplanung steht in *Abhängigkeit zur gesamtwirtschaftlichen Entwicklung*: Bei einem Konjunkturaufschwung wird tendenziell die Notwendigkeit einer Kapazitätserhöhung bestehen; umgekehrt wird man bei einem Abschwung die angebotene Kapazität mittelfristig nach unten korrigieren.

- Analog gilt dies für *Veränderungen der Konkurrenzsituation*: Die Zunahme von Wettbewerb kann zu einem Rückgang der Kundennachfrage beim eigenen Unternehmen führen und mittelfristig eine Reduzierung des Kapazitätsbestandes zur Folge haben.

02. Kapazität, Beschäftigungsgrad, Nettobedarf

a) $\text{Beschäftigungsgrad} = \dfrac{\text{Beschäftigung} \cdot 100}{\text{Kapazität}}$

$$\text{Beschäftigung} = \dfrac{\text{Beschäftigungsgrad} \cdot \text{Kapazität}}{100}$$

$$= \dfrac{60 \cdot 160}{100} = 96 \text{ Betriebsstunden/Monat}$$

b) Sekundärbedarf = 1.000 Blechteile · 0,5 l = 500 l Grundierung

		Angaben in l
	Sekundärbedarf	500
+	Zusatzbedarf (10 %)	50
=	Bruttobedarf	550
–	Lagerbestände	– 300
–	Bestellbestände	– 150
+	Vormerkbestände	100
+	Sicherheitsbestand	200
=	**Nettobedarf**	**400**

Der Nettobedarf beträgt 400 l Grundierung.

03. Kapazitätsplanung

a) $$\frac{\text{Kapazitätsaus-}}{\text{lastungsgrad}} = \frac{\text{Kapazitätsbedarf} \cdot 100}{\text{Kapazitätsangebot}}$$

$$= \frac{9.000 \text{ Stunden} \cdot 100}{7.000 \text{ Stunden}}$$

$$= 128{,}57 \text{ \%}$$

Es existiert in der KW 23 eine Kapazitätsüberlast von rund 28 %.

b) Durchschnittliche Kapazitätsauslastung beträgt für den gesamten Planungszeitraum:

$$\frac{\text{Kapazitätsaus-}}{\text{lastungsgrad}} = \frac{\sum \text{Kapazitätsbedarf pro KW} \cdot 100}{\text{ø Kapazitätsangebot pro KW} \cdot \text{Anzahl KW}}$$

$$= \frac{(5.000 \text{ Stunden} + 8.000 \text{ Stunden} + ... + 10.000 \text{ Stunden})}{7.000 \text{ Stunden} \cdot 11} \cdot 100$$

$$= \frac{77.000 \text{ Stunden} \cdot 100}{77.000 \text{ Stunden}}$$

$$= 100 \text{ \%}$$

Für den gesamten Planungszeitraum entsprechen sich Kapazitätsbedarf und -angebot.

c) Ab der KW 28 existiert ein kontinuierlich steigender Überhang des Kapazitätsbedarfs. Zur Bewältigung der Situation sind z. B. folgende Maßnahmen geeignet:

- Vorholen von Fertigungsaufträgen in Kalenderwochen mit Unterbeschäftigung
- Parallelfertigung zur Verkürzung der Durchlaufzeit
- Vorholen von Aufträgen durch Mehrarbeit
- ggf. Erweiterung des Kapazitätsangebots oder Vergabe von Teilarbeiten nach außen, falls der Trend ab der KW 28 anhält.

2.6 Standortplanung, Layoutplanung

01. Standortanalyse, Nutzwertanalyse

Die Standortbewertung und Standortwahl (auch: Standortanalyse) wird überwiegend in folgenden Schritten durchgeführt:

1. *Festlegen der* für das betreffende Unternehmen relevanten *Entscheidungsmerkmale*
2. *Gewichten der Entscheidungsmerkmale* ($\sum$ Gewichte = 1)
3. *Ermitteln der (einfachen) Nutzwerte*, das heißt, Bewerten der Standortalternativen mithilfe einer Skalierung, z. B.: ordinale Skalierung: 1 = sehr gut; 2 = gut; 3 = gut – mit Einschränkungen usw.
4. *Ermitteln der gewichteten Nutzwerte* (einfacher Nutzwert · Gewicht pro Merkmal)
5. *Addieren der gewichteten Nutzwerte* pro Standortalternative
6. *Entscheidung* für den Standort mit der höchsten Nutzwertsumme.

Das Ergebnis dieser „quasiobjektiven" Methode (Nutzwertanalyse) darf jedoch nicht darüber hinweg täuschen, dass es sich um ein subjektives Verfahren handelt. Die Entscheidung wird nur tragfähig sein, wenn die Merkmale sorgfältig bestimmt und die Bewertungen mit ausreichender Information und entsprechendem Kenntnisstand durchgeführt wurden.

Beispiel für den Ansatz einer einfachen *Nutzwertanalyse* im Rahmen der Entscheidung für einen *internationalen Standort*:

	Relevante Standortfaktoren	Gewich-tung	Standort 1		Standort 2	
			Einfacher Nutzwert	Gewichte-ter Nutz-wert	Einfacher Nutzwert	Gewichte-ter Nutz-wert
1.	Logistikkosten	0,1	3	0,3	5	0,5
2.	Lohnniveau	0,3	8	2,4	3	0,9
3.	Infrastruktur	0,1	5	0,5	5	0,5

4.	Nähe zum Absatzmarkt	0,3	7	2,1	4	1,2
5.	Steuern, Abgaben	0,1	4	0,4	4	0,4
6.	Stabilität der politischen Verhältnisse	0,1	6	0,6	6	0,6
	∑	1,0		**6,3**		**4,1**

Skalierung: (10 = sehr gut; ... ; 1 = sehr schlecht)

Die Entscheidung fällt zu Gunsten des Standortes 1.

02. Layoutplanung (1)

a) Im Rahmen der Produktionswirtschaft versteht man unter Layout das Ergebnis der Festlegung der innerbetrieblichen Standorte der Arbeitssysteme (auch: Funktionsbereiche).

Das Ergebnis der *Layoutplanung* (auch: *Fabrikplanung*) bestimmt im Wesentlichen den Material- und Informationsfluss (Logistiklayout folgt Fertigungslayout) und damit die erforderlichen logistischen Aktivitäten (Ausmaß und Intensität).

Bei der völligen Neugestaltung der Produktion auf der „grünen Wiese" kommt der Layoutplanung eine Schlüsselstellung zu (Logistiklayout domiert Fertigungslayout).

b)

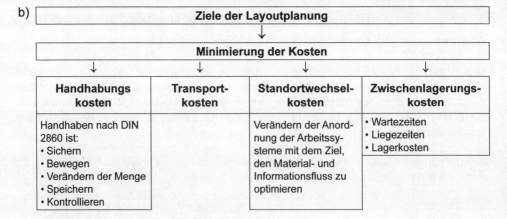

Ziele der Layoutplanung
↓

Minimierung der Kosten

Handhabungs kosten	Transport- kosten	Standortwechsel- kosten	Zwischenlagerungs- kosten
Handhaben nach DIN 2860 ist: • Sichern • Bewegen • Verändern der Menge • Speichern • Kontrollieren		Verändern der Anordnung der Arbeitssysteme mit dem Ziel, den Material- und Informationsfluss zu optimieren	• Wartezeiten • Liegezeiten • Lagerkosten

Als *Unterziele* sind darin zum Teil enthalten:

- Minimierung der Durchlaufzeiten (DLZ)
- Verbesserung der Arbeitssicherheit und Ergonomie
- flexible und störungsfreie Produktion
- Transparenz der Produktionsorganisation
- Ausnutzung der Gebäudedimensionen.

c)

Determinanten der Layoutplanung

↓ ↓

Vorgegebene Bedingungen des Standorts	Anforderungen an den Standort

Beispiele:

• Gebäude, Grundstücke
• Rechtsvorschriften, z. B.:
  - Baurecht
  - Arbeits- und Gesundheitsschutz
  - Umweltschutz
	1. Produktanforderungen, z. B.:
	Maße, Gewicht, Flächenbedarf für Fertigung und Lagerung

	2. Betriebsmittelanforderungen, z. B.: Größe, Gewicht, Tragfähigkeit der Konstruktionen
	3. Anforderungen der Mitarbeiter, z. B.: Lichtverhältnisse, Arbeitsplatzgestaltung, Kommunikation, Klima
	4. Anforderungen der Produktionsorganisation, z. B.: Die Art der Produktion (Werkstatt-, Gruppenfertigung usw.) bestimmt maßgeblich die Variablen der Layoutplanung.

d) Aspekte, die beim Aufstellen von Maschinen und Anlagen zu beachten sind, z. B.:

	Aspekte	Einzelheiten, Beispiele
1.	Gesetze, Verordnungen, Vorschriften	EG-Maschinenrichtlinie, ArbSchG, ArbStättV
2.	Fertigungstechnik	manuelle, maschinelle, mechanisierte Fertigung
3.	Fertigungstypen	Einzel-, Mehrfachfertigung
4.	Fertigungsorganisation	Werkstatt-, Gruppen-, Fließfertigung
5.	Gestaltung der Schnittstellen	• Versorgung mit Energie, Betriebsstoffen, Werkzeugen und Material • Umgebungsverhältnisse • Schnittstellen (Transport, EDV) • Mensch-Maschine (Ergonomie) • Instandhaltung • Arbeitssicherheit
6.	Kapitalbedarf, Kapitalausstattung	in Abhängigkeit von der Fertigungsorganisation, der Fertigungstechnik sowie dem Fertigungstyp
7.	Realisierung der Fertigungsziele	• Produktivität • Optimierung der Durchlaufzeiten • Optimierung des Materialflusses • Flexibilisierung der Fertigung
8.	Beachtung der Restriktionen	• Kapitalausstattung • Raum- und Platzangebot • Anordnung der Gebäude • Auflagen des Arbeits- und Umweltschutzes

03. Layoutplanung (2)***

1. Fertigungsorganisation: Wegen der Losgröße (100 Einheiten pro Tag) werden die Maschinen nach dem Fließprinzip angeordnet.

2. Fertigungstechnik: Es werden konventionelle Bearbeitungsmaschinen eingesetzt.

3. Montageorganisation: Die Montagearbeitsplätze werden in Reihe angeordnet.

4. Materialversorgung: Der Materialfluss für die Gehäuse erfolgt vom Eingangslager zu den Metallsägen und anschließend zum Zwischenlager (vor der Montage). Der Materialfluss für den Kolbenzylinder folgt dem Fließprinzip der Maschinenanordnung und wird dem Zwischenlager zugeführt.

5. PPS-Steuerungs-methode: Es wird das MRP II-Konzept gewählt.

6. Schnittstellen, Restriktionen: Das Raumangebot ist ausreichend. Die Sicherheitsvorschriften (z. B. Breite der Verkehrswege) können eingehalten werden; die Energieversorgung ist ohne nennenswerten Zusatzaufwand gewährleistet u. Ä.

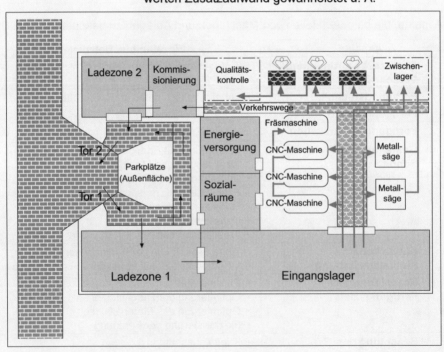

04. Arbeitsablaufdiagramm

a)

Lfd. Nr. der Verrichtung	Bearbeiten	Transport	Kontrolle	Lagern
1. Anliefern der Bauteile aus dem Zwischenlager	○	▶	□	▽
2. Zwischenlagern der Bauteile in der Montagehalle	○	▷	□	▼
3. Sortieren der Bauteile nach Montagebereichen	●	▷	□	▽
4. Stichprobenartige Kontrolle vor dem Transport zur Montage	○	▷	■	▽
5. Transport der Bauteile zu den Montageteams	○	▶	□	▽
6. Lagern der Bauteile in Behältern an den Montagewerkbänken	○	▷	□	▼

b) Beispiele:
- Reduzierung der Lagerzeiten
- Reduzierung der Transportzeiten.

05. Montagekonzept***

a) *Montagekonzept:*

- Montagestrukturtyp:
  Es wird eine Linienmontage gewählt, bei der das Material von Montageplatz (MP) zu Montageplatz wandert. Als Verkettungs-/Transfereinrichtung ist ein spezielles, auf den jeweiligen Montagefortschritt bezogenes Werkstückträgersystem vorgesehen, das auch die Pufferfunktion zwischen den Arbeitsplätzen übernimmt.

- Der Automatisierungsgrad beinhaltet arbeitsplatzbezogene, halbautomatische Fügevorrichtungen für das Fügen der Presspassungsteile sowie eine manuell zu beschickende, automatische Prüfstation.

  Die Materialbereitstellung erfolgt im Wesentlichen von der Rückseite der ergonomisch gestalteten Montageplätze. Teile, die in Gitterboxen bereit liegen, werden im Bereich der jeweiligen Transfereinrichtung neben dem betreffenden Arbeitsplatz abgestellt.

- Die geprüften Teile werden entsprechend ihres Prüfergebnisses in einer „in-Ordnung-" oder einer „nicht-in-Ordnung-Gitterbox" abgelegt.

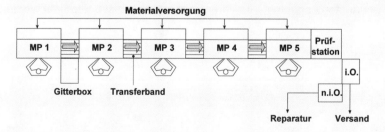

Hinweis zur Lösung: Auch ähnlich logische und dem Sachverhalt angemessene Lösungen, die alle erforderlichen Aspekte ansprechen, sind korrekt.

b) Die erforderliche Fläche für den betreffenden Montagebereich ist zu unterscheiden in die vorhandene, durch das Layout fixierte Fläche und die zur Verfügung stehende, freie, flexibel nutzbare Fläche.

Der erforderliche Flächenbedarf richtet sich nach folgenden Faktoren:

- der vorhandenen Montagestruktur und -ausrüstung
- der Art und den technischen Dimensionen des zu montierenden Produkts
- der Anzahl der zu montierenden Einzelteile und Baugruppen
- der Losgröße des Montageauftrags
- der Montagedurchlaufzeit eines Auftrags
- dem Umfang an JIT-Teilen und normalen Lagerteilen hinsichtlich der für die Materialpuffer erforderlichen Bereitstellungsfläche
- der Art und Größe der einzusetzenden Transportmittel
- den notwendigen Sonderflächen (Pausenbereich, Lagerfläche für spezielles Material).

Dabei sind die Vorgaben der Arbeitsstättenverordnung zu Wegbreiten, Bewegungsflächen u. Ä. zu beachten.

c) Theoretische Betrachtungen enthalten nicht die realen Stückzahlschwankungen in Bezug auf die Laufzeit des Produkts. Automatische Montageanlagen sind auf eine bestimmte Stückzahlausbringung ausgelegt und durch ihre Konstruktion kaum optimierbar. Abweichungen von den der Anlagenkonzeption zugrunde liegenden Stückzahlen führen zwangsläufig zu einer Stückkostenerhöhung.

Die Risiken der Vollautomatisierung sind im Wesentlichen:

- höchste Investitionskosten (Fixkosten)
- finanzielles Risiko, wenn der Auftrag des Handelskonzerns nicht verlängert wird
- nur im Zwei- oder Dreischichtbetrieb wirtschaftlich
- maximale technische Komplexität der Arbeitsplätze
- reduzierte Zuverlässigkeit der Anlage (Ausfallzeiten)
- komplizierte Beschickungs- und Transfertechnik (Roboter)
- teures Bedienpersonal
- geringste Flexibilität bezüglich Kapazitätserhöhung und Produktvielfalt.

Vollautomatisierte Fertigungsprozesse haben als höchste Automatisierungsstufe natürlich ihre gerechtfertigte Bedeutung. Jedoch sollte das Ziel der Vollautomatisierung unter den genannten Aspekten sehr verantwortungsbewusst untersucht werden.

3 Produktionssteuerung

01. Produktionssteuerung (Ziele, Aufgaben, Zielkonflikte)

a) Die *Ziele der Produktionssteuerung* leiten sich aus den Unternehmenszielen ab und sind auf ihre Vereinbarkeit mit diesen zu gestalten:

Minimierung	der Rüstkosten und der Durchlaufzeiten
Maximierung	der Materialausnutzung des Nutzungsgrades der Betriebsmittel
Optimierung	der Lagerbestände und der Nutzung vorhandener Fertigungskapazitäten
Einhaltung	der Termin- und Qualitätsvorgaben
Humanisierung	der Arbeit
Ergonomie	der Fertigung
Gewährleistung	der Sicherheit am Arbeitsplatz

Die optimale Realisierung dieser Ziele verschafft Wettbewerbsvorteile am Absatzmarkt und gehört daher zu den *Erfolgsfaktoren der industriellen Fertigung*.

b) *Dilemma der Fertigungsablaufplanung:*

Die Minimierung der Durchlaufzeit führt in der Regel zu freiwerdenden Kapazitäten in der Maschinenbelegung, mit dem Ergebnis, dass das zweite Ziel (Maximierung der Kapazitätsauslastung) nicht erreicht werden kann – es sei denn, dass die freiwerdenden Kapazitäten durch neue Aufträge belegt werden können.

c)

02. Teamarbeit

a) *Vorteile von Teamarbeit,* z. B.:

- Wechsel der Arbeiten innerhalb der Gruppe möglich; dadurch Vermeidung von Monotonie
- Übernahme von Einzelverantwortlichkeiten (auch: Rollen)
- interdisziplinäre(s) Wissen/Kompetenzen
- Motivation durch Zusammenarbeit (gemeinsame Erfolge)
- Identifikation mit der Aufgabe.

Nachteile von Teamarbeit, z. B.:

- informelle Gruppenprozesse (informeller Führer)
- Entscheidungsfindung ist aufwändiger
- Gesamtverantwortung kann nicht mehr einem Einzelnen zugeordnet werden.

b) *Positive Entwicklungen,* z. B.:

- Sympathie zu Gruppenmitgliedern stärkt den Gruppenzusammenhalt.
- Die Bereitschaft zur Konfliktlösung kann verbessert werden.
- Die „Stärkeren" können den „Schwächeren" helfen.

Negative Entwicklungen, z. B.:

- Mobbing
- unangemessenes Konkurrenzdenken
- Arbeitsbehinderung der Mitglieder (z. B. bei falsch verstandenem Ehrgeiz).

03. Teambildung

a) Teammitglieder, z. B.:

- Fertigungsplaner (intern)
- Montagefachmann (intern)
- Sicherheitsingenieur
- Personalbetreuer
- Zulieferer Montagesystem
- Zulieferer Komponenten Heizungsanlage
- Konstrukteur (intern)
- Prüftechniker (QS).

b) Methoden zur Verbesserung der Teamarbeit, z. B.:

- Vorstellrunde: gegenseitiges Kennenlernen
- Teamaufgaben vorstellen: Wer macht was? Wer ist für was zuständig/verantwortlich?
- Verständnisfragen, Klärung offener Fragen
- Gruppenregeln/Regeln der Zusammenarbeit erarbeiten
- Kaffeepause (Warmup): weiteres Kennenlernen durch informelle Gespräche.

04. Werkstattsteuerung

a) Als *Werkstattsteuerung* bezeichnet man die operative (kurzfristige), unmittelbare Vorbereitung, Lenkung und Überwachung der für einen Auftrag notwendigen Arbeitsvorgänge.

b) Der *Ablauf der Werkstattsteuerung* lässt sich schematisch folgendermaßen darstellen:

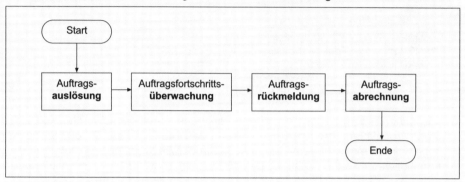

* Die *Auftragsauslösung* wird durch die Auftragsfreigabe erreicht. Diese setzt voraus: die Verfügbarkeit über die nötige Kapazität, das Vorhandensein aller benötigten Daten und die Verfügbarkeit über das erforderliche Material.

* Die *Überwachung des Auftragsfortschritts* bezieht sich auf folgende Steuerungsgrößen:

  - Mengen   - Termine
  - Qualität   - Kosten
  - Betriebsmittel - Arbeitsbedingungen.

* Die *Auftragsrückmeldung* sagt aus, in welcher Weise die Aufträge erledigt worden sind. Sie muss jeweils kurzfristig, fehlerfrei und vollständig erfolgen, um bei Erledigung des Auftrags aus der Auftragsnummer die weiteren kaufmännischen Schritte abzuleiten und aus der aufgewendeten Zeit die Löhne zu errechnen (*Auftragsabrechnung*). Die Rückmeldung signalisiert zugleich, dass über die Maschinen neu verfügt werden kann und andere Aufträge bearbeitet werden können.

05. Auftragsreihenfolge, Prioritätsregeln***

a) Die Steuerung der Auftragsreihenfolge lässt sich über verschiedene Modelle optimieren. Bekannt sind u. a. die sog. *Prioritätsregeln* sowie die *belastungsorientierte Auftragsfreigabe* (BOA).

Generell unterscheidet man für PPS-Systeme folgende Steuerungskonzepte

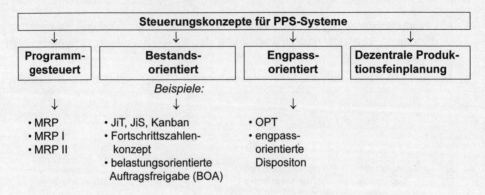

b) Mit *Just-in-Sequence* (JiS) wird die sequenzgenaue Anlieferung der für die Fertigung einer Produktvariante benötigten Teile an das Montageband bezeichnet, d. h. die Teile werden exakt zu dem *Zeitpunkt* und in der *Reihenfolge* angeliefert, in der sie benötigt werden (z. B. Anlieferung der Sitze beim Pkw). JiS ist eine Erweiterung von JiT und wird vor allem in der Automobilindustrie praktiziert.

c) Die nachfolgende Übersicht zeigt eine Auswahl der gebräuchlisten Regeln für die Bearbeitungsreihenfolge von Aufträgen:

KOZ	Kürzeste Operationszeit	Der Auftrag mit der kürzesten Bearbeitungszeit wird zuerst bedient.
LOZ	Längste Operationszeit	Der Auftrag mit der längsten Bearbeitungszeit wird zuerst bedient.
GRB	Größte Restbearbeitungszeit	Priorität hat der Auftrag mit der größten Restbearbeitungszeit für alle noch auszuführenden Arbeitsvorgänge.
KRB	Kürzeste Restbearbeitungszeit	Priorität hat der Auftrag mit der kürzesten Restbearbeitungszeit für alle noch auszuführenden Arbeitsvorgänge.
WT	Wert	Vorrang hat der Auftrag mit dem bisher höchsten Produktionswert.
ZUF	Zufall	Jedem Auftrag wird eine Zufallszahl zugeordnet; die Zufallszahl entscheidet über die Reihenfolge der Bearbeitung.
FLT	Frühester Liefertermin	Vorrang hat der Auftrag mit dem frühesten Liefertermin.
WAA	Wenigste noch auszuführende Arbeitsvorgänge	Vorrang hat der Auftrag mit den wenigsten noch auszuführenden Arbeitsvorgängen.
MAA	Meiste noch auszuführende Arbeitsvorgänge	Vorrang hat der Auftrag mit den meisten noch auszuführenden Arbeitsvorgängen.
FCFS	First come first served	Vorrang hat der Auftrag, der zuerst an der Bearbeitungsstufe ankommt.
GR	Geringste Rüstzeit	Vorrang hat der Auftrag mit der geringsten Rüstzeit.
EP	Externe Priorität	Es gelten externe Prioritätsvorgaben: z. B. Höhe der Konventionalstrafe, Fixtermine, Bedeutung aus der Sicht des Kunden.

d)

Belastungsorientierte Auftragsfreigabe (BOA)	
Grundidee	Nach einem „Trichtermodell" werden nur so viele Aufträge freigeben, dass die Kapazitäten nicht überschritten werden, d. h. dass keine Stillstandszeiten mehr vorkommen.
Methode	Für alle relevanten Betriebsmittel sind maximale Arbeitsvorräte festzulegen. Diese sog. *Belastungsschranken* stellen sicher, dass nur eine begrenzte Warteschlange vor jedem Arbeitsplatz entstehen kann. Der Einlastungsprozentsatz (d. h. der Quotient aus Belastungsschranke und geplantem Abgang) liegt oft zwischen 200 % und 300 %.
	Es werden alle dringlichen (d. h. Starttermin innerhalb des Vorgriffshorizonts; *Terminschranke*) Aufträge ausgewählt, deren Materialverfügbarkeit gesichert ist.
	Kapazitätsbedarfe früher Arbeitsgänge werden zu 100 % gerechnet, Kapazitätsbedarfe späterer Arbeitsgänge dagegen reduziert (abgewertet), da evtl. Störungen eintreten können.
	In absteigender Dringlichkeit wird auftragsweise versucht, den Auftrag freizugeben. *Die Freigabe erfolgt nur, wenn an keiner Maschine die Belastungsschranke überschritten wird.*
Voraussetzungen	• Ermittlung der Endtermine aller Aufträge • Transparenz der kurzfristigen Kapazitäten • Verfügbarkeit ist gegeben (Material, Werkzeuge, Vorrichtungen)

Durchführung der BOA	Jede Arbeitsstation wird im Modell als Trichter aufgefasst, mit Zugang (ankommende Aufträge), Bestand (Aufträge, die auf Bearbeitung warten) und Abgang (abgearbeitete Aufträge, die die Arbeitsstation verlassen):

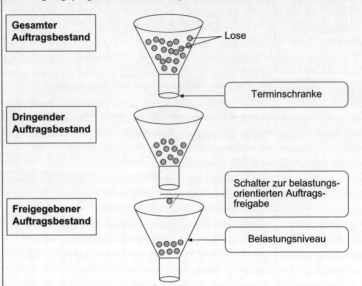

Gesamter Auftragsbestand — Lose

Terminschranke

Dringender Auftragsbestand

Schalter zur belastungs- orientierten Auftrags- freigabe

Freigegebener Auftragsbestand

Belastungsniveau

Ziel ist es nun, Zugang und Abgang zu synchronisieren, um ein konstantes Bestandsniveau zu erreichen. Die sog. „Trichterformel" ist:

MDZ mittlere Durchlaufzeit in Betriebs-
         kalendertagen (BKT)
MB   mittlere Planbestand in Stunden
ML   mittlere Leistung in Stunden pro BKT

$$MDZ = \frac{MB}{ML}$$

Die Belastungsschranke BS der Arbeitsstation ist die Summe aus mittlerem Planbestand MB und Planabgang AB. Größer sollte die Belastung einer Arbeitsstation nicht sein. Hieraus ergibt sich der Einlastungsprozentsatz EPS:

$$EPS = (1 + \frac{MDZ}{P}) \cdot 100$$

P = Planungsperiode in BKT
(**B**etriebs**k**alender**t**age)

06. Techniken der Terminverfolgung

a) Techniken der Terminverfolgung sind z. B.:

- Gedächtnis
- EDV
- Gantt-Diagramm
- Terminkartei
- Plannet-Technik
- Netzplantechnik
- Kalender.

b) • *Vorwärtsterminierung* (auch: progressive Terminierung):

Ausgangsbasis der Zeitplanung ist der *Starttermin* des Auftrags: Die Arbeitsvorgänge (100, 110, 120, ...) werden entsprechend dem festgelegten Ablauf fortschreitend abgearbeitet.

Vorteile:

- Terminsicherheit
- einfache Methode.

Nachteile:

- keine Möglichkeit der Verkürzung der Durchlaufzeit
- ggf. Kapazitätsengpässe → Verschiebung des Endtermins
- ggf. höhere Lagerkosten.

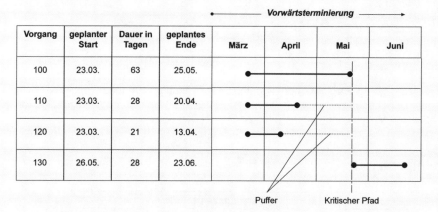

Vorgang	geplanter Start	Dauer in Tagen	geplantes Ende	März	April	Mai	Juni
100	23.03.	63	25.05.				
110	23.03.	28	20.04.				
120	23.03.	21	13.04.				
130	26.05.	28	23.06.				

• *Rückwärtsterminierung* (auch: retrograde Terminierung):

Ausgangspunkt für die Zeitplanung ist der späteste Endtermin des Auftrags: Ausgehend vom spätesten Endtermin des letzten Vorgangs werden die Einzelvorgänge rückschreitend den Betriebsmitteln zugewiesen. Sollte der so ermittelte Starttermin in der Vergangenheit liegen, muss über Methoden der Durchlaufzeitverkürzung eine Korrektur erfolgen.

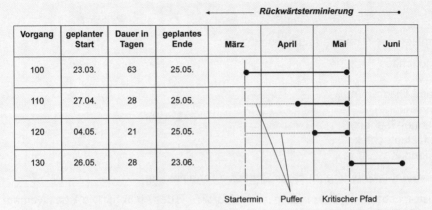

Vorgang	geplanter Start	Dauer in Tagen	geplantes Ende	März	April	Mai	Juni
100	23.03.	63	25.05.				
110	27.04.	28	25.05.				
120	04.05.	21	25.05.				
130	26.05.	28	23.06.				

Startermin   Puffer   Kritischer Pfad

- *Kombinierte Terminierung:*

  Ausgehend von einem Starttermin wird in der Vorwärtsrechnung der früheste Anfangs- und Endtermin je Vorgang ermittelt. In der Rückwärtsrechnung wird der späteste Anfangs- und Endtermin je Vorgang berechnet. Aus dem Vergleich von frühesten und spätesten Anfangs- und Endterminen können die Pufferzeiten sowie der kritische Pfad ermittelt werden. Das Verfahren der kombinierten Terminierung ist aus der Netzplantechnik bekannt.

07. Maschinenbelegung

Std.	1	2	3	4	5	6	7	8	9	10	11	12	13
M 1	**A1**						*A3*		A2				
M 2	*A3*				A2			**A1**					
M 3	A2					**A1**		*A3*					

Hinweis zur Lösung. Es gibt keinen Algorithmus zur Lösung der Aufgabe (optimale Maschinenbelegung). Die Lösung muss schrittweise erstellt werden. Man beginnt zweckmäßigerweise mit der höchsten Maschinenbelegung (hier: A1/P1 = 6 Stunden).

08. Durchlaufzeit

a)

	Durchführungszeit	= Fertigungszeit
+	Zwischenzeit	= Liegezeit + Transportzeit
+	Zusatzzeit	= Störungen + zusätzliche Nutzung
=	**Durchlaufzeit**	

b) Maßnahmen zur Verkürzung der Durchlaufzeit, z. B. :

- Überlappen von Arbeitsvorgängen
- parallele Fertigung

- Losgrößenteilung
- Einrichtung von Zusatzschichten (mitbestimmungspflichtig)
- Arbeitsteilung
- Mengenteilung
- Reduzierung der innerbetrieblichen Transportzeiten.

c)

Vorgang			in min	
Rüstzeit		Bohren	30	80 min
		Gewinde schneiden	15	
		Galvanisieren	20	
		Montage	15	
+	Ausführungszeit	Bohren	15 · 80 = 1.200	7.600 min
		Entgraten	5 · 80 = 400	
		Gewinde schneiden	20 · 80 = 1.600	
		Reinigen	5 · 80 = 400	
		Galvanisieren	25 · 80 = 2.000	
		Montage	20 · 80 = 1.600	
		Funktionsprüfung	5 · 80 = 400	
+	Transportzeit		6 · 10 = 60	60 min
+	Liegezeit		6 · 30 = 180	180 min
=	Durchlaufzeit			7.920 min = 132 Stunden

09. Durchlaufzeit und Selbstkosten

a)

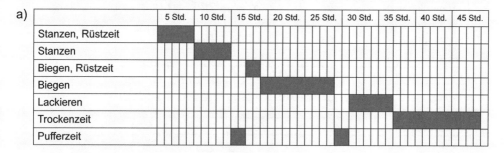

Die Durchlaufzeit beträgt 44 Stunden.

b) 1. Stanzen:

$$T = t_a + t_r$$

$$= 1.200 \text{ Stück} \cdot 0,25 \text{ min} + 300 \text{ min}$$

$$= 600 \text{ min}$$

→ Fertigungszeit/Stück=   600 min : 1.200 Stück

                       =   0,5 min/Stück

→   FLK   =   0,5 min/Stück · 60,00 € : 60 min.

                       =   0,50 €

2. Biegen:

$$T = t_a + t_r$$

                       =   1.200 Stück · 0,5 min + 120 min

                       =   720 min

⇒ Fertigungszeit/Stück=   720 min : 1.200 Stück

                       =   0,6 min/Stück

⇒   FLK   =   0,6 min/Stück · 55,00 € : 60 min

                       =   0,55 €

3. Lackieren:

               FLK   =   0,3 min/Stück · 70,00 € : 60 min

                       =   0,35 €

(Angaben in €)

MFK		12,00		
MGK	12 %	1,44		
MK				13,44
FLK (Stanzen)		0,50		
FGK (Stanzen)	450 %	2,25	2,75	
FLK (Biegen)		0,55		
FGK (Biegen)	700 %	3,85	4,40	
FLK (Lackieren)		0,35		
FGK (Lackieren)	120 %	0,42	0,77	
FK				7,92
HK				21,36
Vetr.Verw.GK	25 %			5,34
SK				**26,70**

Die Selbstkosten pro Stück betragen 26,70 €.

10. Verkürzung der Durchlaufzeit (Splitting, Überlappung, Zusammenfassung)

a) **1. Splitten von Fertigungsaufträgen**

Liegen entsprechende technische Voraussetzungen vor (Werkzeuge, Betriebsmittel), können Fertigungslose auch auf zwei oder mehr Maschinen bzw. Arbeitsplätze verteilt werden.

Für das Gesamtlos verkürzt sich die Durchlaufzeit (DLZ). Die Rüstzeiten fallen jedoch mehrfach an.

Vor dem Splitten:

R1	B1	R2	B2	R3	B3

Nach dem Splitten:

R1	B1	R2	B2	R3	B3	← → Durchlauf-zeitverkür-zung
		R2	B2			

Legende:
R_i = Rüsten
B_i = Bearbeiten

2. Überlappung von Arbeitsgängen

Bei der Terminierung wurde bisher davon ausgegangen, dass ein Folgearbeitsgang erst begonnen wird, wenn der vorhergehende Arbeitsgang vollständig abgeschlossen ist. Liegen entsprechende Voraussetzungen vor (kurze und losfixe Übergangszeiten, ähnliche Bearbeitungszeiten in beiden Arbeitsgängen), können Teile des Fertigungsloses unmittelbar nach ihrer Fertigstellung zum nächsten Betriebsmittel transportiert und dort weiterbearbeit werden. Da die Überlappung eine genauere Koordination der Betriebsmittel und einen erhöhten administrativen Aufwand erfordert, lohnt sie sich nur für große Lose mit langen Bearbeitungszeiten, wenn die obengenannten Voraussetzungen vorliegen. Man unterscheidet: Überlappung der Bearbeitungszeit sowie Überlappung der Rüst- **und** Bearbeitungszeit (R = Rüsten):

Keine Überlappung:

R1	Betriebsmittel 1	
	R2	Betriebsmittel 2

Überlappung:

R1	TL1	TL2	TL3	TL4	
	R2	TL1	TL2	TL3	TL4	Durchlaufzeitverkürzung

Legende:
TL_i = Teillos 1 ... n

3. Zusammenfassung von Fertigungsaufträgen

Gleichartige, zeitnah zu erledigender Aufträge werden zusammengefasst: Dadurch können die Rüstzeiten minimiert werden.

b) Weitere Maßnahmen zur Verkürzung der Durchlaufzeit, z. B.:

- Optimierung der Layoutplanung:
  Dadurch können Transportzeiten und -wege minimiert werden.

- Optimierung der Taktabstimmung bei Fließbandfertigung:
  Dadurch können Liegezeiten vermieden werden.

- Optimierung der innerbetrieblichen Fördereinrichtungen:
  Dadurch wird die Transportzeit verringert.

11. Paralleles Fertigen

a) Beim parallelen Fertigen können Arbeitsgänge, die sich nicht als Voraussetzung bedingen, parallel gefertigt werden.

b) Im Balkendiagramm zeigt sich folgende Lösung:

Arbeitsgang	Minuten																		
	1	2	3	4	5	6	7	8	9	10	11	12	13	14	15	16	17	18	19
A			R	▓															
B						R	▓	▓	▓										
C						R	▓												
D												R	▓	▓					
E														R	▓	▓			
F																	R	▓	▓

R = Rüstzeit

12. Optimierung der Haupt- und Nebenzeiten***

Maßnahmen zur Optimierung der Haupt- und Nebenzeiten	
Maßnahme	**Wirkung**
Veränderung der Werkstofftechnologie	Werkstoffe mit günstigeren Bearbeitungseigenschaften ermöglichen ggf. eine Erhöhung der Vorschubgeschwindigkeit, der Schnittgeschwindigkeit bzw. der Drehfrequenz.
Reduzierung der Rüstzeiten	laufzeitparalleles Rüsten von Maschinen; Fertigung gleicher Bauteile zur gleichen Zeit (Vermeidung von Umrüstarbeiten)
	Werkzeugwechsel im einstelligen Minutenbereich (SMED: Single Minute Exchange of Die)
Veränderung des Fertigungsverfahrens	Verkürzung der Ausführungszeit, z. B. Schweißen statt Sägen, Stirnfräsen statt Umfangsfräsen, Außenrundschleifen statt Innenrundschleifen o. Ä.

Veränderung der Fertigungsdaten	Reduzierung der Ausführungszeit durch Optimieren von Vorschub, Eindringtiefe, Spanleistung, Erwärmung und Werkzeugverschleiß
Vermeidung von Brachzeiten	Optimierung und Koordination der Fertigungsabläufe und der Instandhaltung

13. Ausweicharbeitsplatz

Führt die Auftragsreihenfolge beim Arbeitssystem A zum Zeitpunkt t_2 und t_4 zu einer Belastung, die über der Normalkapazität liegt, kann versucht werden, einen Ausweicharbeitsplatz (System B) für die Belastung zum Zeitpunkt t_4 zu nutzen (Vorholen in t_3 auf Arbeitssystem B).

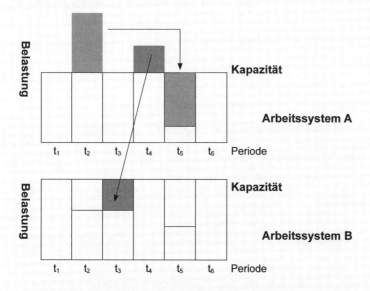

14. SMED***

SMED bedeutet *Single Minute Exchange of Die* (dt.: Werkzeugwechsel im einstelligen Minutenbereich) und ist ein Verfahren, das die Rüstzeit einer Fertigungslinie reduzieren soll. Der Begriff „Werkzeugwechsel" steht stellvertretend für „Produktionswechsel". Gemeint ist die Verkürzung der gesamten Zeit, die zur Umstellung der Anlage für die Fertigung eines neuen Auftrags erforderlich ist. Dies umschließt also nicht nur die Zeit für den Werkzeugwechsel, sondern auch Zeiten der Parametrierung der Anlage, der Materialversorgung usw. Das Verfahren wurde von Shigeo Shingo entworfen, einem Berater bei der Entwicklung des Toyota Produktionssystems (TPS).

Die Umsetzung des Verfahrens erfolgt in fünf Schritten:

1. Organisation: Trennung von internen und externen Rüstvorgängen
2. Überführen der internen Rüstvorgänge in externe
3. Optimierung und Standardisierung der internen und externen Rüstvorgängen
4. Beseitigen der Justierungsvorgänge
5. Parallelisierung der Rüstvorgänge.

Die Einzelschritte werden iterativ so lange wiederholt (erst Organisation, dann Technik), bis die Rüstzeit im einstelligen Minutenbereich liegt. Zentraler Gedanke ist dabei, interne Rüstvorgänge in externe zu verlagern, da hierbei kein Maschinenstillstand erforderlich wird.

Zur Optimierung werden z. B. folgende Techniken eingesetzt:

• Vorbereitung des Produktionswechsels bei laufender Fertigung (z. B. vorbereitende Fertigungsversorgung)

• Klemmen statt Schrauben; Schiebetische statt Kräne

• separates Vorheizen

• Einsatz von Zwischenspannvorrichtungen zum Justieren außerhalb der Maschine

• Parallelisierung von Rüstvorgängen (Einsatz mehrerer Mitarbeiter)

• Standardisierung der Rüstaktivitäten und der Werkzeugabmessungen.

Weiterentwicklungen des SMED-Verfahrens sind:

• Zero-Changeover: Umrüstung innerhalb von drei Minuten
• OTED: One Touch Exchange of Die; Umrüsten durch eine Armbewegung.

15. Optimale Fertigungslosgröße (1)

a)

$$\text{Optimale Losgröße} = \sqrt{\frac{200 \cdot \text{geplante jährliche Stückzahl} \cdot \text{losfixe Kosten}}{\text{losvariable Kosten} \cdot \text{Lagerhaltungskostensatz}}}$$

$$= \sqrt{\frac{200 \cdot 25.000 \text{ Stück} \cdot 250,00 \,€}{5,00\,€ \cdot 25}} = \sqrt{10.000.000} \approx 3.162,00\,€$$

b) *Losfixe Kosten* sind einmalig je Auftrag, also unabhängig von der Stückzahl des Auftrags, z. B. Rüstkosten.

Losvariable Kosten verändern sich in Abhängigkeit von der Stückzahl des Auftrags, z. B. Material- und Lohnkosten.

16. Optimale Fertigungslosgröße (2)***

a)

Losgröße	50	75	100	125	150	175	200	225	250
ø Lagerbestand [1]	25,0	37,5	50,0	62,5	75,0	87,5	100,0	112,5	125,0
Rüstkosten in € [2]	100,00	66,67	50,00	40,00	33,33	28,57	25,00	22,22	20,00
Lagerhaltungskosten in € [3]	25,00	37,50	50,00	62,50	75,00	87,50	100,00	112,50	125,00
Gesamtkosten in € [4]	125,00	104,17	100,00	102,50	108,33	116,07	125,00	134,72	145,00

Nebenrechnungen:

1)

$$\text{ø Lagerbestand} = \frac{\text{Losgröße}}{2}$$

$$= 50 : 2 = 25$$

2)

$$\text{Rüstkosten} = \frac{\text{Jahresbedarf}}{\text{Losgröße}} \cdot \text{Rüstkosten pro Stück}$$

$$= \frac{500 \text{ Stück}}{50 \text{ Stück}} \cdot 10,00 \text{ €} = 100,00 \text{ €}$$

3)

$$\text{Lagerhaltungs-kosten} = \text{ø Lagerbestand} \cdot \text{Herstellkosten/Stück} \cdot \text{Lagerhaltungsstückkostensatz}$$

$$= 25,0 \cdot 5,00 \cdot 20/100 = 25,00 \text{ €}$$

4)

$$\text{Gesamtkosten} = \text{Rüstkosten} + \text{Lagerhaltungskosten}$$

$$= 100,00 + 25,00 = 125,00 \text{ €}$$

b)

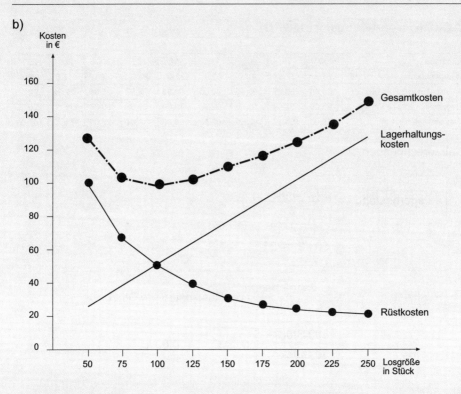

c) Die Gesamtkosten haben ihr Minimum bei 100,00 €. Die kostenoptimale Losgröße liegt bei 100 Stück.

Mithilfe der Losgrößenformel nach Andler ergibt sich:

$$X_{opt} = \sqrt{\frac{200 \cdot B \cdot R}{Z \cdot H}}$$

B = Nettobedarf der Planperiode
R = losgrößenfixe Rüstkosten
Z = Lagerhaltungskostensatz
H = Herstellungskosten (ohne Rüstkosten) pro Einheit

$$= \sqrt{\frac{200 \cdot 500 \cdot 10{,}00}{20 \cdot 5{,}00}} = 100 \text{ Stück}$$

Die kostenoptimale Losgröße beträgt 100 Stück.

17. Verkürzung der Durchlaufzeit durch Losteilung

a) Mögliche Losteilungsdivisoren:

Losteilungs-divisor	Rüstzeit in Minuten je Auftrag	Bearbeitungszeit in Minuten je Auftrag	Belegungszeit in Minuten je Auftrag
1	120	700	820
2	120	350	470
3	120	233,3	353,3
4	120	175	295
5	120	140	260

b) Gesamtkosten:

Los-teilungs-divisor	Rüstzeit insgesamt (min)	Bearbeitungszeit insgesamt (min)	Belegungzeit insgesamt (min)	Kosten (€)	
1	120	700	820	888,33	(1)
2	240	700	940	1.018,33	
3	360	700	1.060	1.148,33	
4	480	700	1.180	1,278,33	
5	600	700	1.300	1.408,33	

Nebenrechnung zu (1):

820 : 60 · 65,00 = 888,33

18. Verkürzung der Durchlaufzeit durch Überlappung

a)

Erzeugnis EK				
Arbeitsgang	Rüstzeit (min)	Ausführungszeit je Stück (min)	Bearbeitungszeit (min)	Belegungszeit (min)
01	60	30	120	180
02	60	45	180	240
03	60	60	240	300
04	60	60	240	300
Summe	240			1.020

Die Durchlaufzeit beträgt 1.020 Minuten.

b) Es gilt: R_i = Rüstzeit$_i$ $I = 1, \ldots, 4$

   A_i = Ausführungszeit$_i$

   TL_i = Teillos$_i$

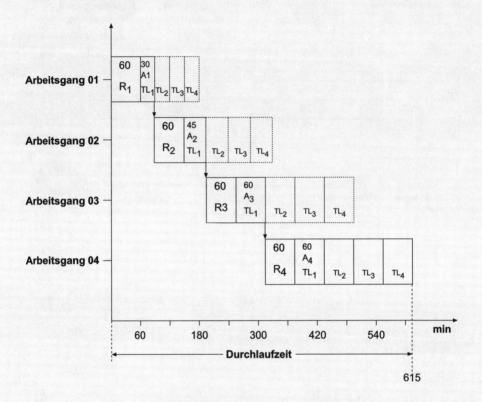

c)

$$\text{DLZ-Verkürzung} = \frac{\text{DLZ}_{\text{mit Überlappung}} - \text{DLZ}_{\text{ohne Überlappung}}}{\text{DLZ}_{\text{ohne Überlappung}}} \cdot 100$$

$$= \frac{615 \text{ min} - 1.020 \text{ min}}{1.020 \text{ min}} \cdot 100$$

$$= -39,71 \%$$

19. Durchlaufzeit, kritischer Weg

a) Kritischer Weg, grafische Darstellung:

Durchlaufzeit$_E$ = 1,2 · 300 = 360 min

Durchlaufzeit$_{G2}$ = 1,2 · 600 = 720 min

usw.

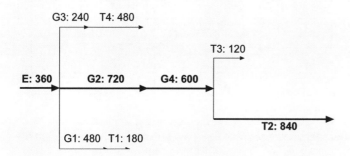

Hinweis: Die Skizze ist nicht maßstabsgetreu.

Kritischer Weg: E, G2, G4, T2

b) Durchlaufzeit des Auftrags = 20 (360 + 720 + 600 + 840)

= 50.400 min = 840 Std.

c) Maßnahmen zur Verkürzung der Durchlaufzeit, z. B.:

• Parallelfertigung
• Zusatzschichten
• Verringerung der Transportzeiten.

20. Balkendiagramm, Netzplan

a) Auflistung der Vorgänge und Zeiten je Vorgang:

	Zeit je Vorgang bzw. Einheit	∑ der Zeiten in Stunden
Rüsten 1	1 Stunde	1,0
Fräsen	3 min/Stück	5,0
Rüsten 2	2 Stunden	2,0
Bohren	2,4 min/Stück	4,0
Reinigen	1 Stunde	1,0
Verpackung, Transport	5 Stunden	5,0

Grafische Darstellung des Arbeitsablaufs mithilfe des Balkendiagramms (Plannet-Technik):

Arbeitsgang		Termin in Arbeitsstunden																			
Nr.	Bezeichnung	1	2	3	4	5	6	7	8	9	10	11	12	13	14	15	16	17	18	19	20
10	Rüsten	R1																			
20	Fräsen		░	░	░	░	░	░													
30	Puffer							P													
40	Rüsten 2								R2												
50	Bohren											░	░	░	░						
60	Reinigen															Re					
70	Verpackung, Transport															░	░	░	░	░	

b) Die Ausführung des Auftrags benötigt 19 Arbeitsstunden. Antwort an den Kunden: Der Auftrag kann innerhalb von zwei Werktagen ausgeführt werden, wenn am ersten Tag zwei Stunden und am zweiten Tag eine Stunde Mehrarbeit „gefahren" werden.

c) Vergleich: Balkendiagramm/Netzplantechnik (Beispiele)

- *Balkendiagramm*:
  - anschauliche Darstellung der Vorgangsdauer
  - Plannet-Technik: Darstellung von Abhängigkeiten zwischen den Vorgängen
  - Darstellung auch von Parallelvorgängen
  - unübersichtlich bei Großprojekten.

- *Netzplantechnik*:
  - Aufgrund der Grafenstruktur ist eine bessere Darstellung der Abhängigkeiten und Verzweigungen möglich.
  - Exakte manuelle oder DV-gestützte Berechnung der Zeiten und der kritischen Vorgänge ist möglich (Ermittlung der Pufferzeiten, Vorwärts-/Rückwärtsterminierung).
  - Ist für Großprojekte besser geeignet.

Im vorliegenden Fall wäre eine Darstellung mithilfe der Netzplantechnik auch möglich. Da jedoch keine Paralleltätigkeiten zugelassen sind und nur sieben Vorgänge erfasst werden müssen, ist das Balkendiagramm hier anschaulicher.

21. Terminermittlung: Netzplan

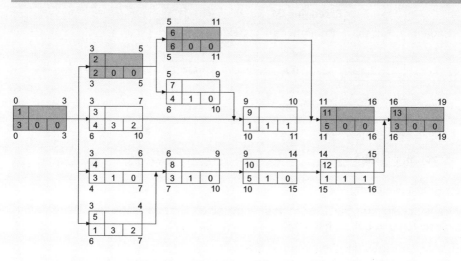

Legende:

Kritischer Weg (kritische Vorgänge): 1, 2, 6, 11, 13.

22. Mengenstückliste

a) Mengenstückliste für Erzeugnis E1:

Erzeugnis E1	
Bauteil	Anzahl
T1	2
T2	3
T3	1
T4	2

b) Sekundärbedarf für Erzeugnis E1:

Erzeugnis E1			
Bauteil	Anzahl	Primärbedarf	Sekundärbedarf
T1	2	1.700	3.400
T2	3	1.700	5.100
T3	1	1.700	1.700
T4	2	1.700	3.400

23. Erzeugnisstruktur

a) Erzeugnisgliederung:

Veranschaulichung der Zusammenhänge eines Erzeugnisses aus Baugruppen, Einzelteilen und ggf. Rohstoffen.

b) Einsatz der Erzeugnisgliederung, z. B.:

- bei Planungs- und Steuerungsaufgaben
- in der Materialdisposition
- in der Materialbereitstellung
- bei der Erstellung der Arbeitspläne
- bei der Erstellung der Stücklisten
- bei rechnergestützten Aufgaben.

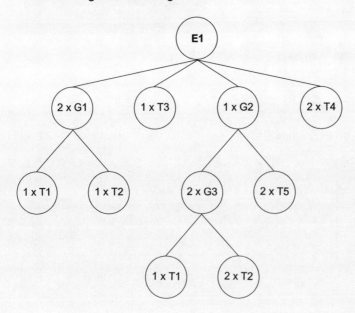

24. Teileverwendungsnachweis

T1	
Bauteil	**Anzahl**
E2	1

T2	
Bauteil	**Anzahl**
E2	3

T3	
Bauteil	**Anzahl**
E1	4
E3	1

T4	
Bauteil	**Anzahl**
E1	3
E3	2

T5	
Bauteil	**Anzahl**
E1	1
E2	2
E3	2

25. Konstruktionsunterlagen

Lastenheft	Es beinhaltet mindestens die zu erreichenden technischen und funktionellen Parameter eines Produkts, spezielle Kundenforderungen und Aussagen über Ersatzteil- und Servicepflicht.
Gesamtzeichnung	Sie stellt das Produkt in zusammengebautem Zustand dar. Sie dient als Fertigungsunterlage für die Endmontage und enthält alle für den Zusammenbau relevanten Informationen und Daten.
Baugruppen-zeichnung	Sie stellt eine Baugruppe in zusammengebautem Zustand dar. Sie dient als Fertigungsunterlage für die Endmontage und enthält alle für den Zusammenbau relevanten Informationen und Daten.
Funktionsgruppen-zeichnung	Sie stellt das Zusammenwirken funktionell zusammengehöriger Teile und Baugruppen dar.
Einzelteil-zeichnung	Sie stellt ein Einzelteil in der jeweiligen technologischen Bearbeitungsstufe dar. Sie dient als Fertigungsunterlage und enthält alle für die betreffende Bearbeitungsstufe relevanten Informationen und Daten.
Stromlaufplan	Er ist die nach Stromkreisen aufgelöste schematische Darstellung der Schaltung nach dem Übersichtsprinzip. Er dient zur Erkennung der Schaltfolge, zum Verfolgen der einzelnen Stromwege bei der Störungssuche. Die räumliche Lage der Bauelemente und der mechanische Aufbau werden nicht berücksichtigt.
Bauschaltplan	Er ist die Unterlage für die Herstellung der Leitungsführung. Es werden der Leitungsverlauf und die Bauelemente in ihrer wirklichen Anordnung und Form, einschließlich sämtlicher Anschlussstellen, dargestellt. Er dient ebenfalls zur Störungssuche.
Stückliste	Sie ist die vollständige Aufzählung der auf der zugehörigen Zeichnung dargestellten Teile und Baugruppen mit ihrer Häufigkeit (Anzahl), einschließlich der Hilfsstoffe und -materialien.
Aufbauübersicht, Auflösungs-/ Gliederungsübersicht (Stammbaum)	Dies sind bei – Darstellung nach DIN 6789 – grafische Übersichten über die Aufgliederung einer Baugruppe oder eines Erzeugnisses.

26. Technische Zeichnung

Bei der Erstellung einer technischen Zeichnung für die Fertigung gelten folgende *Grundsätze*:

1. Die Zeichnung muss eine *eindeutige Interpretation* der damit zu realisierenden Arbeitsaufgaben *gewährleisten*.

2. Die *Zeichnungsdarstellungen* und *Ansichten* sind *zweckdienlich* zu erstellen und *übersichtlich* anzuordnen.

3. Es müssen alle für die Realisierung der Arbeitsaufgaben *erforderlichen Maße* und *Daten* auf der Zeichnung *vorhanden* und *erkennbar* sein.

4. Die Art der *Bemaßung* und die *Darstellungen* sollen weitestgehend dem *technologisch möglichen Ablauf* entsprechen.

5. Fertigungsfremde Angaben sowie Kundendaten, die für die jeweilige technologische Aufgabe keine Bedeutung haben, sind auf der Zeichnung *weitestgehend zu vermeiden*.

6. Die Teilebenennung und Positionsangaben auf Montagezeichnungen müssen der *zugehörigen Stückliste* entsprechen.

7. Die für die Fertigung bestimmten Zeichnungen sollten den *DIN-Formaten* entsprechen. Größere als DIN A0 vorgesehene *Sonderformate* sind am Arbeitsplatz *kaum* oder *nicht handhabbar*. Damit wird gegen die *Qualitätsregel* verstoßen, die besagt, dass die (im Allgemeinen größere Montage-)Zeichnung* bei Montageprozessen als Arbeitsgrundlage für den Monteur geöffnet am Montageplatz zur Verfügung zu stehen hat.

8. Die Darstellungen sind gegebenenfalls auf mehrere Blätter zu verteilen. Eine Darstellung von der „Rolle" mit teilweise mehreren Metern Zeichnungslänge (siehe Foto, unten) ist für den Fertigungsprozess ungeeignet.

Quelle: privat

27. Stücklisten

a) Bestandteile der Grundform einer Stückliste:

b) Stücklisten lassen sich grundsätzlich unterscheiden hinsichtlich

- des *Inhalts*
- des (Erzeugnis-)*Aufbaus*
- der betrieblichen *Anwendung.*

c) *Strukturstückliste:*

Auch unter der Bezeichnung *mehrstufige Stückliste* bekannt, enthält sie Baugruppen und Teile aller niedrigeren Ebenen eines Erzeugnisses in strukturierter Form. Dabei wird jede Gruppe wiederum bis zu ihrer niedrigsten Stufe aufgelöst. Sind diese Stücklisten in einem Datenverarbeitungssystem hinterlegt, lassen sie sich auch nur bis zur gewünschten Gliederungsebene darstellen.

Beispiel: Auszug aus der Strukturstückliste einer Handbohrmaschine

Anzahl (Stück)	Benennung			Zeichnungs- nummer	Teilestatus
1	*Handbohrmaschine*			12.00.00.00.00-00	Eigenfertigungsteil
1		Gehäuseschale rechts		12.00.00.00.01-01	Kaufteil
1		Eigenfertigungsteil		12.00.00.00.02-00	Kaufteil
4		Torxschrauben M4x15		12.00.00.00.03-00	Normteil
1		*Elektromotor*		12.01.00.00.00-03	Eigenfertigungsteil
1			Elektromotor	12.01.00.00.01-00	Eigenfertigungsteil
2			Ankerwellenlager	12.01.00.00.02-00	Kaufteil
1			*Ankerwelle komplett*	12.01.01.00.00-08	Eigenfertigungsteil
1				Ankerwelle	12.01.01.00.01-01	Eigenfertigungsteil
1				Anker komplett	12.01.01.00.02-07	Kaufteil

Mengenübersichtsstückliste:

In DIN 199, Teil 2, wird die Mengenübersichtsstückliste als eine Stücklistenform definiert, „in der für einen Gegenstand alle Teile nur einmal mit Angabe ihrer Gesamtmenge aufgeführt sind". Sie enthält keine Gliederungs- bzw. Auflösungsstufen.

Die Anwendung beschränkt sich auf Erzeugnisse mit geringem Teileumfang oder einfacher Gliederung.

Baukastenstückliste:

Sie enthält als *einstufige Stückliste* nur die Baugruppen und Einzelteile der nächst tieferen Ebene, die direkt für die Montage der jeweiligen Baugruppe oder des Erzeugnisses erforderlich sind. Eine Erzeugnisstruktur lässt sich aus der Baukastenstückliste nicht ableiten.

Variantenstückliste:

Sie entspricht einer Strukturstückliste und zählt zu den kompliziertesten Stücklisten. Sie enthält *alle* Baugruppen und Teile *aller* Varianten eines Erzeugnisses. Deshalb steht für Variantenstückliste häufig auch der Begriff *Maximalstückliste*. Um die mögliche Variantenvielfalt eines Erzeugnisses im Herstellungsprozess und insbesondere in der Montage beherrschbar zu gestalten, werden feste Varianten definiert. Vergleichbar mit den Ausstattungs*paketen* der Autohersteller werden hierfür die Marktanforderungen zu Grunde gelegt.

d) *Konstruktionsstückliste:*

DIN 199, Teil 2, definiert sie als eine im Konstruktionsbereich im Zusammenhang mit den zugehörigen Zeichnungen erstellte Stückliste. Sie ist *auftragsunabhängig*.

Fertigungsstückliste:

Ist nach DIN 199, Teil 2, „eine Stückliste, die in ihrem Aufbau und Inhalt Gesichtspunkten der Fertigung Rechnung trägt". Sie entspricht der einstufigen Stückliste. „Sie dient als Unterlage für die organisatorische Vorbereitung, Abwicklung und Abrechnung der Fertigung eines Erzeugnisses". (DIN 6789). Sie ist inhaltlich ergänzt mit den für die Fertigung *technologisch bedingten, erforderlichen Hilfsstoffen und Materialien*, die nicht zur Konstruktion gehören und keinen konstruktiven oder funktionellen Einfluss auf das Erzeugnis haben. Sie werden nicht mit dem Erzeugnis „verkauft".

Einkaufsstückliste:

Sie entspricht der *Fremdbedarfsstückliste* und enthält alle für das betreffende Erzeugnis erforderlichen Einkaufsteile und Materialien. Sie ist somit eine Arbeitsgrundlage für die Einkaufsabteilung.

Terminstückliste:

Aus ihr wird ersichtlich, zu welchen Terminen welche Teile und Materialien in welcher Menge erzeugnisbezogen beschafft werden müssen.

Teilebereitstellungsliste:

Ihre Anwendung liegt hauptsächlich im Lagerwesen. Sie regelt die terminliche Teilebereitstellung hinsichtlich Menge, Reihenfolge und Bereitstellungsort.

Teileverwendungsnachweis:

Er gibt Informationen darüber, welche Baugruppen und Einzelteile in welchen Produkten und Baugruppen mit welcher Anzahl verwendet werden.

28. Montagegerechte Konstruktion/Produktion***

a) Gestaltungsregeln für eine montagegerechte Konstruktion, z. B.:

- so wenig Teile wie möglich
- Vereinheitlichung und Mehrfachverwendung von Teilen
- vormontierbare und mehrfachverwendbare Baugruppen
- Vermeidung von gleichzeitigem Anschnäbeln an mehreren Fügestellen
- Fügen senkrecht von oben
- lineare Fügebewegungen
- gleichzeitiges Fügen ermöglichen
- große Fügefreiräume
- Vermeidung langer Fügewege
- Einsatz von Fügehilfen (z. B. Einführschrägen)
- Gewährleistung allseitiger Zugänglichkeit an den Fügestellen
- keine biegeschlaffen Teile
- so wenig wie möglich separate Verbindungselemente (Schnappverbindungen)
- Anschlag-, Greif- und Ordnungsmöglichkeiten vorsehen (Schwerpunktlage beachten)
- Vermeidung von Einstell- oder Justiervorgängen
- Anwendung montagegeeigneter Toleranzen
- Vermeidung der Bildung von Luftpolstern in Sacklochbohrungen.

Gestaltungsregel	Ungünstig!	Günstig!
Vereinheitlichung und Wiederholverwendung von Bauteilen anstreben!		
Lange Fügewege vermeiden!		
Gleichzeitiges Anschnäbeln an mehreren Fügestellen vermeiden!		
Bei Sackbohrungen ist die Bildung von Luftpolstern zu vermeiden!		
Einführschrägen vorsehen!		
Zugänglichkeit gewährleisten, örtliche Behinderung vermeiden!		

b) Methoden bzw. Hilfsmittel, die für eine montagegerechte Produktgestaltung geeignet sind, z. B.:

Methoden, Hilfsmittel - Beispiele -		Maßnahmen
konventionelle	**rechnergestützte**	- Beispiele -
Konstruktionsrichtlinien: • Normen • Vorschriften • quantifizierte Regeln • Regeln zur Gestaltung	*CAD-Systeme:* • Explosionsdarstellung • Montagegraferstellung • Montagefolgefestlegung • Ermittlung der Fügeeinrichtung • Montagesimulation • Einbauuntersuchung • Toleranzanalyse	*Schwachstellenanalyse:* • Wertanalyse (WA) • FMEA • ABC-Analyse • Wiederholmontage
Bewertungsverfahren: • Punktbewertungen • Checklisten	*DV-gestützte Bewertungsverfahren*	*Beratung durch die Konstruktion* • bei Bedarf vor Ort u. Ä.
Hilfsmittel zur Bewertung der Kosten: • Kalkulationsmethoden • Kostendatenbanken • Relativkostenkataloge	*Informationssysteme:* • Kosteninformationssysteme • Sollzeiten (z. B. MTM, SvZ) • Gestaltungsregeln	*Fehlerlisten*
Unterlagen der Konkurrenz		*Qualifizierung der Mitarbeiter*

4 Systeme der Produktionssteuerung

01. CAX-Techniken

a) *CIM* steht für Computer Integrated Manufacturing; zu deutsch: rechnergestützte integrierte Fertigung. Es ist ein Modell zur Verknüpfung aller unternehmensrelevanten Anwendungen in Verbindung mit dem integrierten Einsatz von Computern. CIM ist keine integrierte Software.

CAX-Techniken:

Abkürzung	Anwendung	Übersetzung
CAD	Computer Aided Design	rechnergestützte Konstruktion
CAE	Computer Aided Engineering	rechnergestütztes Ingenieurwesen
CAP	Computer Aided Planning	rechnergestützte Fertigungsplanung
CAQ	Computer Aided Quality Assurance	rechnergestützte Qualitätssicherung
CAM	Computer Aided Manufacturing	rechnergestützte Fertigung

b) *Zielsetzung* ist die Integration aller Unternehmensbereiche und -funktionen zu einem Gesamtsystem. Konkret sollen alle anfallenden Planungs- und Steuerungsdaten in die betriebswirtschaftlichen Aufgaben, die technische Fertigung und den Vertrieb integriert werden. Kernstück des CIM-Konzeptes ist ein gemeinsamer Datenbestand, der für die unterschiedlichsten Aufgaben eines Betriebs aufbereitet wird, dessen bereichsübergreifende Nutzung zu einem Informationsfluss zwischen allen Unternehmensbereichen führt und so zu einer Automatisierung beiträgt. Alle an der Fertigung beteiligten CAX-Techniken und für die Fertigung notwendigen Aufgaben werden zu einem System verknüpft:

- Planung/Konstruktion (CAP/CAD/CAE)
- Qualitätssicherung/-management (CAQ)
- Kalkulation
- Materialwirtschaft
- Termin- und Ressourcenplanung
- Auftragssteuerung
- Produktionsplanung und -steuerung (PPS)
- Produktionsdurchführung (CAM)
- Versand
- Rechnungswesen.

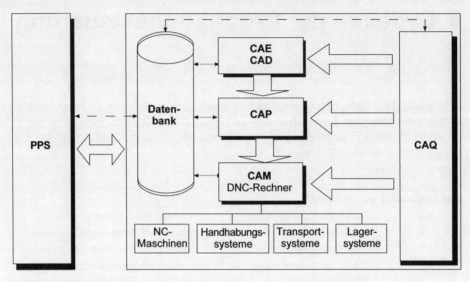

Nutzen von CIM, z. B.:

Eine effiziente Produktherstellung durch den Einsatz von EDV in allen zusammen-hängenden Betriebsbereichen nach dem CIM-Konzept ermöglicht:

• bessere Nutzung der Fertigungseinrichtungen
• kürzere Durchlaufzeiten
• geringere Lagerbestände
• hohe Materialverfügbarkeit
• erhöhte Flexibilität
• hohe Termintreue
• erhöhte Transparenz
• gleichmäßigen Produktionsablauf und somit gesicherte Qualität
• höhere Produktivität
• Kostensenkung
• Steigerung der Wirtschaftlichkeit.

c) 1. Konstruktion   →   CAD
   2. Fertigungsplanung   →   CAP
   3. Produktionssteuerung   →   PPS
   4. Fertigung   →   CAM

d) CAD-Software kommt häufig im Entwicklungs- und Konstruktionsbereich unterschied-licher Branchen zum Einsatz. Hierzu gehören Architektur, Bauwesen, Maschinen- und Anlagenbau, Konstruktion, Elektrotechnik und Kartographie. CAD-Software dient dem rechnergestützten, zwei- und dreidimensionalen Konstruieren inklusive Durchfüh-rung technischer Berechnungen und grafischer Ausgabe. Die Rechnerunterstützung bietet über die Software eine ganze Reihe Vorteile gegenüber dem konventionellen Konstruieren bzw. Zeichnen.

e) Ein PPS (Produktionsplanung und -steuerung)-System führt alle Aufgaben zur Planung, Steuerung und Überwachung von Produktions- und Arbeitsabläufen, an-gefangen von der Angebotserstellung bis hin zum Versand, durch.

Im Einzelnen erfüllt es folgende Aufgaben:

1. *Produktionsplanung*:

   • Produktionsprogrammplanung
   • Mengenplanung
   • Termin- und Kapazitätsplanung.

2. *Produktionssteuerung:*

   • Auftragsveranlassung
   • Reihenfolgeplanung
   • Auftragsüberwachung.

Im Einzelnen:

• *Produktionsprogrammplanung*:

   = Festlegung, welche Produkte in welcher Menge und zu welchem Termin fertigge-
     stellt sein sollen.

• *Mengenplanung*:

   = Ermittlung des Bedarfs an Einzelteilen, Baugruppen und Zukaufteilen

• *Termin- und Kapazitätsplanung*:

   = Berechnung von Anfangs- und Endterminen für die Produktionsaufträge

• *Auftragsveranlassung*:

   = Bestimmung des Übergangs von Produktionsplanung zur Produktionssteuerung
     und Freigabe der Aufträge nach Verfügbarkeit aller notwendigen Ressourcen.

• *Reihenfolgeplanung*:

   = Planung der Auftragsreihenfolge

• *Auftragsüberwachung*:

   = Durchführung von Soll-Ist-Vergleichen der Mengen und Termine aufgrund von
     aktuellen Betriebsdaten und dem Auftragsstatus.

Nach dem CIM-Konzept müssen alle auftrags- und produktionsrelevanten Unter-
nehmensdaten zentral verwaltet werden und allen Bereichen des Unternehmens
zur Verfügung stehen. Bei der Datenbank ist darüberhinaus darauf zu achten, dass
Redundanzen vermieden werden und eine hohe Ausfallsicherheit gegeben ist

f) ***

Geeignet ist das sog. *Y-Modell* nach August-Wilhelm Scheer (Wirtschaftsinformatik –
Referenzmodelle für industrielle Geschäftsprozesse, 7. Auflage, Berlin u. a., Springer
1997):

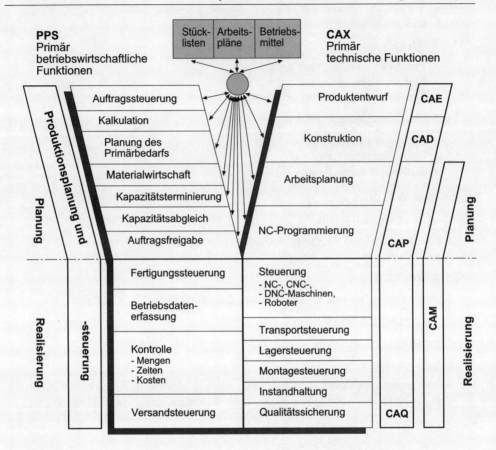

g) ***

Steuerungskonzepte für PPS-Systeme – Beispiele		
MRP	Material Requirements Planning	**Materialbedarfsplanung**
		Konzept zur bedarfsorientierten Materialdisposition
		ab Mitte der 1950er Jahre
		Aus dem Absatzplan wird schrittweise das Produktionsprogramm abgeleitet. Der so ermittelte Primärbedarf wird unter Berücksichtigung der Lagerbestände zu Sekundärbedarfen aufgelöst.
MRP I	Manufacturing Resource Planning I	**Produktionsprogrammplanung**
		ergänzt das MRP-Konzept durch die Berücksichtigung der verfügbaren Kapazitäten
		ab Mitte der 1960er Jahre

		Produktionsprogrammplanung und strategische Planung
MRP II	Manufacturing Resource Planning II	Auf der Basis der Geschäftsplanung werden der Absatzplan und anschließend schrittweise der Produktionsplan unter Berücksichtigung der Kapazitäten entwickelt. Die Planung wird rollierend überarbeitet.
		Anfang der 1980er Jahre
		Der Produktionsprogrammplanung werden strategische Planungsaspekte vorangestellt (strategische Geschäftsplanung).
ERP	Enterprise Resource Planning	**Planung des Einsatzes der Unternehmensressourcen**
		Konzept zur effizienten Steuerung der im Unternehmen vorhandenen Ressourcen (Kapital, Betriebsmittel, Personal) für den betrieblichen Ablauf.
		seit Anfang der 1990er Jahre
OPT	Optimized Production Technology	**Konzept zur Optimierung der Engpasskapazität**
Just-in-Time, Kanban		**Konzepte zur fertigungssynchronen Beschaffung**

02. Managementinformationssystem, Data Warehouse-Architektur***

a) 1. Die im Unternehmen an unterschiedlichen Stellen und in unterschiedlichen Formaten vorhandenen Informationen werden aus den operativen Datenbanken gefiltert, geordnet, auf ein einheitliches Format gebracht und mit Zusatzinformationen verknüpft (Metadaten, z. B. Zeitpunkt, Quelle, Thema). Man bezeichnet diesen Vorgang als *ELT-Prozess* (Extraktion, Laden und Transformation der Daten in eine analytische Datenbank).

2. Mit externen Daten verfährt man analog.

3. Die so gewonnenen Daten bilden ein *Data Warehouse* (dt.: Datenlager). Es integriert einerseits die gesammelten Datenbestände und ermöglicht andererseits eine Trennung nach speziellen Fragestellungen oder bestimmten Anwendern.

4. Für bereichsspezifische Anwendungen kann das Data Warehouse zu umfangreich und zu schwerfällig sein. Man kopiert in diesem Fall bestimmte Datenbestände in gesonderte Datenbänke, den *Data Marts* (dt.: Datenmärkte), aus denen Abfragen leichter gewonnen werden können.

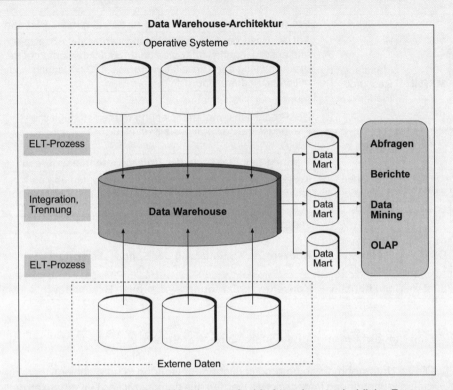

Die Realisierung einer *Data Warehouse-Architektur* nimmt erhebliche Ressourcen in Anspruch. In der Praxis ist ein schrittweiser Aufbau dringend zu empfehlen: Die zu erfassenden Datenbestände werden nach und nach als Module erfasst und verarbeitet. Ebenfalls beschränkt man in der Aufbauphase die Möglichkeiten der Auswertung.

b) Die Anwendungsmöglichkeiten einer Data Warehouse-Architektur sind vielfältig und können folgendermaßen klassifiziert werden:

1. *Abfragen* (engl.: query):
   Themen- oder bereichsspezifisch können Abfragen mithilfe einer Abfragesprache (z. B. SQL: Structured Query Language) formuliert und über ein Datenbankmanagementsystem (DBMS) verarbeitet werden.

2. *Berichtswesen* (reports):
   Periodisch oder aperiodisch können Berichte mit festen oder variablen Vorgaben erzeugt werden.

3. *Data Mining* (dt.: Datenschürfung):
   Mithilfe statistischer und anderer mathematischer Verfahren zur Datenmustererkennung werden Zusammenhänge aus großen Datenmengen gewonnen.

4. *OLAP* (Online Analytical Processing):
   OLAP-Werkzeuge ermöglichen eine gezielte Datenanalyse, ohne dass die Abfrage in einer bestimmten Programmiersprache formuliert werden muss (vgl. oben: SQL). Beispielsweise kann der Umsatz eines Produkts X zum Zeitpunkt Y in der Region Z ermittelt werden (Mehrdimensionalität von Kennzahlen).

03. Echtzeitbetriebssysteme

Bei der Echtzeitverarbeitung (Real-time-Processing) werden die Daten vom Betriebssystem in einem engen zeitlichen Zusammenhang zur realen Entstehung verarbeitet (im Gegensatz zur Stapelverarbeitung; Batch-Processing), findet ihre Anwendung hauptsächlich bei der Steuerung von technischen Prozessen.

04. Übernahme bestehender Zeichnungen, CAD***

a) Zeichnungen können, auch in großen Formaten bis DIN A0, mithilfe eines Scanners eingelesen (eingescannt) werden. Die eingescannte Zeichnung kann anschließend mittels Datenverarbeitung weiterbearbeitet werden.

Ein Vorteil liegt in der Zeitersparnis für diese Art der Datenübernahme. Der Prozess des Einscannens erfolgt relativ schnell. Der Nachteil dieses Verfahrens liegt darin, dass über einen Scanner eingelesene Daten erst einmal im Pixelformat (als Bildpunkte) und nicht im Vektorformat (als Vektoren eines Koordinatensystems) vorliegen. Für eine effiziente Weiterverarbeitung mit einem CAD-Programm wäre eine Datenkonvertierung in ein Vektorformat sinnvoll.

b) CAD-Programme bieten:

- einfache Übernahme bereits vorhandener Daten
- schnelle und einfache Änderungsmöglichkeiten
- Nutzung verschiedener Programmfunktionen wie Zoomen, Stauchen/Strecken usw.
- Möglichkeiten der Simulation und Visualisierung
- Weiterverarbeitung der erstellten Daten in anderen Unternehmensbereichen
- platzsparende Verwaltung von erstellten Konstruktionsdaten
- schnelle und komfortable Suchmöglichkeiten vorhandener Zeichnungen
- einfache Datensicherung
- Datentransfer.

c) Die Beherrschung eines CAD-Programms ist für technische Zeichner heute ein absolutes Muss. Durch die folgenden Programmfunktionen ergeben sich sowohl bei 2D- als auch erst recht bei 3D-Konstruktionen enorme Zeiteinsparungen:

- Zoomen (Vergrößern des Bildausschnittes)
- Löschen
- Drehen
- Stauchen/Strecken
- Objektfang
- unterschiedliche Ansichten
- Objektbibliotheken
- Kopieren von Objekten
- Spiegeln
- Verschieben
- Koordinatensysteme
- Layertechnik
- Simulationen.

05. Betriebsdatenerfassung (BDE)

a) Unter BDE (Betriebsdatenerfassung) versteht man die Erfassung von Fertigungs- und Betriebsdaten direkt an ihrem Entstehungsort. Diese Form der dezentralen

Datenerfassung wird in der Regel von den Mitarbeitern im Produktionsprozess selbst vorgenommen (manuell oder automatisch).

b) Die Vorteile liegen in den Kosten und in der Handhabung. Die Erstellung der Barcodes ist wesentlich kostengünstiger als die Erstellung von Magnetstreifen. Barcodes sind unempfindlicher gegenüber elektrischen Feldern von z. B. Motoren oder Magneten als Magnetstreifen.

c)

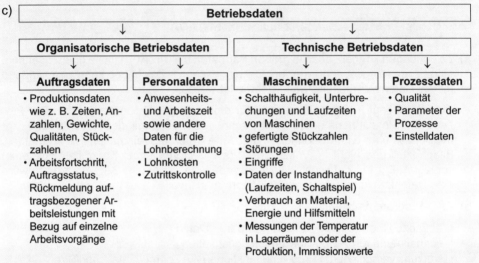

Auftragsdaten	Personaldaten	Maschinendaten	Prozessdaten
• Produktionsdaten wie z. B. Zeiten, Anzahlen, Gewichte, Qualitäten, Stückzahlen • Arbeitsfortschritt, Auftragsstatus, Rückmeldung auftragsbezogener Arbeitsleistungen mit Bezug auf einzelne Arbeitsvorgänge	• Anwesenheits- und Arbeitszeit sowie andere Daten für die Lohnberechnung • Lohnkosten • Zutrittskontrolle	• Schalthäufigkeit, Unterbrechungen und Laufzeiten von Maschinen • gefertigte Stückzahlen • Störungen • Eingriffe • Daten der Instandhaltung (Laufzeiten, Schaltspiel) • Verbrauch an Material, Energie und Hilfsmitteln • Messungen der Temperatur in Lagerräumen oder der Produktion, Immissionswerte	• Qualität • Parameter der Prozesse • Einstelldaten

d) Grundsätzlich sind im Wesentlichen folgende Konfigurationen denkbar, die u. a. von der Größe des Betriebs, der Branche und den Kosten der gewählten Lösung abhängen:

BDE-Systeme	
Konfigurationsstufe	**Kurzbeschreibung**
1	Offline-Terminals mit dezentralem Einsatz an Informationsknotenpunkten je Bereich mit manueller Datenerfassung; Übergabe der Daten an eine zentrale Datenverarbeitungsanlage (DVA) mit dortiger Auswertung und Ausgabe der Ergebnisse.
2	Dezentrale Online-Erfassung der Daten, z. B. mittels Sensoren, und zentrale Verarbeitung in einer DVA. Dabei können die dezentralen Online-Systeme bereits über beachtliche Verarbeitung- und Ausgabemöglichkeiten verfügen.
3	Fortführung der Konfiguration 2 als Online-System bzw. eigenständiges, auch disponierendes Prozessrechnersystem mit Terminals vor Ort, dezentral direkt an den Maschinen mit automatisierter Datengewinnung und bereichsweise an Informationsknotenpunkten zur Dateneingabe durch Personen, mehr oder weniger auch als dezentrale Datenausgabe, Dialog, Integrationsmöglichkeit technischer Steuerungsaufgaben, Rechnerhierarchie/-netz.

In großen Betrieben ist die BDE heute hierarchisch aufgebaut. Sie besteht dort aus

- einem BDE-Leitrechner
- einem BDE-Interface (Konzentrator)
- BDE-Gruppenrechnern
- BDE-Bereichsterminals
- BDE-Maschinenterminals.

5 Produktionsüberwachung

a) *Aufgabe der Produktionsüberwachung*:

   ist die laufende Ermittlung der Istdaten und der Vergleich mit den Solldaten (Mengen, Termine, Kosten, Qualitätsstandards, Arbeitsbedingungen). Die Rückmeldungen der Istdaten erfolgen laufend (online; BDE), fallweise (Rückmeldekarten) oder kombiniert.

   Die Aufgaben der Arbeitsüberwachung sind nach REFA:

```
                     Aufgaben der Arbeitsüberwachung

  Bereitstellung   Mengen und      Qualität      Arbeits-        Störungen
  überwachen       Termine         überwachen    bedingungen     erfassen
                   überwachen                    überwachen
```

   • Personal
   • Betriebsmittel
   • Material

   Hinweis: Beachten Sie bitte, dass die Aufgabe „Produktionsüberwachung" (auch: Fertigungsüberwachung) integraler Bestandteil der Produktionssteuerung ist (vorherrschende Darstellung in der Literatur).

b) Die *Ziele der Produktionsüberwachung* sind identisch mit den Zielen der Produktionsplanung und -steuerung.

   • Minimierung der Fertigungskosten
   • kontinuierliche Auslastung der Kapazitäten
   • kurze Durchlaufzeiten
   • hoher Nutzungsgrad der Betriebsmittel
   • hohe Lieferbereitschaft
   • Einhaltung der Termine
   • optimale Lagerbestandsführung
   • Gewährleistung der Sicherheit am Arbeitsplatz
   • Ergonomie der Fertigung.

02. Fertigungskontrolle

Fertigungskontrolle	
Aufgabengebiete	**Einzeltätigkeiten, z. B.**
1. Kontrolle der Termine	Vergleich der Laufkarten und Rückmeldescheine mit den Plandaten
2. Kontrolle der Kapazitätsauslastung	Vergleich der Istkapazitäten mit den Plankapazitäten
3. Kontrolle der Kosten	Vergleich der Istkosten (= Nachkalkulation) mit den Plankosten (= Vorkalkulation)
4. Kontrolle des Materialverbrauchs	Vermeidung bzw. Kontrolle von Ausschuss und Abfall
5. Kontrolle der Qualität	• Kontrolle von: Beschaffenheit, Maßgenauigkeit, Tauglichkeit • Einhaltung der Normen, Qualitätsstandards

03. Störungen bei der Fertigungsdurchführung

a) Man unterscheidet, z. B.:

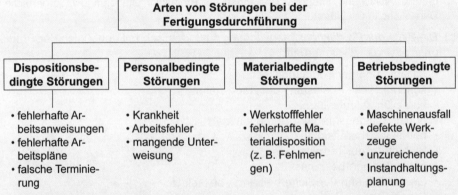

b) Auswirkungen, die sich infolge von Störungen bei der Fertigungsdurchführung ergeben können, z. B.:

* Terminüberschreitung
* fehlende Betriebsbereitschaft
* Nacharbeit, Ausschuss
* erhöhte Unfallgefährdung
* Gefährdung der Kapazitätsauslastung.

c)

Ereignisse, die zu einer Verlängerung der (geplanten) Durchlaufzeit (DLZ) führen können, z. B.:

- ungeplanter Ausfall einer Arbeitsstation
- Abweichung der Durchführungszeit vom Sollwert
- Abweichung der Transportzeit vom Sollwert
- Qualitätsmängel der Zukaufteile
- ungeplanter, zusätzlicher Prüfaufwand
- verspätete Versorgung der Fertigung mit Material.

d)

1.	**Beachten der Kapazitätsgrenzen:**
	Ist die verfügbare Kapazität auf Dauer höher als die erforderliche Kapazität, so führt dies zu einer Minderauslastung. Es werden mehr Ressourcen zur Verfügung gestellt als notwendig Die Folge ist u. a. eine hohe Kapitalbindung mit entsprechenden Kapitalkosten (Wettbewerbsnachteil). Im umgekehrten Fall besteht die Gefahr, dass die Kapazität nicht ausreichend ist, um die Aufträge termingerecht fertigen zu können (Gefährdung der Aufträge und der Kundenbeziehung). Durch Maßnahmen der *Kapazitätsabstimmung* (Kapazitätsabgleich/-anpassung) können Engpässe vermieden werden.

2.	**Nutzung von Fertigungsalternativen:**
	Infrage kommen z. B.: • Wechsel von automatischer Fertigung zu konventioneller Fertigung • Wechsel der Betriebsmittel/des Arbeitsplatzes • Losteilung • Fremdvergabe/Outsourcing.

3.	**Fehler und Störungen im Fertigungsprozess:**
	Sie sind zu analysieren und kurzfristig zu beheben; neben der Störungsbeseitigung ist grundsätzlich die Ursachenquelle zu betrachten. Störungen können z. B. folgenden Bereichen zugeordnet werden: • Planungssektor (z. B. fehlende/falsche Arbeitsanweisungen, Terminpläne) • Personalsektor (z. B. Fehlzeiten, Fluktuation, Krankheit, Arbeitsfehler) • Betriebsmittelsektor (z. B. Maschinenschaden, fehlende Werkzeuge) • Materialsektor (z. B. Werkstofffehler, Mindermengen) • Informationssektor (z. B. mangelhafte Informationsweitergabe an interne Kunden). Werden derartige Störungen nicht rechtzeitig behoben, sind die Ziele der Fertigungssteuerung gefährdet. Es kann z. B. zu Terminüberschreitungen, Qualitätseinbußen oder unwirtschaftlicher Fertigung kommen; ggf. sind Vertragsstrafen wegen Terminüberschreitung zu zahlen.

4.	**Überwachung der Termineinhaltung:**
	Die *Termingrobplanung* ermöglicht es, Engpässe und Überkapazitäten zu erkennen und entsprechende Maßnahmen zu ihrer Beseitigung zu treffen. Zentrales Thema ist die Durchlaufterminierung und die Kapazitätsanpassung.
	Aufgabe der *Terminfeinplanung* ist die Ermittlung der frühesten und spätesten Anfangs- und Endtermine der Aufträge bzw. Arbeitsgänge. Die Terminüberwachung erfordert eine sorgfältige Auswertung der Rückmeldungen, um weitere Steuerungsaktivitäten einzuleiten.
	Bei drohender Terminüberschreitung sind z. B. Fertigungsalternativen zur Reduzierung der Durchlaufzeit zu prüfen.

04. Produktionscontrolling, Produktionsbudget

a) Das Productionscontrolling dient der Bereitstellung von Daten, um Kennzahlen zu bilden, die das Geschehen in der Fertigung und der Werkstatt gezielt darstellen. Schwerpunkt des Produktionscontrolling ist die Bereitstellung fertigungsbezogener Kennzahlen.

b) Kennzahlen des Produktionscontrolling, z. B.:

- Durchlaufzeiten der Aufträge gesamt und der einzelnen Aufträge
- Arbeitsvorrat (Anzahl der Aufträge) an den einzelnen Arbeitsplätzen
- Terminverzug nach Aufträgen aufgegliedert
- Ausstoß in zeitlicher Verteilung
- Lagerumschlagshäufigkeit
- Störungen nach Dauer und Ursache an den einzelnen Arbeitsplätzen
- Verfügbarkeit
- Bestände in der Fertigung und am Lager
- Losgrößen
- Rüstzeiten und Häufigkeit
- Messwertverteilungen
- Ausschussdaten
- Werkzeugstandzeiten
- Auslastung der Arbeitsplätze
- Materialverfügbarkeitsdaten
- Flächenbedarf.

c) Dazu gehören einmal der „Soll-Ist-Vergleich" und in der Praxis ebenfalls sehr wichtig der Ist-Ist-Vergleich. Weiterhin sind die Budgetierung und das Berichtswesen generelle Instrumente des Controlling.

d) Beispiele:

1	Leistungen	• Fertigungsstunden/Periode • Fertigseinheiten/Periode • Arbeitsproduktivität • Maschinenproduktivität • Anzahl der Krankheitstage pro Periode
2	Abweichungen	• Verbrauchsabweichungen • Beschäftigungsabweichungen • Kostenabweichungen
3	Ausschuss	• Ausschussstunden • Ausschusseinheiten • Ausschussquote
4	Nacharbeit	• Nacharbeitsstunden • Nacharbeitseinheiten
5	Stillstand	• Stillstandsstunden • Stillstandsstunden/Fertigungsstunden in Prozent
6	Kennzahlen	• Fertigungsstunden Ist/Fertigungsstunden Soll in Proznet • Personalkosten/Fertigungskosten in Prozent • Fertigung in E/Werktage pro Periode

e) ***

Controllingblatt, z. B.:

Leistungsdaten der Fertigung				
Fertigungsbereich:	**47111**			
	Einheit	Soll	Ist	Ist – Soll
1 Leistungen:				
• Fertigungsstunden	Stunden			
• Gemeinkostenstunden	Stunden			
2 Abweichungen:				
• Verbrauchsabweichung	€			
• Verfahrensabweichung	€			
• Seriengrößenabweichung	€			
• Preisabweichung	€			
• Beschäftigungsabweichung	€			
3 Kennzahlen:				
• Euro je Tonne Guss	€/t			
• Fertigungsstunden : Ist zu Plan in Prozent	%			
• Gussfertigung in Tonnen je Arbeitstag	t/Tag			
• Anteil Personalkosten/Fertigungskosten				

4	**Ausschuss**:				
	• Ausschussstunden	Stunden			
	• Ausschuss in Euro	€			
	• Ausschussstunden/Fertigungsstunden				
5	**Nacharbeit**:				
	• Nacharbeitsstunden	Stunden			
	• Nacharbeit in Euro	€			
	• Nacharbeitsstunden/Fertigungsstunden				
6	**Stillstand**:				
	• Stillstandstunden	Stunden			
	• Stillstand in Euro	€			
	• Stillstandsstunden/Fertigungsstunden	%			
	Situations- und Analysebericht:		*Maßnahmenbericht:*		

f) Die Größe „Gewinn" ist betriebswirtschaftlich definiert als

> Gewinn = Umsatz – Kosten

$$= \text{Menge} \cdot \text{Verkaufspreis} - \text{fixe Kosten} - \text{variable Kosten}$$

$$= x \cdot p - K_f - x \cdot k_v$$

Begründung, z. B.: Der Verkaufspreis ist von der Fertigung i. d. R nicht beeinflussbar; ebenso ein Teil der Fixkosten sowie die am Markt abgesetzte Menge. Im Übrigen ist die Größe „Gewinn" eine Unternehmensgröße.

g) Maßnahmen, durch die sich das Produktionsbudget verringern lässt, z. B.:

- Verringerung der Ausschussquote
- Verbesserung der Arbeitsproduktivität
- Verbesserung der Kapazitätsauslastung
- Verbesserung des Maschinennutzungsgrades
- Reduzierung der Zwischenläger
- Prozessoptimierung (Reduzierung der Durchlaufzeit)
- Losgrößenoptimierung.

h) *Überwachungspunkte*, z. B.:

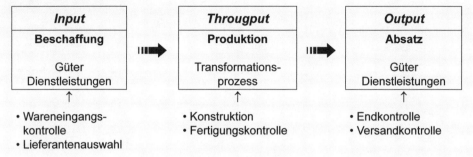

Input	Throughput	Output
Beschaffung	**Produktion**	**Absatz**
Güter Dienstleistungen	Transformations-prozess	Güter Dienstleistungen

- Wareneingangs-kontrolle
- Lieferantenauswahl

- Konstruktion
- Fertigungskontrolle

- Endkontrolle
- Versandkontrolle

Überwachungsinstrumente, z. B.:

1 *Input*, z. B.:

- Qualitätssicherungsvereinbarungen mit Lieferanten
- Prüfanweisungen
- Mess- und Prüfvorgaben (Stichprobenumfang)
- Rückweisezahl (AQL; Acceptable Quality Level; Annehmbares Qualitätsniveau).

2 *Throughput*, z. B.:

- Konstruktions-FMEA
- Prozess-FMEA
- BDE
- FMEA
- SPC
- Qualitätszirkel.

3 *Output*, z. B.:

- Fehlerbaumanalyse (FBA)
- Prüfanweisungen
- Reklamationsquote.

i) Bei der Endprüfung (auch: Endkontrolle) steht die Kontrolle der Komplettierung im Vordergrund (Check auf Vollständigkeit). Funktionseinzelprüfungen sollten in der Regel bereits auf vorgelagerten Prozessstufen durchgeführt werden. Es ist zu empfehlen, die Endprüfung soweit wie möglich durch Mitarbeiter der Fertigung ausführen zu lassen (Stichwort: Selbstprüfung).

Die konkreten Prüfmaßnahmen im Rahmen der Endprüfung sind produktabhängig; infrage kommen zum Beispiel folgende Arbeiten bei elektrotechnischen Produkten:

- Isolations- und Impedanzmessung
- EMV (Elektromagnetische Verträglichkeit)
- Überprüfung der korrekten CE-Kennzeichnung.

Dabei sind die produktspezifischen Prüfvorschriften zu beachten und die Zuverlässigkeit der Prüfmittel ist zu gewährleisten. Gegebenenfalls müssen besondere Prüfmittel konstruiert werden, falls diese am Markt nicht erhältlich sind.

6. Rahmenbedingungen der Produktion

6.1 Qualitätssicherung

01. Stichprobe, Prüfschärfe

a) Die Stichprobenprüfung wird z. B. eingesetzt:
- bei großen Stückzahlen in der Grundgesamtheit
- bei zerstörender Werkstückprüfung.

b) Ablauf der Stichprobenprüfung:
1. Aus einer Grundgesamtheit vom Umfang N wird eine Stichprobe vom Umfang n gezogen.
2. Die Anzahl der fehlerhaften Teile in der Stichprobe x wird mit der Annahmezahl c verglichen.
3. Bei x > c wird die Grundgesamtheit zurückgewiesen. Es wird unterstellt, dass der Anteil der fehlerhaften Stücke in der Stichprobe dem Anteil in der Grundgesamtheit entspricht. Bei x ≤ c wird die Grundgesamtheit angenommen.

c) Die Prüfschärfe wird dadurch erhöht, dass man den Umfang der Stichprobe vergrößert, d. h. der Anteil n/N nimmt zu. Damit erreicht man eine höhere Zuverlässigkeit der Stichprobe – der „Durchschlupf" nimmt ab.

02. Qualitätsbegriff, Q7, Qualitätsarten

a) DIN ISO 8402, DIN 55350

b) Qualität ist die Gesamtheit der Merkmale einer Einheit, festgelegte oder vorausgesetzte Erfordernisse zu erfüllen.

c) Histogramm, Beschreibung:

Beim Histogramm werden einzelne Fehlerarten in Wertebereiche mit Teilintervallen oder Klassen mit definierter Einteilung sortiert und in ein Balkendiagramm eingetragen. Die Daten können als absolute, relative oder sortiert in einer Verteilungskurve dargestellt werden.

Anwendung:
- Darstellung der Häufigkeit eines Merkmals (Häufigkeit = Fläche)
- grafische Darstellung der Wahrscheinlichkeitsverteilung
- Klassifizierung und übersichtliche Darstellung großer Datenmengen
- Hilfsmittel für statistische Prozesssteuerung.

Weitere Qualitätswerkzeuge, z. B.:

- PDCA
- Pareto-Diagramm
- Regelkarte

- Fehlersammelkarte
- Ishikawa-Diagramm
- Flussdiagramm.

d)

Entwurfsqualität	Sie ergibt sich aus den Kundenforderungen, den Standards des Wettbewerbs und der eigenen Qualitätspolitik im Stadium der Erzeugnisplanung (Entwicklung und Konstruktion).
Planungsqualität	Planung der Beschaffung, der Fertigungsversorgung und der Fertigungsverfahren (z. B. Qualität der Zukaufteile, Qualität der Fertigungsabläufe).
Produktionsqualität	Qualität der Fertigungsausführung (Vergleich von geplanter Qualität und gefertigter Qualität).
Dynamische Qualität	(auch: Zuverlässigkeit der Produkteigenschaften) Fähigkeit eines Produkts, im Zeitablauf bestimmte Forderungen während der Verwendung dauerhaft zu erfüllen.

03. Qualitätskosten

Qualitätskosten	
Kostenarten	**Definition und Beispiele**
Fehler-verhütungs-kosten	sind Kosten für die vorbeugende Qualitätssicherung, z. B.: • Qualitätsmanagement • Fähigkeitsuntersuchungen • Durchführbarkeitsuntersuchungen • Lieferantenbeurteilungen • Qualitätsförderungsmaßnahmen • Prüfplanung.
Prüfkosten	sind Kosten für alle planmäßigen Qualitätsprüfungen in den laufenden Prozessen, z. B.: • Wareneingangsprüfung • fertigungsbegleitende Prüfung • Endprüfung • Abnahmeprüfung • Prüfdokumentationen • Prüfmittel • Instandhaltung und Überprüfung von Prüfmitteln • Qualitätsuntersuchungen und -gutachten.
Fehlerkosten	sind Kosten, die durch Abweichungen von den Qualitätsanforderungen an eine Einheit entstehen, z. B.: • fehlerbedingte Ausfallzeiten • Ausschuss • Wertminderung.
Darlegungs-kosten	sind Kosten für externe Qualitätsaudits und Zertifizierungen.

Fehlerfolge-kosten	sind Kosten, die aus der Fehlerbehebung und Fehlerauswertung entstehen z. B.: • Nacharbeit, innerhalb und außerhalb des Unternehmens • Aussortieren • Garantieleistungen • Rückrufaktionen • Fehlerursachenanalyse.

04. TQM

Total:
- erfasst das gesamte Unternehmen (alle Funktionsbereiche) und sein Umfeld
- Kundenorientierung
- Mitarbeiterorientierung
- Gesellschafts- und Umweltorientierung.

Quality:
- Qualität der Unternehmensführung
- Qualität der Prozesse
- Qualität der Arbeit
- Qualität der Produkte.

Management:
- Qualität der Führungsarbeit
- Qualitätspolitik
- Lernfähigkeit der gesamten Organisation
- konsequente Zielorientierung.

05. Kaizen, KVP

a) Kaizen (jap. kai = ändern; zen = das Gute; wörtl. Verbesserung) ist die ständige Verbesserung in kleinen Schritten. Der aktuelle Zustand wird jeweils als der schlechteste betrachtet und muss verbessert werden.

Kaizen beruht auf den sog. „5 S", die an jedem Arbeitsplatz konsequent umgesetzt werden sollen:

- **S**trukturierung, d. h. Aussortieren
- **S**ystematisierung, d. h. Ordnung schaffen
- Reinigung, d. h. Sinn für **S**auberkeit
- **S**tandardisierung, d. h. Standards setzen
- **S**elbstdisziplin, d. h. Disziplin halten.

b) Der KVP ist ein in Anlehnung an das Prinzip des Kaizen entwickeltes Rationalisierungskonzept. Auch hier sollen positive Veränderungen im Unternehmen stetig durch viele kleine Verbesserungen herbeigeführt werden. Beim KVP sollen alle Mitarbeiter ermutigt werden, die Prozesse am eigenen Arbeitsplatz durch Verbesserungsvorschläge zu optimieren. Gruppenarbeit wird im Hinblick auf den KVP als förderlich angesehen.

Hauptanliegen des KVP sind:

- Vermeidung von Verschwendung
- Verkürzung der Durchlaufzeiten
- Steigerung der Produktivität.

c) Verschwendungsarten nach KVP, z. B.:

- Überproduktion
- Bestände
- Transport, Verpackung
- Wartezeiten
- Herstellungsprozess (Overprocessing)
- unnötige Bewegung
- auftretende Fehler.

d) Innerbetriebliches Marketing des KVP-Gedanken, z. B.:

- Aushang, Plakataktion, Flyer
- Sonderthema auf der Betriebsversammlung
- Informationsveranstaltung durch die Geschäftsleitung und den Betriebsrat
- Sonderthema in der Firmenzeitschrift
- Artikel in der lokalen Presse.

06. Maßnahmen der Rationalisierung

a) Beispiele (ohne Anspruch auf Vollständigkeit):

Standardisierung	
Normung	Vereinheitlichung von Einzelteilen
Typung	Vereinheitlichung von Fertigerzeugnissen
Baukastensystem	Durch Kombination von standardisierten Bauteilen/Baugruppen können verschiedene Endprodukte hergestellt werden.
Montagegerechte Produktentwicklung	Einsparung von Montagezeit/-kosten durch montagefreundliche Konstruktion

Spezialisierung/Konzentration	
Produkt-spezialisierung	Beschränkung des Fertigungsprogramms auf wenige Produktarten
Outsourcing	Ausgliederung/Fremdvergabe von Arbeitsgängen (Verringerung der Fertigungstiefe)
Arbeitsteilung	Spezialisierung der Arbeiter auf bestimmte Tätigkeiten

Materialeinsatz reduzieren	
Design to Cost	kostenorientierte Produktentwicklung (u. a. im Hinblick auf kostengünstige Materialien)
Recycling	Wieder-/Weiter-/-verwertung/-verwendung von Stoffen, die im Fertigungsprozess als Abfall anfallen

Materialfluss und Bestände optimieren	
Just-in-Time	fertigungssynchrone Belieferung
Kanban	Pull-Prinzip: Die nachgelagerte Fertigungsstufe steuert die vorgelagerte.
Konsignationslager	Der Lieferant stellt Material beim Kunden auf eigene Kosten zur bedarfsweisen Entnahme bereit. Die Verrechnung erfolgt erst nach Entnahme bzw. Verarbeitung.
One-Piece-Flow	Jedes einzelne Werkstück durchläuft die Fertigung ohne Zwischenlagerung (Losgröße = 1).

Produktivität erhöhen	
Automatisierung	Ersatz menschlicher Arbeitskraft durch selbstständig arbeitende Maschinen (Roboter usw.)
Offline-Programmierung	CNC-Maschinen werden offline für den nächsten Fertigungsauftrag programmiert (Rüstzeitminimierung).
Online-Fehlerbehebung	Störungen/Fehler bei Maschinen werden online durch Hersteller behoben. Störungsbedingte Stillstandszeiten werden minimiert.

Flexibilisierung	
Flexible Arbeitszeiten	Anpassung der Arbeitszeit an die Auftragslage
Flexible Fertigungsverfahren	Einsatz flexibler Maschinen bzw. Fertigungssysteme, die zur Bearbeitung unterschiedlicher Produkte geeignet sind.

Humanisierung der Arbeit	
Job-Enlargement	Erweiterung um vor- oder nachgelagerte Arbeitsgänge gleicher Wertigkeit
Job-Enrichment	Anreicherung der Arbeit (mehr Verantwortung, Gestaltungsspielraum)
Job-Rotation	Arbeitsplatzwechsel/-tausch
Teilautonome Arbeitsgruppen	Eine Arbeitsgruppe erledigt eine mehrstufige Aufgabe in eigener Regie.
Ergonomische Arbeitsplatzgestaltung	Anpassung des Arbeitsplatzes an den Menschen

b)

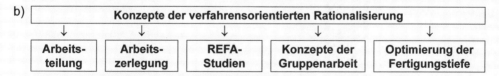

Konzepte der verfahrensorientierten Rationalisierung				
Arbeitsteilung	Arbeitszerlegung	REFA-Studien	Konzepte der Gruppenarbeit	Optimierung der Fertigungstiefe

c) Rationalisierungskennzahlen sind notwendig, um

- Schwachstellen und damit Rationalisierungspotenziale zu erkennen und
- den Erfolg der durchgeführten Maßnahmen beurteilen zu können.

Beispiele für Rationalisierungskennzahlen (ohne Anspruch auf Vollständigkeit):

- Beschäftigungsgrad
- Umschlagshäufigkeit
- Maschinennutzungsgrad

- Produktivität
- Zeitverbrauch (Durchlaufzeit)
- Ausschussquote.

07. Pareto-Analyse

Arbeitsschritte:

1. Ermittlung der gesamten Fehlerkosten pro Quartal je Bereich

2. Erstellen der Rangfolge je Bereich auf der Basis der gesamten Fehlerkosten

Bereich	Fehleranzahl [in Stück]	Kosten je Fehler [in €]	Fehlerkosten gesamt [in €]	Rang
Vorfertigung	20	1,50	30,00	**6**
Beschaffung	30	3,00	90,00	**5**
Fertigung	15	15,00	225,00	**4**
Montage	10	25,00	250,00	**3**
Arbeitsvorbereitung	7	60,00	420,00	**2**
Konstruktion	5	250,00	1.250,00	**1**
Summe			2.265,00	

3. Erstellen des Pareto-Diagramms (Summenkurve)

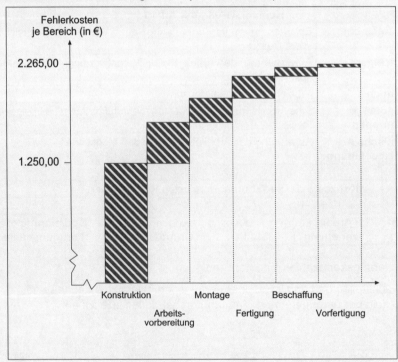

b) Auf die Bereiche Konstruktion und Arbeitsvorbereitung entfallen rund 74 % der Fehlerkosten. Die QM-Maßnahmen sollten hier ansetzen.

08. Ursache-Wirkungsdiagramm

a) Beschreibung:

- Beim Ursache-Wirkungsdiagramm (auch: Ishikawa-Diagramm, 4-M-Diagramm) werden alle möglichen Ursachen durch logisches Denken für ein Problem ermittelt und einem der 4 Ms (Management, Maschine, Material, Mensch) zugeordnet.
- Durch Vergabe von Prioritätszahlen kann man weiterhin Haupt- und Nebenursachen grafisch darstellen.

b) Anwendung:

- grafische Darstellung verbaler oder logischer Abhängigkeiten
- Poka-Yoke (jap. Poka: unbeabsichtigte Fehler; Yoke: Verminderung)
- FMEA (Fehlermöglichkeits- und Einfluss-Analyse).

c) Randbedingungen:

- Team aus mehreren Abteilungen bilden
- alle Probleme aufnehmen
- Problem eindeutig definieren
- Problem kurz beschreiben
- alle vorgebrachten Punkte sofort mit Karten visualisieren und den 4 M´s zuordnen.

d) Vorteile, z. B.:

- vielseitige Betrachtungsweise durch abteilungsübergreifende Teamarbeit
- einsetzbar in allen Hierarchieebenen
- erleichtert strukturierte Problemanalyse.

Nachteile:
- bei komplexen Problemen schnell unübersichtlich
- subjektiv.

e) Ablauf beim Ursache Wirkungsdiagramm:

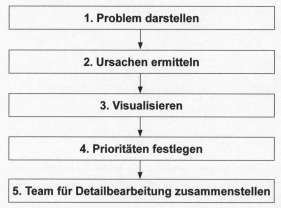

| 1. Problem darstellen |
| 2. Ursachen ermitteln |
| 3. Visualisieren |
| 4. Prioritäten festlegen |
| 5. Team für Detailbearbeitung zusammenstellen |

09. Strichliste (Fehlersammelkarte)

- Anwendungsbereich:

  - Datensammlung für andere QM-Techniken (z. B. Grafiken, Histogramme)
  - übersichtliche Darstellung von Fehlerart/Fehlerort und Fehleranzahl
  - Anwendung vorwiegend in der Produktion und Montage.

- Randbedingungen:

  - Fehlerarten und -orte müssen in Prüfplänen genau definiert werden.
  - Datensammlung muss unter genau definierten Bedingungen erfolgen.
  - Mitarbeiter müssen geschult sein.

- Vorteile:

  - geringer Aufwand
  - geringer Schulungsaufwand
  - einfaches Verfahren

- Nachteile:

  - geringe Aussage über die zeitliche Verteilung der Fehler
  - Es werden nur die in den Prüfplänen definierten Fehler erfasst.
  - unübersichtlich bei hohem Fehleraufkommen
  - Wechselwirkungen werden nicht erfasst.
  - Es ist keine Analyse der Ursachen ohne zusätzliche Daten möglich.

10. Interpretation von Histogrammen

Histogramm	Interpretation
1	Prozess ist zentriert und liegt gut innerhalb der Anforderungen. Fazit: Zustand beibehalten.
2	Prozess liegt zu tief, die untere Grenze wird unterschritten. Fazit: Prozess muss nach oben verlagert werden.
3	Prozess ist zwar zentriert, aber obere und untere Grenze werden überschritten. Fazit: Streuung muss verringert werden.
4	Prozess ist zentriert, aber ohne Spielraum für Fehler. Fazit: Streuung sollte verringert werden.
5	Prozess liegt zu hoch, obere Grenze wird überschritten. Fazit: Prozess muss nach unten verlagert werden.
6	Prozess ist nicht zentriert und beide Grenzen werden überschritten. Fazit: Prozess muss zentriert und Streuung muss verringert werden.

11. DIN ISO 9000

a) Die DIN ISO 9000 enthält einen Leitfaden zur Auswahl und Anwendung der Normen zum Qualitätsmanagement und der Qualitätsnachweisstufen. Außerdem werden grundlegende Qualitätskonzepte dargestellt und Begriffe definiert.

b) Zielsetzungen, z. B.:

* Verbesserung der Kundenzufriedenheit
* Verringerung der Reklamationsquote
* Verringerung der Fehlerkosten
* Imageverbesserung
* Verbesserung der Produktivität und der Wirtschaftlichkeit
* Anstieg der Kundenbindung.

12. QM-System (1)

a)

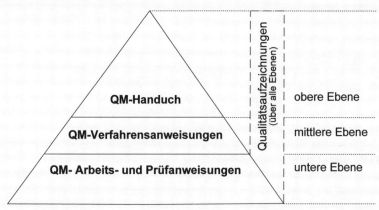

b) QM-Dokumente:

1. QM-Handbuch:

   * beschreibt alle QM-Elemente und -ziele sowie die Qualitätspolitik des Unternehmens

   * beschreibt die für alle Prozesse definierten Zuständigkeiten und Verantwortlichkeiten

   * enthält dokumentierte Verfahren für das QM-System sowie die Beschreibung der Wechselwirkungen der Prozesse des QM-Systems

   * ist für den Kunden zugänglich.

2. Verfahrensanweisung:

   Sie regelt die Anwendung eines definierten Verfahrens nach einer bestimmten Methodik und die Verantwortlichkeit; beschreibt die Ablauforganisation des Unternehmens in detaillierter Form.

3. Arbeits- und Prüfanweisung:

   Sie ist eine Untersetzung der Verfahrensanweisung bezüglich der Anwendung der Methodik mit der dazugehörigen Verantwortlichkeit; liefert eine exakte Beschreibung eines bestimmten qualitätsrelevanten Handelns; ist i. d. R. nicht für Externe bestimmt.

4. Qualitätsaufzeichnungen:

Sie sind der Nachweis über die Erfüllung der Qualitätsanforderungen und die Effektivität des QM-Systems.

13. QM-System (2)

a) Traditionelle Kontrolle:

- Fehlerfolgekosten höher
- Prüfkosten höher
- Fehlerverhütungskosten niedriger.

Total-Quality-Management:

- Fehlerfolgekosten niedriger
- Prüfkosten niedriger
- Fehlerverhütungskosten höher
- Qualität bezieht sich nicht nur auf das Leistungsergebnis, sondern auch auf die qualitative Gestaltung des Prozesses.
- Qualität hat einen eigenständigen Wert (nicht nur Kostenfaktor).

b) • Beantragen einer Zertifizierung nach DIN ISO 9000
- Auditierung der betrieblichen Abläufe
- Einführung der kontinuierlichen Verbesserung
- Zielsetzung der Null-Fehler-Strategie (Produktion ohne Ausschuss, keine akzeptable Fehlerquote)
- Einbindung der Kunden (Trendentwicklung, Vorschläge)
- Einbindung der Mitarbeiter (z. B. BVW)
- Einrichtung von Qualitätszirkeln.

14. Qualitätsplanung

a) QFD: Quality Function Deployment

- Erfassung und Umsetzung von Kundenanforderungen; die Anforderungen des Kunden werden durch Befragung ermittelt. Sie werden in das Entwicklungskonzept des Unternehmens eingebunden.

- Vernetzung der Bereiche Marketing/Vertrieb, Konstruktion, Planung, Produktion, Dokumentation und Kundendienst.

- schrittweise Umsetzung der Kundenwünsche

- Darstellung der Schritte in Matrizen (House of Quality).

b) Vorteile:

- optimale Ausrichtung auf den Markt
- frühzeitige Einbeziehung aller am Produktentstehungsprozess beteiligten Abteilungen
- ermöglicht paralleles Arbeiten der verschiedenen Abteilungen

- Rückkopplungen schnell möglich
- verkürzte Entwicklungszeiten
- Produktentscheidungen sind nachvollziehbar
- strukturierte Darstellung komplexer Zusammenhänge.

c) QFD, Bearbeitungsschritte:

- Kundenanforderungen ermitteln
- Kundenanforderungen bewerten
- Produkt mit Wettbewerb vergleichen – aus Kundensicht
- Kundenanforderungen in technische Merkmale umsetzen
- Optimierungsrichtung je Produktmerkmal festlegen
- Beziehungsmatrix erstellen
- technische Wechselbeziehungen ermitteln
- technische Schwierigkeiten bewerten.

15. Prüfplanung

a) Ziel der Prüfplanung ist nach DIN 55350-11 die Planung der Qualitätsprüfung.

b) Im Ergebnis der Prüfplanung entsteht ein auf die jeweilige Einheit bezogener Prüfplan. Er gibt vor, was an der Einheit geprüft werden muss und basiert auf Prüfspezifikationen und -anweisungen. Er beinhaltet weitere Informationen über den Arbeitsplatz, Prüfdaten, zu verwendende Prüfmittel usw.

c) • Prüfung des äußeren Zustands der Ware auf Transportschäden
- Prüfung der Übereinstimmung der gelieferten Waren mit den Bestellangaben
- Prüfung der Quantität (Mengenprüfung durch Zählen, Messen, Wiegen)
- Prüfung der Qualität (zerstörende/zerstörungsfreie Werkstoffprüfung).

16. Qualitätslenkung, Abweichungsursachen

a)

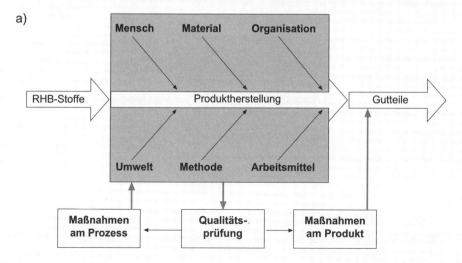

b)

Abweichungs-ursache	Beispiele
Mensch	Qualifikation, Motivation, Grad der Belastung
Material	Toleranzen, Stoffeigenschaften, Stoffunterschiede
Organisation	fehlerhafte Qualitätsziele, fehlerhafte Qualitätsstandards, Schwächen im Führungsstil
Umwelt	Staub, Lärm, Licht, Erschütterung
Arbeitsmittel	Verschleiß, Messungenauigkeit, fehlende Steifigkeit der Maschinen
Methode	Arbeitsfolge, Fertigungstechnik, Prüfverfahren und -bedingungen

17. FMEA

a) Beschreibung der FMEA:

- FMEA ist eine Methode, mögliche Fehler und deren Auswirkungen (möglichst) vor Produktionsbeginn zu ermitteln.
- In abteilungsübergreifenden Arbeitsgruppen werden die Funktionselemente des Produkts und die Arbeitsschritte in der Produktion untersucht.
- Mögliche Fehler und deren Ursachen werden ermittelt und bewertet.
- Änderungsmaßnahmen mit Erfolgskontrollen werden festgeschrieben.

b) Anwendung:

- Vor Produktionsbeginn sollen (möglichst) alle potenziellen Fehler erkannt und Abstellmaßnahmen durchgeführt sein.
- Bei der Entwicklung kommt die Konstruktions-FMEA, bei der Produktion die Prozess- oder Produktions-FMEA zum Einsatz.
- Untersucht werden alle Funktionsmerkmale bzw. Prozessschritte, mögliche Fehler und deren Auswirkungen und Ursachen.
- Verhütungsmaßnahmen mit Einführungstermin und Verantwortlichkeit werden festgeschrieben.
- Verfahren wird durch ein FMEA-Formblatt unterstützt.
- Je früher eine FMEA durchgeführt wird, desto geringer sind notwendige Änderungsaufwendungen.

c) Randbedingungen:

- Beteiligung verschiedener Abteilungen in Teamarbeit.
- Arbeiten in unterschiedlichen Hierarchiestufen.

d) Vorteile:

- schnellere Einführung neuer Produkte.
- Kostensenkung durch Verminderung von Änderungsumfängen, Nacharbeiten, Garantie- und Kulanzkosten.

Nachteile:

- Mehr Aufwand bei Design und Konstruktion, da bereits im Vorfeld mit der Produktionsplanung, der Produktion und anderen Abteilungen zusammengearbeitet werden muss.

- Schulungsaufwand für die Teamarbeit erforderlich.

e) Erforderliche Maßnahmen zur Einführung der Methode „FMEA", z. B.:

- FMEA-Verantwortlichen festlegen und ausbilden

- FMEA-Team festlegen und ausbilden

- Anschaffung einer FMEA-Software

- Formulierung einer einheitlichen Verfahrensfahrensanweisung zur internen Anwendung der Methode „FMEA".

f) Formen der grafischen Darstellung mit Beispiel, z. B.:

- Netzplantechnik   → Terminierung des Projekts
- Ishikawa-Diagramm   → Darstellung von Ursache-Wirkungszusammenhängen
- Konzentrationskurve   → ABC-Analyse, Pareto-Analyse
- Gantt-Diagramm   → Terminierung des Projekts und von Einzelarbeitspaketen
- Diagramme   → Liniendiagramm
  Zeitreihe
  Kreisdiagramm
  Aufteilung, Anteile.

g) RPZ = 30
Es liegt ein beherrschbares Risiko vor. Das Produkt ist stabil. Korrekturmaßnahmen sind nicht erforderlich.

RPZ = 300
Es sind zwingend geeignete Abstellmaßnahmen festzulegen, deren Abarbeitung und Ergebnisse zu protokollieren sind.

18. Fehlerbaumanalyse

a) Beschreibung:

- grafische Darstellung von möglichen Fehlerkombinationen (Ähnlichkeit zum Ishikawa-Diagramm; nur in senkrechter Darstellung).

b) Anwendung:

- systematische Identifizierung aller möglichen Ausfallkombinationen, die zu einem vorgegebenen, unerwünschten Ereignis führen bzw. führen können und deren logische Verknüpfung

- Ermittlung von Zuverlässigkeitskenngrößen wie Eintrittswahrscheinlichkeiten und Ausfallkombinationen von unerwünschten Ereignissen

- qualitative und quantitative Aussage hinsichtlich eines möglichen oder eingetretenen Systemausfalls

- Einsatz von präventiven Maßnahmen
- Einsatz in jeder Phase des Lebenszyklus des Produkts und dessen Einsatzes
- Verwendung:
  - Präventivmaßnahmen
  - Schadenbegrenzung
  - FMEA.

c) Randbedingungen:

- Durchführung einer Systemanalyse
- interdisziplinäre Teamarbeit
- unerwünschte Ereignisse definieren.

d) Vorteile:

- Es lassen sich komplexe Zusammenhänge darstellen.
- in der Prävention einsetzbar → Kostenersparnis
- kann als Leitfaden für den Schadenfall verwendet werden.

Nachteil:

- subjektive Ausgrenzung von Fehlermöglichkeiten.

19. SPC

a) Die Statistische Prozesskontrolle dient zur Überwachung der Wirksamkeit von Fertigungsanlagen durch prozessbegleitende Fehlererkennung. Sie basiert auf der Anwendung von Qualitätsregelkarten. Ihr Einsatz erfolgt vorrangig in der Großserienfertigung. Durch rechtzeitige Eingriffe in den Prozess bei Überschreitung der Prozesseingriffsgrenzen erfolgt eine systematische Prozessverbesserung.

b) Kernelemente:

- Qualitätsregelkarten
- Warngrenzen (UWG, OWG): erhöhte Aufmerksamkeit
- Eingriffgrenzen (UEG, OEG): Maßnahmen der Korrektur.

20. Kontrollkarte (QRK = Qualitätsregelkarte)

a) Zeitpunkt t_4: Wird die untere *Warngrenze* überschritten, ist der Prozess „nicht mehr sicher", *aber „fähig"*.

b) Zeitpunkt t_6: Erfolgt beim Erreichen der unteren Eingriffsgrenze *keine Korrekturmaßnahme*, so ist damit zu rechnen, dass es zur *Produktion von NIO-Teilen* kommt.

c) Zeitpunkt t_7: Die obere Toleranzgrenze ist überschritten → NIO-Teil.

21. NIO-Teile

Es gilt:

NIO-Teile der Stichprobe		NIO-Teile der Grundgesamtheit
$\dfrac{\text{NIO-Teile der Stichprobe}}{\text{Stichprobenumfang}}$	$\longrightarrow$	$\dfrac{\text{NIO-Teile der Grundgesamtheit}}{\text{Losumfang}}$

mit N = 500 N_f = ?
     n = 40 n_f = 6

Unter der Annahme einer normalverteilten Messwertreihe kann geschlossen werden:

$$\frac{n_f}{n} = \frac{N_f}{N} \quad \rightarrow \quad N_f = \frac{n_f \cdot N}{n} = \frac{6 \cdot 500}{40} = 75$$

$$\rightarrow \quad \frac{N_f}{N} \cdot 100 = \frac{75}{500} \cdot 100 = 15\,\%$$

Der Anteil der NIO-Teile im Los beträgt wahrscheinlich 15 % = 75 Teile.

22. Maschinenfähigkeitsindex***

Es ist der Maschinenfähigkeitsindex C_m zu berechnen:

$$C_m = \frac{T}{6\,s} = \frac{OTG - UTG}{6\,s} = \frac{120}{74,4} = 1{,}613$$

Die Maschine ist nicht fähig, da $C_m < 2{,}00$ (Grenzwert der Automobilindustrie).

23. Maschinenfähigkeit, Prozessfähigkeit (Unterschiede)

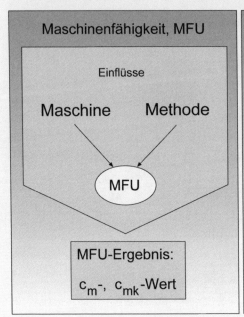

Maschinenfähigkeit, MFU

Einflüsse

Maschine   Methode

MFU

MFU-Ergebnis:

c_m-, c_{mk}-Wert

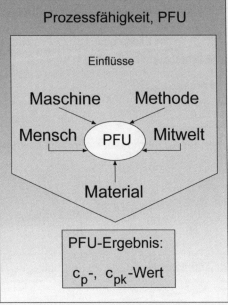

Prozessfähigkeit, PFU

Einflüsse

Maschine   Methode

Mensch   PFU   Mitwelt

Material

PFU-Ergebnis:

c_p-, c_{pk}-Wert

6.2 Umweltschutz

01. Ökologie

a) Ökologie ist die Lehre von den Wechselbeziehungen zwischen der unbelebten und der belebten Natur. Die Ökologie untersucht unter anderem, welche Auswirkungen die menschlichen Aktivitäten auf die Natur haben.

Der Mensch ist Bestandteil der belebten Natur und von ihr in vielfältiger Weise abhängig. Die Eingriffe des Menschen in die Natur gehen zurück bis in die Anfänge seiner Geschichte. Mit dem Beginn der Industrialisierung haben diese Eingriffe derartige Ausmaße angenommen, dass sie die Existenzgrundlage der Menschheit gefährden. Das ökologische Gleichgewicht ist nachhaltig gestört durch den Abbau der natürlichen Ressourcen, die Vergiftung der Biosphäre durch umweltbelastende Stoffe und die Abholzung der Wälder, die Lieferant des lebenswichtigen Sauerstoffes sind.

b) Heute zeigt sich die Umweltkrise im Wesentlichen in folgenden Phänomenen:

Phänomene der Umweltbelastung		
Betrachtungsobjekte, z. B.		Beispiele zur Umweltschädigung
Boden		Bodenverseuchung und -versiegelung, Kontaminierung, Landschaftszersiedelung und -verbrauch; Erosion landwirtschaftlicher Nutzfläche und Vordringen der Wüsten
Luft, Klima		Verringerung der Ozonschicht, Erwärmung der Erdoberfläche, Treibhauseffekt, Emissionen (z. B. CO_2-Ausstoß, Feinstaub); Ansteigen der mittleren globalen Lufttemperatur um 0,3 bis 0,6 Grad Celsius seit Ende des 19. Jahrhunderts
Wasser, Weltmeere		Gewässerverunreinigung, weltweite Wasserverknappung; Ansteigen des Meeresspiegels um 10 bis 25 Zentimeter in den letzten 100 Jahren (Abschmelzen der Eisschicht an den Polkappen)
Flora, Fauna		Artenvernichtung, Überfischung der Weltmeere, saurer Regen, Waldsterben
Ressourcen		Rückgang der weltweiten Ressourcen und Energieträger, insbesondere bei Erdöl und Gas; Abholzen der Tropenwälder

02. Wasserhaushaltsgesetz (WHG)

a) Die Schadstofffracht des Kühlwassers muss so gering gehalten werden, wie dies bei Einhaltung der jeweils in Betracht kommenden Verfahren nach dem Stand der Technik möglich ist (§ 7a WHG).

b) Die Erlaubnis gewährt nur die widerrufliche Befugnis, ein Gewässer zu benutzen. Sie kann daher widerrufen werden (§ 7 WHG).

03. Elektro- und Elektronikgerätegesetz (ElektroG)

Hersteller und Importeure sind künftig für die Entsorgung der von ihnen verkauften Geräte verantwortlich. Private Haushalte können ihren Elektro-/Elektronikmüll kostenlos bei einer kommunalen Sammelstelle abgeben. Dort holen Hersteller/Importeure die Altgeräte auf eigene Kosten ab (entsprechend ihrem Marktanteil), um sie wieder zu verwenden, zu recyceln oder zu beseitigen. Die Koordination erfolgt durch die bundesweite Stiftung Elektroaltgeräteregister (EAR).

04. Chemikaliengesetz REACH

Im Mai 2007 ist das neue Chemikaliengesetz REACH in Kraft getreten . Es führt zu einer Reform der Registrierung, Evaluierung und Autorisierung von Chemikalien. Nach dem Motto „No Data, no Market", dürfen künftig Stoffe nur dann in Verkehr gebracht werden, zu denen ein umfangreicher Datensatz vorliegt; betroffen sind Hersteller, Händler und Anwender.

05. Kooperationsprinzip

• Das Kooperationsprinzip bezieht sich auf Betreiber, Behörden und die Öffentlichkeit (z. B. Anwohner).

• Umsetzung, z. B.: Zusammenarbeit von Betreiber, Behörde und Öffentlichkeit bei der Planung und Genehmigung neuer Anlagen (z. B. Nutzung der Fachkompetenz der Behördenmitarbeiter; Information der Anwohner über den Stand des Verfahrens sowie über Umweltschutzaktivitäten).

06. Prinzipien des Umweltrechts

• *Vorsorgeprinzip:*

Möglichen Umweltbelastungen soll vorgebeugt werden, z. B. : Bei der Planung und Errichtung technischer Anlagen müssen gezielte vorbeugende Maßnahmen getroffen werden, damit beim Betrieb der Anlage keine Umweltbelastungen entstehen können (z. B.: Abwärmerückgewinnung, Aufbereitung von Abwasser).

• *Verursacherprinzip:*

Der Verursacher hat für die Beseitigung der von ihm verursachten Umweltschäden zu sorgen und die Kosten dafür zu tragen. Ist eine Kostenzuordnung nicht zu ermitteln oder würde sie zu erheblichen wirtschaftlichen Störungen führen, so können diese Kosten – oder Teile davon – der Allgemeinheit angelastet werden.

07. Umweltmanagement I

a) • Die *Umweltpolitik* beinhaltet die umweltbezogenen Gesamtziele und Handlungs-grundsätze eines Unternehmens einschließlich der Einhaltung aller einschlägigen Umweltvorschriften.

• Das *Umweltmanagementsystem* bezieht sich auf den Teil des gesamten übergreifenden Managementsystems, der die Organisationsstruktur, die Zuständigkeiten, die Verfahrensweisen sowie die Abläufe und Mittel für die Festlegung und Durchführung der Umweltpolitik einschließt.

• Die *Umweltbetriebsprüfung* ist ein Managementinstrument, das eine systematische, dokumentierte und regelmäßige Bewertung der Leistung der Organisation, des Managements und der Abläufe zum Schutz der Umwelt umfasst.

b)

1	DIN ISO 14001	international gültiger Forderungskatalog für ein systematisches Umweltmanagement (Industrienorm)
2	EMAS	Die Zertifizierung nach EMAS (Eco-Management and Audit Scheme) ist im Gegensatz zur DIN ISO 14001 öffentlichrechtlich geregelt; EU-weite Geltung.

Vorschlag: Das Unternehmen sollte die Zertifizierung nach DIN ISO 14001 bevorzugen; Begründung: weniger aufwändig und weltweit gültig (vgl. Sachverhalt: „weltweiter Vertrieb der Druckluftverdichter").

c) • *Emissionen:*

Ausstoß von Schadstoffen in Luft, Wasser oder Boden, die direkt von einer Produktionsanlage an die Umwelt abgegeben werden; z. B. Luftverunreinigungen, Geräusche, Erschütterungen/Vibrationen, Licht, Wärme, Strahlung.

• *Immissionen:*

Einwirkungen von Schadstoffen auf Pflanzen, Tiere, Menschen, Gebäude u. Ä.; z. B. Luftverunreinigungen, Geräusche, Erschütterungen/Vibrationen, Licht, Wärme, Strahlung.

08. Standort- und produktorientierte Probleme

• Standortorientierte Probleme treten z. B. auf bei

- Betriebsgründung, -verlegung, -erweiterung
- Einrichtung neuer Produktionsverfahren
- Entsorgung/Deponie.

• Produktorientierte Probleme treten z. B. auf

- beim Energieverbrauch
- beim Recycling
- bei der Entsorgung (z. B. Entstehung von Sondermüll, Trennbarkeit der Materialien).

09. Verpackungsverordnung

a)

	Verpackungsgruppen laut Verpackungsverordnung (VerpackV)		
	Transport-verpackungen	Um-verpackungen	Verkaufs-verpackungen
Pflichten: Handel, Industrie	• Rückgabe • Wiederverwendung • Verwertung	• Entfernen oder • Sammelbehälter mit Hinweis	• Rücknahme und • Rückgabe oder • Wiederverwendung • Verwertung
Pflichten: Lieferant, Vorstufe	• Rücknahme • Wiederverwendung • Verwertung	keine	• Rücknahme • Wiederverwendung • Verwertung
Entsorgungs-varianten von Handel/Industrie	• Rückgabe bzw. • Entsorgung durch Privatbetriebe	• Entsorgung durch Privatbetriebe	Entsorgung durch das Duale System Deutschland GmbH (DSD)

b) Reduzierung von Abfällen aus Verpackungen, z. B.:

  • verstärkter Einsatz von Mehrwegsystemen
  • verstärkter Einsatz recyclingfähiger Verpackungsmaterialien
  • Reduzierung der Umverpackungen, soweit transporttechnisch möglich
  • Reduzierung des Verpackungsdesigns – bereits bei der Produktentwicklung
  • Reduzierung der Verkaufsverpackung auf das absolut notwendige Maß.

10. Abfallverordnungen

  • Altautoverordnung   • Altbatterieverordnung
  • Elektroschrottverordnung   • Altölverordnung
  • Klärschlammverordnung   • Altholzverordnung.

11. Umweltmanagement II

Maßnahmen zur verstärkten Integration des betrieblichen Umweltschutzes in die Gesamtorganisation, z. B.:

  • Bildung eines Wirtschaftsausschusses zu Fragen des betrieblichen Umweltschutzes nach § 106 Abs. 3 Nr. 5a BetrVG

  • Einrichtung eines internen Audit-Teams unter Beteiligung des Betriebsrates

  • Analyse betrieblicher Schwachstellen und Verabschiedung geeigneter Korrekturmaßnahmen

  • Einrichtung von Ideenwettbewerben in allen Betriebsbereichen

  • Durchführung von betriebsspezifischen Umweltschutzprojekten

  • laufende Diskussion und Berichterstattung in der Firmenzeitschrift

  • Aushänge und Plakataktionen

  • Bildung von Schwerpunktthemen zu Fragen des Umweltschutzes innerhalb des vierteljährlichen Treffens der Führungskräfte (Einladung von Fachexperten, Gastdozenten)

  • Integration des Umweltschutzes in das betriebliche Vorschlagswesen.

12. Umweltschutz und Produktlebenszyklus

  • *Erläuterung:*

  Aus umweltpolitischen Erwägungen heraus sollte eine möglichst lange Lebensdauer eines Produkts angestrebt werden. Auf diese Weise kann die Entnahme von Ressourcen aus der Umwelt reduziert werden, bestehende Fertigungsverfahren können optimiert und die Entsorgung langfristig geprüft und umweltverträglich gestaltet werden.

- *Nachteile*, z. B.:

  Eine lange („überlange") Lebensdauer eines Produkts

  - kann Innovationen und damit auch die Verwendung neuer, umweltverträglicher Materialien verhindern (z. B. Vermeidung von Blei und Kupfer in Leitungssystemen)
  - führt in der Regel längerfristig zu sinkenden Gewinnen; damit wird die Eigenfinanzierung verbesserter (und umweltschonenderer) Fertigungsverfahren erschwert.

13. Umweltgefährdendes Handeln Ihrer Mitarbeiter

- Zuerst sollten Sie sich genau darüber informieren:

  - Was wird falsch gemacht?
  - Welche Gefährdungen liegen vor?
    (Analyse des Istzustandes über umweltgefährdendes Handeln)

- Erforschen der Gründe für das Handeln:

  - Geschieht es aus Nachlässigkeit und/oder Bequemlichkeit?
  - Erfolgt es auf Anweisung? u. Ä.

- Gibt es im Betrieb schriftliche Verfahrensanweisungen?

  - Sind diese aktuell?
  - Welche müssen überarbeitet werden?

- Erarbeiten eines Maßnahmenplanes:

  - sicherheitstechnische Belehrung wiederholen
  - über die Folgen der Nichtbeachtung ökologischer Vorschriften aufklären
  - Vorteile herausarbeiten
  - „Öko-Kampagne" initiieren,
  - das Thema Umweltschutz zum festen Bestandteil der Führungskräftetreffen machen u. Ä.

- Gemeinsam mit den Ihnen unterstellten Vorgesetzten erarbeiten, in welcher Form die Wirksamkeit der Maßnahmen überprüft werden soll:

  - Eigen- und Fremdkontrolle
  - Maßnahmen bei Verstößen
  - eventuell Einführung eines Wettbewerbs/„Öko-Prämie" u. Ä.

14. Umweltmanagement und Firmenjubiläum

- *Transport*, z. B.:

  - Beförderung der Gäste mit einem Zubringerdienst
  - Einladungskarte und ggf. Fahrkarte für die öffentlichen Verkehrsmittel auf chlorfrei gebleichtem Recyclingpapier drucken lassen.

• *Versorgung,* z. B.:

   - Getränkeausgabe in Gläsern
   - für Speisen Mehrweggeschirr verwenden
   - Bierausschank vom Fass (statt Flaschenbier).

• *Entsorgung*, z. B.:

   - getrennte Abfallbehälter
   - ausreichend vorhandene sanitäre Einrichtungen

• *Öffentlichkeitsarbeit*, z. B.:

   - Pressemitteilung mit besonderem Hinweis auf die Einhaltung ökologischer Ge-
     sichtspunkte bei der Ausrichtung der Feier.

15. Öko-Audit

a) Die Öko-Audit-Verordnung ist ein EU-Zertifikat: sie ist freiwillig und bescheinigt die Einhaltung der Umweltvorschriften gemäß der EU-Öko-Audit-Verordnung. Im Wege eines Soll-Ist-Vergleichs werden Umweltinformationen gesammelt und dokumentiert (z. B. Einsatz umweltgefährdender Stoffe, technisches und organisatorisches Versagen sowie Fehlverhalten der Mitarbeiter). Daraus werden Schlussfolgerungen gezogen.

b) Langfristige Kostenvorteile: Imagebildung am Markt und Aufbau einer Präferenzstruktur beim Kunden, Vermeidung von Folgekosten bei Umweltgefährdungen u. Ä.

c) Bundesimmissionsschutzgesetz, Wasserhaushaltsgesetz, Gefahrstoffverordnung, TA Luft, TA Lärm, TA Abfall, Kreislaufwirtschafts-/Abfallgesetz u. Ä.

d) Öko-Audit, Maßnahmen:

   1. Festlegen der betrieblichen Umweltpolitik
   2. Durchführen einer internen Umweltprüfung
   3. Erstellen eines zielgerichteten Umweltprogramms
   4. Aufbau bzw. Verbesserung des Umweltmanagements
   5. Zertifizierung durch einen externen Auditor
   6. Einrichten eines kontinuierlichen Verbesserungsprozesses.

16. Öko-Sponsoring

Geeignete Maßnahmen, z. B.:

• kostenlose Versorgung einer Bürgerinitiative für den regionalen Umweltschutz mit geeigneten Produkten des Unternehmens

• kostenlose Versorgung eines eingetragenen Vereins für Umweltschutz mit geeigneten Produkten des Unternehmens

- Spenden für ökologische Aktionen mit begleitender Öffentlichkeitsarbeit (z. B. Auffor-stung von Brachflächen, Säuberungsaktionen in Waldgebieten, Entfernen von Kon-taminierung)

- Übernahme der Schirmherrschaft für eine bedrohte Region mit begleitender Öffent-lichkeitsarbeit (z. B. „Bombodrom" in Mecklenburg-Vorpommern).

17. Produktorientierter Umweltschutz

a) *Ziel einer demontagegerechten Produktgestaltung*:

sortenreine Trennung der verwendeten Stoffe eines Produkts nach Ablauf der Nut-zungszeit.

b) *Vorteile* der demontagegerechten Produktgestaltung, z. B.:

- Einhaltung der gesetzlichen Vorschriften zur Wiederverwendung/Wiederverwertung

- Etablierung einer umweltgerechten Produktgestaltung (Image) beim Kunden

- Verbesserung der Reparatur/des Service beim Austausch von Produktteilen

- ggf. Zusatzerlöse beim Verkauf wiederverwendbarer/wiederverwertbarer Roh-stoffe

- ggf. Senkung des Verkaufspreises durch den Einsatz wiedergewonnener Einsatz-stoffe.

c) Die Forderung der demontagegerechten Produktgestaltung ist in einer Reihe von Fällen nicht oder nur schwer zu erfüllen, z. B.:

- Die Einsatzmaterialien sind eine chemische Verbindung eingegangen, die unum-kehrbar ist (z. B. bei Kunststoffverbindungen).

- Die Einsatzmaterialien sind durch den Verbrauch derart abgenutzt/verschlissen, sodass eine Trennung nicht möglich oder unwirtschaftlich ist.

d) Unternehmerische Produktverantwortung im Sinne des Umweltschutzes, z. B.:

- Bei Herstellung und Gebrauch des Produkts entsteht kaum Abfall.

- Das Produkt ist mehrfach verwendbar.

- Das Produkt ist technisch langlebig und reparaturfreundlich.

- Das Produkt ist unproblematisch verwertbar oder kann ohne Umweltbelastungen entsorgt werden.

- Das Produkt ist recycelbar und kann schadstoffarm hergestellt werden.

e) Weitere Möglichkeiten einer umweltgerechten Produktgestaltung:

- Eindämmung der Materialvielfalt
- verstärkter Einsatz von Sekundärrohstoffen
- keine Verwendung umweltschädigender Schwermetalle (z. B. Blei).

18. Produktverantwortung der Lieferanten

- Aufforderung an den Lieferanten
  - sich nach der Öko-Audit-Verordnung zertifizieren zu lassen
  - am Dualen System-Deutschland teilzunehmen
  - nur noch schadstofffreie Teile zu liefern
- nur noch Just-in-Time-Lieferungen
- Lieferant soll schadstofffreie Teile liefern
- Langlebigkeit der Produkte verlangen
- nur noch Mehrwegverpackung zulassen.

19. Abwasserreinigung

Die Reinigung in einer Kläranlage erfolgt in mehreren Stufen: Zunächst findet eine mechanische Reinigung statt. Grobe Verschmutzungen werden durch Siebanlagen abgetrennt. In einem Sandfang wird die Strömungsgeschwindigkeit herabgesetzt, sodass sich ungelöste Partikel absetzen können. Die feineren, nichtgelösten Bestandteile setzen sich im Absetzbecken ab. Aufschwimmende Flüssigstoffe wie Öle und Fette werden im Ölabscheider abgetrennt. Im Anschluss an die mechanische Reinigung erfolgt die biologische Reinigung. Im Belebungsbecken wird das Abwasser gut durchmischt und mit Sauerstoff angereichert. Mikroorganismen bauen einen Großteil der Schadstoffe ab. Anschließend erfolgt die Abtötung der Mikroorganismen mithilfe von Ozon oder Chlor. Daneben können je nach enthaltenen Schadstoffen weitere Reinigungsstufen eingeschaltet werden. Gelöste Metalle können z. B. mihilfe von Kalkwasser oder Natronlauge als unlösliche Hydroxide ausgefällt und abfiltriert werden.

20. Entsorgung, KSS***

a) Die Späne und der Kühlschmierstoff müssen getrennt werden, z. B. mithilfe einer Zentrifuge. Die Späne werden von einem Unternehmen der Verwertung abgeholt und eingeschmolzen. Der Kühlschmierstoff wird entweder intern oder extern wiederaufbereitet oder entsorgt (Spezialverfahren: chemische Trenntechnik, Membrantechnik, thermische Spaltung).

b) Der Unternehmer hat dafür zu sorgen, dass bei Tätigkeiten mit Kühlschmierstoffen die Gefährdung durch Haut- und Augenkontakt, die Emission in die Atemluft, die Gefährdung durch Aufnahme in den Körper und Brand- sowie Explosionsgefahren beseitigt oder auf ein Minimum reduziert werden, soweit dies nach dem Stand der Technik möglich ist (vgl. BGR 143: Berufsgenossenschaftliche Regeln für Sicherheit und Gesundheit bei der Arbeit: Umgang mit Kühlschmierstoffen).

c) Die Minimalmengenschmierung (MMS) ist eine Verlustschmierung, bei der im Gegensatz zur Nassbearbeitung/Überflutungsschmierung kein Kreislaufsystem vorhanden ist. Im Gegensatz zur Nassbearbeitung wird der Schmierstoff in Form von Tröpfchen direkt auf die Wirkstelle mit einem Minimalmengenschmiersystem (MMS-System) nach folgenden Applikationsverfahren aufgebracht:

- äußere Zuführung über Düsen/Injektor
- innere Zuführung durch das Werkzeug (vgl. BGR 143).

6.3 Arbeitsschutz und Arbeitssicherheit

01. Arbeitsstättenverordnung (ArbStättV)

a) Die Arbeitsstättenverordnung gliedert sich im Wesentlichen in vier Teilgebiete und den Anhang:

Verordnung über Arbeitsstätten (Arbeitsstättenverordnung, ArbStättV)
§ 3: Einrichten und Betreiben von Arbeitsstätten
§ 4: Besondere Anforderungen an das Betreiben von Arbeitsstätten
§ 5: Nichtraucherschutz
§ 6: Arbeits-, Sanitär-, Pausen-, Bereitschafts-, Erste-Hilfe-Räume, Unterkünfte
Anhang: Anforderungen an Arbeitsstätten gemäß § 3 Abs. 1

b)

Inhaltsübersicht zum Anhang „Anforderungen an Arbeitsstätten" nach § 3 Abs. 1 ArbStättV	
1. Allgemeine Anforderungen 1.1 Konstruktion und Festigkeit von Gebäuden 1.2 Abmessungen von Räumen, Luftraum 1.3 Sicherheits- und Gesundheitsschutzkennzeichnung 1.4 Energieverteilungsanlagen 1.5 Fußböden, Wände, Decken, Dächer 1.6 Fenster, Oberlichter 1.7 Türen, Tore 1.8 Verkehrswege 1.9 Fahrtreppen, Fahrsteige 1.10 Laderampen 1.11 Steigleitern, Steigeisengänge **2. Maßnahmen zum Schutz vor besonderen Gefahren** 2.1 Schutz vor Absturz und herabfallenden Gegenständen, Betreten von Gefahrenbereichen 2.2 Schutz vor Entstehungsbränden 2.3 Fluchtwege und Notausgänge	**3. Arbeitsbedingungen** 3.1 Bewegungsfläche 3.2 Anordnung der Arbeitsplätze 3.3 Ausstattung 3.4 Beleuchtung und Sichtverbindung 3.5 Raumtemperatur 3.6 Lüftung 3.7 Lärm **4. Sanitärräume, Pausen- und Bereitschaftsräume, Erste-Hilfe-Räume, Unterkünfte** 4.1 Sanitärräume 4.2 Pausen- und Bereitschaftsräume 4.3 Erste-Hilfe-Räume 4.4 Unterkünfte **5. Ergänzende Anforderungen an besondere Arbeitsstätten** 5.1 Nicht allseits umschlossene und im Freien liegende Arbeitsstätten 5.2 Zusätzliche Anforderungen an Baustellen

Beispiele:

• Zu 1.8: - Verkehrswege müssen *freigehalten* werden, damit sie jederzeit benutzt werden können.

- In Räumen mit mehr als 1.000 m² Grundfläche besteht die gesetzliche Verpflichtung zur *Kennzeichnung der Verkehrswege*. Es empfiehlt sich, Fahr- und Gehwege zu trennen.

- Verkehrswege sind kein Ersatz für Lagerflächen.

- Zu 2: - Maßnahmen zum Schutz vor besonderen Gefahren, z. B.: Arbeitsplätze und Verkehrswege müssen so beschaffen sein, dass die Mitarbeiter vor Absturz geschützt werden (Barriere, Kennzeichnung). Außerdem müssen die Mitarbeiter vor herabfallenden Gegenständen geschützt werden.

- Zu 3: - Arbeitsbedingungen, z. B.: Die Vorgaben der Lärm- und Vibrationsschutzverordnung (neu) sind einzuhalten; ebenso: Beleuchtung, Raumtemperatur, Lüftung.

- Zu 4: - Bereitstellung der Sanitärräume, Pausen- und Bereitschaftsräume und der Erste-Hilfe-Räume sowie die dafür vorgeschriebene Ausstattung.

02. Arbeitsschutzausschuss (ASA)

a) Aufgabenstellung des ASA:

Der Arbeitsschutzausschuss (ASA) nach § 11 ASiG vereint alle Akteure des betrieblichen Arbeitsschutzes und dient der Beratung, Harmonisierung und Koordinierung der Aktivitäten im Unternehmen.

b) Soweit in einer sonstigen Rechtsvorschrift nichts anderes bestimmt, hat der Arbeitgeber in Betrieben mit mehr als 20 Beschäftigten einen Arbeitsschutzausschuss zu bilden.

c) Sitzungsintervall:

Gemäß § 11 Satz 4 ASiG treten die Mitglieder des Arbeitsschutzausschusses mindestens einmal vierteljährlich zusammen.

d) Mitglieder des Arbeitsschutzausschusses sind:

- der Arbeitgeber oder ein von ihm Beauftragter
- zwei vom Betriebsrat bestimmte Betriebsratmitglieder
- Betriebsarzt (-ärzte)
- Fachkräfte für Arbeitssicherheit
- Sicherheitsbeauftragte nach § 22 SGB VII.

Mit Ausnahme des Betriebsrates gibt es im Gesetz keine näheren Bestimmungen über die Zahl der Mitglieder. Zu den Sitzungen des Arbeitsschutzausschusses können je nach Erforderlichkeit weitere Personen hinzugezogen werden. Dies können sowohl innerbetriebliche (z. B. Brandschutzbeauftragte, Strahlenschutzbeauftragte, Immissionsschutzbeauftragte, Gewässerschutzbeauftragte, Laserschutzbeauftragte, usw.) als auch außerbetriebliche Fachleuchte sein (z. B. Aufsichtspersonen der Berufsgenossenschaften usw.).

e) Tagesordnungspunkte der ASA-Sitzung, z. B.:

- Stand der Umsetzung von vereinbarten Maßnahmen
- aktuelles Unfall- und Krankengeschehen
- Erfahrungen und Beispiele aus anderen Betrieben
- Unterstützungsmaßnahmen der Berufsgenossenschaft
- Gefährdungsbeurteilung vor der Einführung neuer Arbeitsverfahren
- Besprechung der Ergebnisse von Betriebsbesichtigungen.

03. Berufsgenossenschaften, Amt für Arbeitsschutz und Sicherheitstechnik

a) Aufgaben der Berufsgenossenschaften, z. B.:

- Träger der Unfallversicherung für Arbeitsunfälle und Berufskrankheiten
- Erstellung von Unfallverhütungsvorschriften (BGVn)
- Maßnahmen zur Prävention (Arbeits- und Wegeunfälle, Arbeitssicherheit)
- Erkennen und Verhüten von Berufskrankheiten.

b) Leistungen der Berufsgenossenschaften, z. B.:

- Behandlung von Unfallopfern in eigenen Reha-Einrichtungen

- Umschulungsmaßnahmen für Verletzte

- Pflicht zur Beratung des Arbeitgebers und Recht auf Anordnung und Zwangsmaßnahmen durch eigene technische Aufsichtsbeamte

- Herausgabe von Unfallverhütungsvorschriften und Bestimmungen über ärztliche Vorsorgemaßnahmen

- Informationsdienst: kostenlose Ausgabe der BGVn, Broschüren, Videos, Filme, Plakate usw. zur Unfallverhütung

- Schulung der Mitarbeiter und Vorgesetzten

- Ausbildung von „Ersthelfern".

c) Gewerbeaufsichtsamt:

- Verfolgung und Ahndung von Ordnungswidrigkeiten durch Verwarnungsgelder bzw. Geldbußen gegen Arbeitgeber, Beauftragte und Arbeitnehmer
- Stilllegung von Anlagen und Untersagen des Betreibens.

Berufsgenossenschaft:

- Verhängung von Verwarnungsgeldern bzw. Geldbußen gegen Arbeitgeber, Beauftragte und Arbeitnehmer.

d) Befugnisse der Gewerbeaufsicht:

- darf jederzeit Besichtigung und Prüfung von Betrieben und Anlagen vornehmen
- kann vom Arbeitgeber erforderliche Auskünfte und Unterlagen verlangen.

Befugnisse der Berufsgenossenschaft:

- Besichtigung von Unternehmen während der Arbeitszeit
- Einholen von Auskünften über Arbeitsverfahren und Gefahrstoffe
- Entnahme und Mitnahme von Proben.

04. Gefährdungsbeurteilung***

a)

Klassifizierung der Gefährdungen, z. B.:		Schutzmaßnahmen, z. B.:
Mechanische Gefährdungen durch bewegte Transport- und Arbeitsmittel (Maschine)	• Handverletzungen (Quetschungen) • Verletzungen des Unterarms	• Schutzgitter • Zweihand-Bedienung • berührungslos wirkende Schutzeinrichtung (BWS: z. B. Lichtschranken)
Physikalische Gefährdungen	• Lärm	• Gehörschutz • Einsatz einer Schallschutzhaube
Thermische Gefährdungen durch Kontakt mit heißen Medien	• Verbrennungen	• Schutzhandschuhe • Schutzkleidung
Gefährdungen durch Stoffe und Dämpfe	• Aufnahme von Dämpfen	• Atemschutz • Absauganlage
Gefährdungen in der Arbeitsumgebung durch Klima	• hohe Raumtemperatur	• Klimaanlage
Gefährdungen durch mangelhafte Organisation, Information und Kooperation	• Gefährdungen aufgrund von Bedienungsfehlern	• Unterweisung wiederholen • Überwachung der Arbeiten • Qualifikation der Mitarbeiter gewährleisten

b) Handlungsschritte der Gefährdungsbeurteilung:

- Gefährdungen ermitteln
- Risiken bewerten
- Schutzmaßnahmen festlegen
- Wirksamkeit überprüfen
- Veränderungen ermitteln.

05. Pflichten nach dem Arbeitsschutzgesetz

a) Pflichten des Arbeitgebers:

- Grundpflichten:

  - Maßnahmen treffen
  - Wirksamkeit kontrollieren
  - Verbesserungspflicht
  - Kostenübernahme

- Besondere Pflichten:

  - Gefährdungsbeurteilung, Analyse und Dokumentation
  - sorgfältige Aufgabenübertragung
  - Zusammenarbeit mit anderen Arbeitgebern
  - Vorkehrungen bei besonders gefährlichen Arbeiten
  - Erste Hilfe
  - arbeitsmedizinische Vorsorge
  - Unterweisung der Mitarbeiter.

b) Pflichten der Arbeitnehmer, z. B.:

- Die Mitarbeiter müssen die Weisungen des Unternehmens für ihre Sicherheit und Gesundheit befolgen.

- Die Mitarbeiter müssen Einrichtungen, Arbeitsmittel und Arbeitsstoffe sowie Schutzvorrichtungen bestimmungsgemäß benutzen.

- Gefahren und Defekte sind unverzüglich zu melden.

c) Beteiligungsrechte des Betriebsrates im Arbeits- und Gesundheitsschutz (bitte lesen):

§ 80 Abs. 1 Nr. 1 BetrVG	Einhaltung der Gesetze
§ 87 Abs. 1 Nr. 7 BetrVG	Mitbestimmungsrecht
§ 89 Abs. 1 BetrVG	Pflicht zur Unterstützung
§§ 90, 91 BetrVG	Unterrichtungs-, Beratungs- und Mitbestimmungsrecht

d) Rechtsfolgen bei Verstößen und Ordnungswidrigkeiten, z. B.:

- Dem Arbeitgeber droht eine Geldbuße bis zu 25.000,00 €.

- Den Beschäftigten drohen Geldbußen bis zu 5.000,00 €.

- Wer dem Arbeitsschutz zuwider laufende Handlungen beharrlich wiederholt oder durch vorsätzliche Handlung Leben oder Gesundheit von Beschäftigten gefährdet, wird mit Freiheitsstrafe bis zu einem Jahr oder mit einer Geldstrafe bestraft.

- Neben der Ahndung von Verstößen gegen Unfallverhütungsvorschriften (OWiG) kann die Berufsgenossenschaft Personen in Regress nehmen, die einen schweren Arbeitsunfall vorsätzlich oder grob fahrlässig herbeigeführt haben.

06. Sicherheit beim Einsatz von Maschinen***

a) • Bei gewerblich eingesetzten Bohrmaschinen ist eine regelmäßige Sicherheits-
überprüfung nach der Betriebssicherheitsverordnung in Verbindung mit Richtlinien
der Berufsgenossenschaften und den VDE-Vorschriften vorgeschrieben.

• Das Tragen einer Schutzbrille ist bei gewerblicher Nutzung vorgeschrieben.

• Schmuck sollte vor Arbeitsbeginn abgelegt und lange Kopfhaare gesichert werden.

• Auf keinen Fall dürfen Handschuhe getragen werden, damit Körperteile nicht von
den rotierenden Elementen der Maschine erfasst und ausgerissen werden können.

• Weiterhin ist das Sichern des Werkstückes gegen Mitdrehen wichtig. Mit der Hand
gehaltene, sich mitdrehende Werkstücke können zu Verletzungen führen.

• Der Futterschlüssel darf nicht im Futter steckengelassen werden, da er ansonsten
beim Einschalten umherfliegen und Schäden verursachen kann.

b) • Abdeckung

• Verkleidung

• BWS: Berührungslos wirkende Schutzeinrichtung (z. B. Schaltmatte, Fotozelle,
Lichtvorhang)

• Not-Aus.

c) • Inhalativ: über die Atmung
• Oral: über Mund, Rachen, Speiseröhre
• Resorptiv: über die Haut (Poren).

07. Gefährdungsarten und Schutzmaßnahmen

a)

Gefährdungsklassen, z. B.:	Beispiele:
Elektrische Gefährdung	Kurzschluss, Körperströme, Lichtbogen
Mechanische Gefährdung	Einzugs-, Stich-, Scher- oder Quetschstellen an Anlagen; Verletzung durch Festkörper
Thermische Gefährdung	Hitze, Kälte (Verbrennungen)
Psychische Gefährdung	Stress, Monotonie, Mobbing, Schichtarbeit
Physische Gefährdung	Tragen, Heben
Biologische Gefährdung	Krankheitserreger, Infektionsgefahr (Bakterien, Viren))
Chemische Gefährdung	Verwendung von Gefahrstoffen oder deren Zubereitung

b) Gefährdung der Augen, z. B.:

• mechanische Einwirkungen: Stäube, Festkörper
• chemische Einwirkungen: Stäube, Säuren, Laugen, Rauche, Nebel, Dämpfe,
Gase
• thermische Einwirkungen: Hitze, Kälte
• optische Einwirkungen: Licht, Laserstrahlen, ultraviolette Strahlen, infrarote
Strahlen.

08. Persönliche Schutzausrüstung (PSA)

Persönliche Schutzausrüstung (PSA)	
Augen und Gesichtsschutz	Brillen, Schutzmaske
Kopfschutz	Haarnetz, Schutzhelm
Gehörschutz	Ohrenstöpsel, Kapselgehörschutz
Fußschutz	Sicherheitsschuhe
Schutz gegen Absturz	Beckengurt
Armschutz	geeignete Stulpenausführung
Körperschutz	Vollanzug
Handschutz	diverse Handschuhe
Atemschutz	Masken • mit oder • ohne Sauerstoffzufuhr

09. Gehörschutz

a) In einer Umgebung mit hohem Schallpegel ist seit Februar 2006 das Tragen eines Gehörschutzes am Arbeitsplatz ab 85 dB(A) vorgeschrieben. Weiterhin ist gefordert, dass durch den Arbeitgeber ab 80 dB(A) ein geeigneter Gehörschutz zur Verfügung zu stellen ist.

b) Kapselgehörschutz: Kopfhörerähnliche Kapseln, die leicht und jederzeit angelegt und wieder abgenommen werden können.

Vorgefertigte Gehörschutzstöpsel (auch: Ohrstöpsel): Umgangssprachlich werden sie oft mit dem Herstellernamen des Produkts „Ohropax" bezeichnet.

Individuell angefertigte Gehörschutz-Otoplastiken durch einen Hörgeräteakustiker (Abformung des äußeren Gehörganges und eines Teils der Ohrmuschel und Anfertigung eines Maßohrstücks).

Notfallstöpsel aus Zellstoff, z. B. Papiertaschentuch, Toilettenpapier als individuelle Eigenanfertigung.

10. Betriebsanweisung

a) Die Erstellung von Betriebsanweisungen ist eine allgemeine Pflicht des Unternehmens, z. B. nach

- § 4 Arbeitsschutzgesetz
- § 9 Abs. 1 Arbeitsschutzgesetz
- § 12 Abs. 1 Arbeitsschutzgesetz
- § 9 Betriebssicherheitsverordnung

- § 2 Abs. 1 Unfallverhütungsvorschrift „Grundsätze der Prävention" (DGUV Vorschrift A1)

- Eine zusätzliche Verpflichtung für das Unternehmen ergibt sich daraus, dass in vielen fachspezifischen Unfallverhütungsvorschriften und staatlichen Arbeitsschutzvorschriften auf den jeweiligen Anwendungsfall bezogene Betriebsanweisungen gefordert werden.

b) Die Nichterstellung einer vorgeschriebenen Betriebsanweisung kann als Ordnungswidrigkeit mit einem Bußgeld belegt werden.

c) • Die äußere Form der Betriebsanweisung ist nicht ausdrücklich festgelegt. Gefordert wird lediglich eine innerbetrieblich einheitliche Gestaltung der Betriebsanweisungen, um den Wiedererkennungseffekt für die Beschäftigten zu erleichtern.

- Inhalt der Betriebsanweisung:
  - Anwendungsbereich
  - Gefahren für Mensch und Umwelt
  - Schutzmaßnahmen und Verhaltensregeln
  - Verhalten bei Störungen
  - Verhalten bei Unfällen, Erste Hilfe
  - Instandhaltung, Entsorgung
  - Folgen der Nichtbeachtung.

Beispiel einer Betriebsanweisung:

Firma:	Betriebsanweisung	Nr.:
Arbeitsbereich/Baustelle:	nach § 14 GefStoffV	
Verantwortlich:	**Arbeitsplatz:** Innenreinigung	Stand:
Unterschrift:	**Tätigkeit:** Sanitärreinigung	

DIESIN ACID

 Ätzende Sanitärreiniger sind stark saure, wasserverdünnbare Flüssigkeiten. Sie werden zur Kalk-, Rost- und Urinsteinentfernung benutzt und je nach Verschmutzung konzentriert oder verdünnt verwendet. Die Produkte enthalten neben Säuren (u. a. Phosphorsäure) Tenside, Hilfsstoffe, Farbzusätze und Parfümöle. Die folgenden Informationen beziehen sich vor allem auf den Umgang mit dem **unverdünnten** Produkt, z. B. Umfüllen und Verdünnen.

Gefahren für Mensch und Umwelt

↑ Gefährdung durch Einatmen bei Spritzverfahren. Verursacht Verätzungen.
↑ Beim Verdünnen dem Wasser zugeben, nie umgekehrt.
↑ Bildet mit hypochlorithaltigen Reinigungsmitteln gefährliche Dämpfe (giftiges Chlorgas).
↑ Reagiert mit Laugen unter Wärmeentwicklung, Spritzgefahr!
↑ Eindringen in Boden, Gewässer und Kanalisation vermeiden!

Schutzmaßnahmen und Verhaltensregeln

 Verschlüsse vorsichtig öffnen! Beim Ab- und Umfüllen Verspritzen vermeiden! Gefäße nicht offen stehen lassen! Vorratsmenge auf einen Schichtbedarf beschränken! Nicht mit anderen Produkten oder Chemikalien mischen! Berührung mit Augen, Haut und Kleidung vermeiden! Nach Arbeitsende und vor jeder Pause Hände gründlich reinigen! Hautpflegemittel verwenden! Nach Arbeitsende Kleidung wechseln! Benetzte/verunreinigte Kleidung sofort wechseln! Dosierung und Anwendungshinweise sorgfältig beachten. Beschäftigungsbeschränkungen beachten!

Augenschutz: Bei Spritzgefahr: Korbbrille!

Handschutz: Handschuhe aus Polychloropren, Nitril, Butylkautschuk.

 Beim Tragen von Schutzhandschuhen sind Baumwollunterziehhandschuhe empfehlenswert!

Atemschutz: Bei Anwendung im Spritzverfahren (bei starker Aerosolbildung) werden Partikelfilter P2 empfohlen.

 Hautschutz: Für alle unbedeckten Körperteile fetthaltige Hautschutzsalbe verwenden.

Körperschutz: Beim Verdünnen oder Abfüllen: Kunststoffschürze! Bei Spritzverfahren: (Einweg-) Chemikalienschutzanzug und Kunststoffstiefel.

Verhalten im Gefahrfall

Mit saugfähigem Material (z. B. Kalksteinmehl, Universalbinder)
aufnehmen und entsorgen! Produkt ist nicht brennbar.
Zuständiger Arzt: Dr. (Name), Tel. ....
Unfalltelefon: 112

Erste Hilfe

↑ Bei jeder Erste-Hilfe-Maßnahme: Ruhe bewahren, Selbstschutz
   beachten und umgehend Arzt verständigen.
↑ Nach **Augenkontakt**: Zehn Minuten unter fließendem Wasser
   bei gespreizten Lidern spülen oder Augenspüllösung nehmen.
   Immer Augenarzt aufsuchen!
↑ Nach **Hautkontakt**: Verunreinigte Kleidung sofort auszuziehen.
   15 Minuten mit Wasser spülen.
↑ Nach **Einatmen**: Frischluft! Bei Bewusstlosigkeit Atemwege
   freihalten (Zahnprothesen, Erbrochenes entfernen, stabile Sei-
   tenlagerung), Atmung und Puls überwachen.
↑ Nach **Verschlucken**: Kein Erbrechen herbeiführen. In kleinen
   Schlucken viel Wasser trinken lassen. Keine „Hausmittel".
Ersthelfer: Herr (Name), Tel. ....

Entsorgung

↑ Nicht in die Regenwasserkanalisation gelangen lassen.
↑ Zur Entsorgung sammeln in: ....

Quelle: DVD Prävention 2011, Betriebsanweisung Reinigungsmittel

d)

	Betriebs-anleitung	Betriebs-anweisung	Arbeits-anweisung	Sicherheits-anweisung
Wer erstellt?	Hersteller	Unternehmen	Unternehmen, Beauftragte	Unternehmen, Beauftragte
Inhalt?	Anleitungen des Herstellers an den Betrei-ber	• Anwendungsbereich • Gefahren für Mensch und Umwelt • Schutzmaßnahmen und Verhaltensregeln • Verhalten bei Stö-rungen • Verhalten bei Unfäl-len, Erste Hilfe • Instandhaltung, Entsorgung • Folgen der Nichtbeachtung	Betriebliches Dokument, das die Verhaltens-maßregeln für die Arbeit be-schreibt.	Verhaltens-maßregeln zur sicheren Durchführung der Arbeit
Kann-/ Muss-vorschrift	• Kannvor-schrift • nicht rechts-verbindlich	• Mussvorschrift • rechtsverbindlich	• Mussvor-schrift • rechtsver-bindlich	• Mussvor-schrift • rechtsver-bindlich

11. Arbeitsunfall

Kosten	Kostenübernahme durch ...
Notarzt	Berufsgenossenschaft
Krankenhausbehandlung	Berufsgenossenschaft
Reha-Maßnahme	Berufsgenossenschaft
Entgeltfortzahlung	• für die ersten sechs Wochen: Entgeltfortzahlung durch den Arbeitgeber
	• ab der siebten Woche: Zahlungen durch die Berufsgenossenschaft

12. Vorbeugender Brandschutz

• Feuerlösch- und Brandmeldeeinrichtungen, Flucht- und Rettungswege dürfen nicht verstellt werden.

• Verbote zum Rauchen und Umgang mit offenen Licht müssen eingehalten werden.

• Arbeiten, die Funken und große Wärme erzeugen, müssen gemeldet werden.

• Elektrische Geräte und Anlagen sind nach Bedienanleitung zu betreiben.

• Brandschutzordnung und Alarmplan sind zu erstellen und auszuhängen.

• Bei Umgang, Lagerung und Entsorgung von brennbaren Stoffen sind besondere Maßnahmen zu ergreifen.

13. Sicherheitsfarben

• gelb-schwarz → Warnzeichen
• blau-weiß → Gebotszeichen
• rot-weiß → Verbots-/Gefahrenzeichen, Material und Einrichtungen zur Brand-
  bekämpfung
• grün-weiß → Hinweisschilder: Rettung, Hilfe.

Formeln und Begriffe

1 Betriebliche Wertschöpfung

	Erlöse	4.000 GE	Güterwerte **nach** außen $\rightarrow$
−	Vorleistungen	2.500 GE	$\leftarrow$ Güterwerte **von** außen
=	**Wertschöpfung**	**1.500 GE**	

Wertschöpfung der Mitarbeiter	=	Umsatzerlöse − Materialeinzelkosten − Fremdleistungen
Wertschöpfung pro Kopf	=	$\dfrac{\text{Wertschöpfung (€)}}{\text{Mitarbeiteranzahl}}$
Wertschöpfung pro Stunde	=	$\dfrac{\text{Wertschöpfung (€)}}{\text{produktive Stunden}}$

2 Produktportfolio

Beispiel:

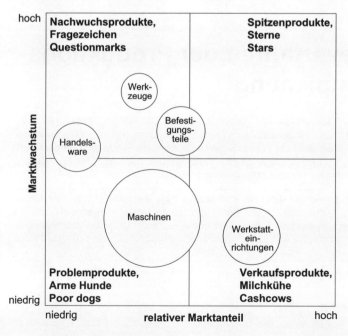

Die Größe der Kreise symbolisiert die Umsatzgröße.

3 Lebenszyklus

Idealtypischer Verlauf des Produktlebenszyklus:

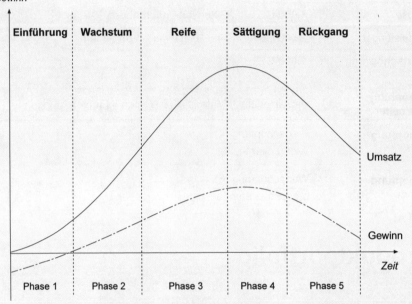

4 Prognoseverfahren der Produktions-
programmplanung

1.	Gleitender Mittelwert	Es wird aus einer bestimmten Anzahl von Vergangenheitswerten (z. B. drei bis fünf Jahresabsatzzahlen der Vergangenheit) der Mittelwert gebildet. Er dient als Planungsgröße für das kommende Jahr. In der nächsten Periode wird der älteste Vergangenheitswert aus der Berechnung genommen und der neueste kommt hinzu.
2.	Gewogener gleitender Mittelwert	Man berechnet den Planwert analog zum Verfahren „Gleitender Mittelwert" – mit dem Unterschied, dass die einzelnen Vergangenheitswerte gewichtet werden. Dabei erhalten die Werte der jüngeren Vergangenheit eine stärkere Gewichtung. Auf diese Weise kann eine vorliegende Trendentwicklung besser berücksichtigt werden.

3.	Exponentielle Glättung 1. Ordnung	Zur Berechnung des Prognosewertes für die kommende Periode wird nur der Istwert und der Prognosewert der Vorperiode herangezogen: **Prognosewert$_{neu}$** = Prognosewert $_{Vorperiode}$ + α (Istwert - Prognosewert $_{Vorperiode}$) Dabei ist α der sog. Glättungsfaktor. Er nimmt Werte zwischen 0 und 1 an. Je kleiner α gewählt wird, desto weniger werden Absatzschwankungen berücksichtigt.
4.	Regressions-gerade auf: **Methode der kleinsten Quadrate**	**Freihandmethode:** Betrachtet man die Istwerte des Absatzes, so liegt die Vermutung nahe, dass hier ein linearer Zusammenhang besteht. In der sog. *Freihandmethode* lässt sich eine Gerade über die Punkte legen, bei der die Abstände der Punkte (Istwerte) zu der Geraden ein Minimum sind: 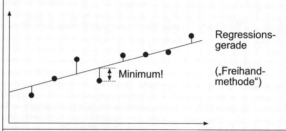 **Mathematische Methode:** Allgemein hat eine Gerade die Gleichung $y = b \cdot x + a$ dabei ist: a: der Schnittpunkt der Geraden mit der Ordinate (y-Achse) b: der Steigungskoeffizient Es lässt sich mathematisch zeigen, dass Folgendes gilt: $a = y - b \cdot x$ mit x, y = Mittelwert und $$b = \frac{n \sum x_i y_i - (\sum x_i)(\sum y_i)}{n \sum x_i^2 - (\sum x_i)^2}$$

5 Optimales Produktionsprogramm

1.	**Kurzfristige Produktionsprogrammplanung**:
	Der Gewinn wird bei der kurzfristigen Produktionsprogrammplanung dann maximiert, wenn der Deckungsbeitrag pro Stück (db) ein Maximum erreicht. $db = p - k_v \rightarrow$ Maximum! **Der Stückdeckungsbeitrag ist also die Schlüsselgröße** in der kurzfristigen Produktionsprogrammplanung.
2.	**Ein Produkt, eine Fertigungsstufe, eine Kapazitätsgrenze**
	Der Gewinn wird dann maximiert, wenn die vorhandene **Kapazität zu 100 %** ausgelastet wird; weitere Bedingung: der **Stückdeckungsbeitrag** muss **positiv** sein (db > 0, d. h. $p > k_v$).
3.	**Ein Produkt, mehrere Fertigungsstufen, Kapazitätsgrenze je Fertigungsstufe**
	Gemessen am Absatzprogramm wird die Maximalmenge gefertigt – unter Berücksichtigung der Fertigungsstufe, die den Engpass darstellt. Ist z. B. bei vier Fertigungsstufen (A bis D) der **Engpass** bei der Fertigungsstufe **C**, so ist so viel zu produzieren, dass die **Stufe C zu 100 % ausgelastet** ist.
4.	**Mehrere Produkte, eine Fertigungsstufe (oder mehrere), kein Engpass**
	→ Maßgeblich sind die **absolute Deckungsbeiträge**
5.	**Mehrere Produkte, eine Fertigungsstufe (oder mehrere), ein Engpass**
	→ Maßgeblich sind die **relative Deckungsbeiträge**

6 Produktionsverfahren

Überblick

Fertigungsverfahren			
Bezeichnung	**Gliederungsprinzip**	**Beispiele**	
Produktions-typen	Anzahl der hergestellten, gleichartigen Produkte (Erzeugnismenge)	Einzel-fertigung:	• sukzessiv • simultan
		Mehrfach-fertigung:	Serienfertigung: • Großserie • Kleinserie
			Sortenfertigung: • Partiefertigung • Chargenfertigung
			Massenfertigung: • Parallelfertigung • Kuppelproduktion

Organisations-typen	Anordnung der Betriebsmittel (Fertigungsablauf)	Verrichtungs-prinzip:	• Werkstattfertigung • Werkstättenfertigung
		Flussprinzip:	• Reihenfertigung • Fließfertigung
		Objektprinzip:	Baustellenfertigung
		Mischform:	Gruppenfertigung
Fertigungs-technik	Grad der Automation	keine	Handarbeit
		teilweise	Mechanisierung
		total	Vollautomation
Fertigungs-verfahren	nach DIN 8580	Fertigungshauptgruppen:	
		1 = Urformen	4 = Fügen
		2 = Umformen	5 = Beschichten
		3 = Trennen	6 = Stoffeigenschaft ändern

Wahl des Fertigungsverfahrens

1.	Vergleich von zwei internen Verfahren	Es wird auf die Berechnung der kritischen Menge zurückgegriffen: $$x = \frac{K_{f1} - K_{f2}}{k_{v2} - k_{v1}} = \frac{K_{f2} - K_{f1}}{k_{v1} - k_{v2}}$$
		1: Verfahren 1 2: Verfahren 2 K_f: fixe Kosten k_v: variable Stückkosten

2.	Vergleich von Eigen- und Fremd-fertigung	Die Formel zur Berechnung der kritischen Menge modifiziert sich zu: $$x = \frac{K_f \text{ (Eigenfertigung)}}{\text{Bezugspreis} - k_v \text{ (Eigenfertigung)}}$$
		mit K_f (Fremdfertigung) = 0

7 Strategien der Instandhaltung

Instandhaltungsmethoden (auch: Strategien, Konzepte)	
1. Störungs-bedingte Instandhaltung	*Instandsetzung nach Ausfall* (Feuerwehrstrategie): Eine Instandsetzung nach Ausfall ist meist die ungünstigste Variante, da sofort nach Eintreten der Störung Ausfallzeiten und Kosten entstehen. Der Austausch der Verschleißteile erfolgt immer zu spät. Dies sollte nur dann angewendet werden, wenn die Funktion der Maschine/Anlage aus der Erfahrung heraus unkritisch ist.

2. Vorbeugende Instandhaltung	**2.1 Zustandsabhängige Instandhaltung** Es erfolgt eine *vorbeugende Instandhaltungsstrategie,* die sich exakt am konkreten *Abnutzungsgrad des Instandhaltungsobjekts* orientiert.
	2.2 Zeitabhängige, periodische Instandhaltung = *Vorbeugende Instandhaltung mit den Varianten:* • Präventiver Austausch einzelner Bauteile, wenn sich zum Beispiel Verschleißgeräusche, Ermüdungserscheinungen oder Spielvergrößerungen zeigen. • Vorbeugender Austausch von Bauteilen und Baugruppen basierend auf Erfahrungen, Schadenanalysen oder aufgrund von Herstellervorgaben bzw. gesetzlichen Auflagen u. Ä.; Nachteil: Austausch erfolgt zu früh oder ggf. zu spät.

8 Fertigungssteuerung

BoA (Belastungsorientierte Auftragsfreigabe)

Leistung	$= \dfrac{\text{Abgang im Bezugszeitraum}}{\text{Bezugszeitraum}}$	
MDZ	$= \dfrac{\text{MB}}{\text{ML}}$	MDZ mittlere Durchlaufzeit in Betriebskalendertagen MB mittlerer Planbestand in Stunden ML mittlere Leistung in Stunden pro BKT
EPS	$= (1 + \dfrac{\text{MDZ}}{\text{P}}) \cdot 100$	P = Planungsperiode in BKT

Kanban

Anzahl der Kanbans	$= \dfrac{\text{Teilebedarf/Tag} \;\cdot\; \text{Wiederbeschaffungszeit/Los}}{\text{Standardanzahl der Teile je Behälter}}$

9 Zeitarten nach REFA

Leistungsgrad (%)	=	$\dfrac{\text{beobachtete (Ist-) Leistung}}{\text{Normalleistung}} \cdot 100$
Leistungsfaktor	=	$\dfrac{\text{Leistungsgrad}}{100}$
Normalzeit (Vorgabezeit)	=	$\dfrac{\text{Leistungsgrad} \cdot \text{gemessene Istzeit}}{100}$
Ist-Zeit	=	$\dfrac{\text{Vorgabezeit}}{\text{Leistungsgrad}}$
Zeitgrad (%)	=	$\dfrac{\text{Summe Vorgabezeiten (Normalzeiten)}}{\text{Summe Istzeiten}} \cdot 100$
Wirkungsgrad (%)	=	$\dfrac{\text{Ausgabe (Arbeitsergebnis)}}{\text{Eingabe (Arbeitsgegenstand)}} \cdot 100$

Merke: - Der Leistungsgrad wird beurteilt.
- Der Zeitgrad wird berechnet.

Ablaufart Mensch	die zeitliche Betrachtung der Tätigkeiten des Menschen zur Erfüllung einer Arbeitsaufgabe	→	**Auftragszeit**
Ablaufart Betriebsmittel	die zeitliche Betrachtung der Zustände der Maschinen, Anlagen und Arbeitsmittel	→	**Belegungszeit**
Ablaufart Arbeitsgegenstand	die zeitliche Betrachtung des Durchlaufs eines Artikels (Bauteil, Produkt ...) durch den Produktionsprozess	→	**Durchlaufzeit**

Vorgabezeit			
↓		↓	
für den Menschen		für das Betriebsmittel	
↓		↓	
Auftragszeit für Auftragsmenge m	T	**Belegungszeit** für Auftragsmenge m	T_{bB}
↓		↓	
Zeit je Einheit Mengeneinheit 100 1.000	t_e t_{e100} $t_{e1.000}$	**Betriebsmittelzeit je Einheit** Mengeneinheit 100 1.000	t_{eB} t_{eB100} $t_{eB1.000}$

Die **Auftragszeit** ist die Vorgabezeit für die Ausführung eines Auftrags (einer Losgröße).

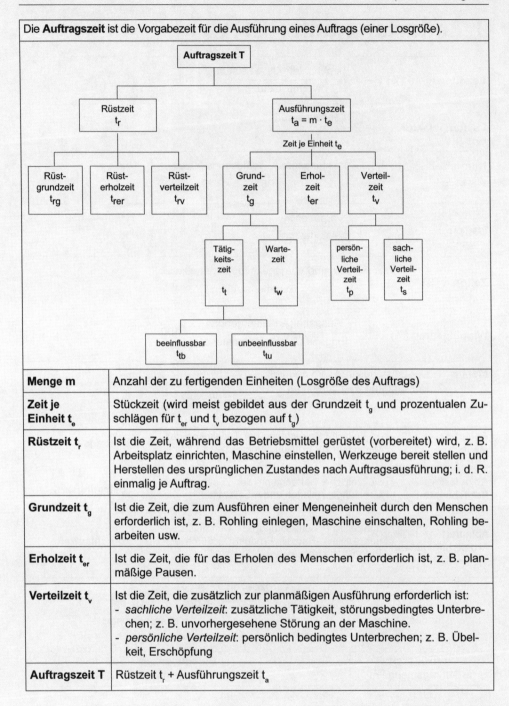

Menge m	Anzahl der zu fertigenden Einheiten (Losgröße des Auftrags)
Zeit je Einheit t_e	Stückzeit (wird meist gebildet aus der Grundzeit t_g und prozentualen Zuschlägen für t_{er} und t_v bezogen auf t_g)
Rüstzeit t_r	Ist die Zeit, während das Betriebsmittel gerüstet (vorbereitet) wird, z. B. Arbeitsplatz einrichten, Maschine einstellen, Werkzeuge bereit stellen und Herstellen des ursprünglichen Zustandes nach Auftragsausführung; i. d. R. einmalig je Auftrag.
Grundzeit t_g	Ist die Zeit, die zum Ausführen einer Mengeneinheit durch den Menschen erforderlich ist, z. B. Rohling einlegen, Maschine einschalten, Rohling bearbeiten usw.
Erholzeit t_{er}	Ist die Zeit, die für das Erholen des Menschen erforderlich ist, z. B. planmäßige Pausen.
Verteilzeit t_v	Ist die Zeit, die zusätzlich zur planmäßigen Ausführung erforderlich ist: - *sachliche Verteilzeit*: zusätzliche Tätigkeit, störungsbedingtes Unterbrechen; z. B. unvorhergesehene Störung an der Maschine. - *persönliche Verteilzeit*: persönlich bedingtes Unterbrechen; z. B. Übelkeit, Erschöpfung
Auftragszeit T	Rüstzeit t_r + Ausführungszeit t_a

• Belegungszeit

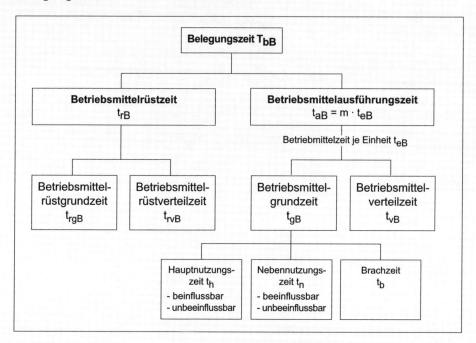

Fertigungsgrad (%)	=	$\dfrac{\text{Fertigungszeiten}}{\text{Fertigungszeiten + Hilfszeiten}} \cdot 100$

Rüstzeitgrad (%)	=	$\dfrac{\text{Rüstzeiten}}{\text{Rüstzeiten + Ausführungszeiten}} \cdot 100$

Arbeitsflussgrad (%)	=	$\dfrac{\text{Summe der Fertigungszeiten}}{\text{Durchlaufzeit}} \cdot 100$

Hauptnutzungsgrad (%)	=	$\dfrac{\text{Hauptnutzungszeit}}{\text{theoretische Einsatzzeit}} \cdot 100$

Gesamtnutzungsgrad (%)	=	$\dfrac{\text{Hauptzeiten + Nebennutzungszeiten + Unterbrechungszeiten}}{\text{theoretische Einsatzzeit}} \cdot 100$

Beschäftigungsgrad (%)	=	$\dfrac{\text{Fertigungszeiten + Hilfszeiten}}{\text{theoretische Einsatzzeit}} \cdot 100$

$$\text{Überwachungsgrad (\%)} = \frac{\text{Überwachungszeit}}{\text{Auftragszeit}} \cdot 100$$

Theoretische Einsatzzeit für Betriebsmittel = Anzahl Betriebsmittel · Arbeitszeit/Schicht · Schichtanzahl/Tag · Tage/Periode

Solleinsatzzeit für Betriebsmittel = Planungsfaktor · theoretische Einsatzzeit

• **Zeitermittlung**

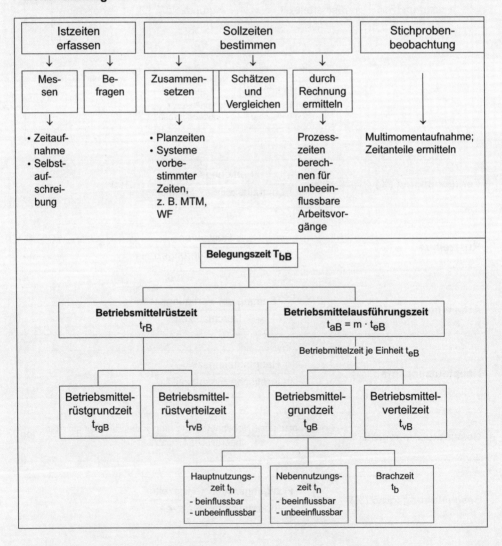

Die Grundformel der Hauptnutzungszeit t_{hu} ist:

$$t_{hu} = \frac{\text{Arbeitsweg (Maße des Arbeitsgegenstandes)}}{\text{Arbeitsgeschwindigkeit des Werkzeugs}}$$

Die *Berechnung* erfolgt mithilfe spezieller *Formeln* (Hauptnutzungszeit beim Drehen, beim Bohren, beim Fräsen usw.), die den einschlägigen Tabellenwerken entnommen werden können, vgl. z. B.: *Friedrich Tabellenbuch, Bildungsverlag EINS,* oder *Tabellenbuch Metall, Europa Lehrmittel Verlag.*

- **Ablaufarten**

- **Ablaufgliederung für den Menschen**:

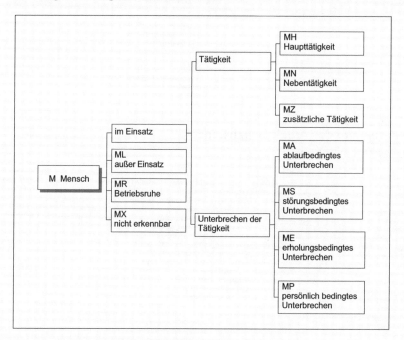

- ## Ablaufgliederung für das Betriebsmittel:

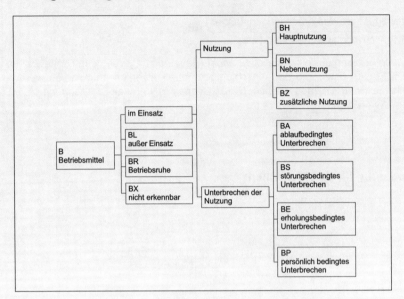

- ## Ablaufgliederung für den Arbeitsgegenstand:

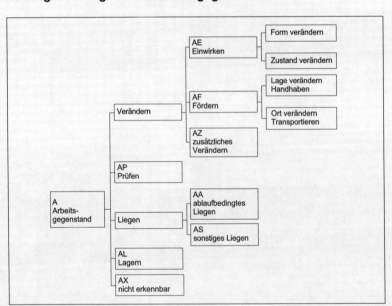

- **Durchlaufzeit**

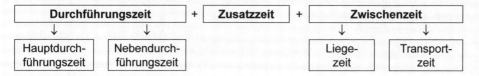

- **Terminierung**

Vorwärtsterminierung (auch: progressive Terminierung):

Ausgangsbasis der Zeitplanung ist der *Starttermin des Auftrags:* Die Arbeitsvorgänge (100, 110, ...) werden entsprechend dem festgelegten Ablauf fortschreitend abgearbeitet.

Vorgang	geplanter Start	geplantes Ende	Dauer in Tagen	**Vorwärtsterminierung** $\rightarrow \rightarrow \rightarrow$									
				32. KW 20..					33. KW 20..				
				9.	10.	11.	12.	13.	16.	17.	18.	19.	20.
100	09.08.20..	17.08.20..	7										
110	09.08.20..	13.08.20..	5						*Puffer*				
120	09.08.20..	11.08.20..	3				*Puffer*						
130	18.08.20..	19.08.20..	2										

Kritischer Pfad
= Ende 17.08.

Der Auftrag mit den Vorgängen 100 ... 130 kann Ende des 19.08.20.. fertig gestellt werden.

Rückwärtsterminierung (auch: retrograde Terminierung):

Ausgangspunkt für die Zeitplanung ist der *späteste Endtermin des Auftrags:* Ausgehend vom spätesten Endtermin des letzten Vorgangs werden die Einzelvorgänge entsprechend der Reihenfolge rückschreitend den Betriebsmitteln zugewiesen. Damit wird der jeweils späteste Starttermin für jeden Vorgang ermittelt. Sollte der so ermittelte Starttermin in der Vergangenheit liegen, muss über Methoden der Durchlaufzeitverkürzung eine Korrektur erfolgen.

Vorgang	geplanter Start	geplantes Ende	Dauer in Tagen	$\leftarrow \leftarrow \leftarrow$ **Rückwärtsterminierung**												
				32. KW 20..					33. KW 20..					34. KW 20..			
				9.	10.	11.	12.	13.	16.	17.	18.	19.	20.	23.	24.	25.	26.
100	16.08.20..	24.08.20..	7														
110	18.08.20..	24.08.20..	5							*Puffer*							
120	20.08.20..	24.08.20..	3						*Puffer*								
130	25.08.20..	26.08.20..	2														

Starttermin
$\rightarrow$

Kritischer Pfad
= Ende 24.08.

Der Auftrag mit den Vorgängen 100 ... 130 muss spätestens am 16.08. (zu Schichtbeginn) begonnen werden.

Kombinierte Terminierung:

Ausgehend von einem Starttermin wird in der Vorwärtsrechnung der früheste Anfangs-
und Endtermin je Vorgang ermittelt. In der Rückwärtsrechnung wird der späteste
Anfangs- und Endtermin je Vorgang berechnet. Aus dem Vergleich von frühesten und
spätesten Anfangs- und Endterminen können die Pufferzeiten sowie der kritische Pfad
ermittelt werden. Das Verfahren der kombinierten Terminierung ist aus der Netzplantechnik bekannt.

• **Solltaktzeit**

$$\text{Solltaktzeit} \quad = \quad \frac{\text{Arbeitszeit je Schicht} \cdot \text{Bandwirkungsfaktor}}{\text{Sollmenge je Schicht}}$$

Der Bandwirkungsfaktor berücksichtigt Störungen der Anlage, die das gesamte Fließsy-
stem beeinträchtigen. Er ist deshalb immer kleiner als 1,0. Die ideale Taktabstimmung
wird in der Praxis nur selten erreicht. Entscheidend ist eine optimale Abstimmung der
einzelnen Bearbeitungs- und Wartezeiten.

10 Kapazitätsbedarf, Kapazitätsbe-
stand, Planungsfaktor

Bei der Planung des Kapazitätsbestandes werden folgende Kapazitätsgrößen unterschieden:

Technische Kapazität: z. B. 1.000 E → die Anlagen laufen mit der höchsten Geschwindigkeit – ohne Pausen

Maximalkapazität z. B. 800 E → die Anlagen laufen mit der höchsten Geschwindigkeit – inkl. Pausen

Theoretische Kapazität:
auch: *Realkapazität:* z. B. 500 E → tatsächlich mögliche Mengenproduktion bei
„normaler" Geschwindigkeit und durchschnitt-
lichem Krankenstand der Mitarbeiter.

$$\textbf{Auslastungsgrad} \quad = \quad \frac{\text{Kapazitätsbedarf}}{\text{Kapazitätsbestand}} \cdot 100$$

auch:

$$\textbf{Kapazitätsauslastungsgrad} \quad = \quad \frac{\text{Ausbringung}}{\text{Kapazität}} \cdot 100$$

auch:

$$\text{Beschäftigungsgrad} = \frac{\text{eingesetzte Kapazität}}{\text{vorhandene Kapazität}} \cdot 100$$

oder:

$$\text{Beschäftigungsgrad} = \frac{\text{Istleistung}}{\text{Normal-Kapazität}} \cdot 100$$

oder bei Plankostenrechnung:

$$\text{Beschäftigungsgrad} = \frac{\text{Istbeschäftigung}}{\text{Planbeschäftigung}} \cdot 100$$

• Planungsfaktor, Personalbedarf

$$\text{Planungsfaktor} = \frac{\text{reale Kapazität}}{\text{theoretische Kapazität}} \cdot 100$$

$$\text{Planungsfaktor} = \frac{\text{Realkapazität (100 \%) – Störgrößen (\%)}}{100}$$

$$\text{Ist-Einsatzzeit} = \text{theoretische Einsatzzeit} \cdot \text{Planungsfaktor}$$

$$\text{Personalbedarf} = \frac{\text{Kapazitätsbedarf}}{\text{Kapazitätsbestand je Mitarbeiter}}$$

Dabei ist:

$$\text{Kapazitätsbedarf} = \text{Summe der Zeiten aller Arbeitsvorgänge}$$

Kapazitätsbestand[1] = Arbeitszeit je Schicht · Mitarbeiteranzahl · Anzahl der Schichten/Zeitraum
= Arbeitszeit pro Tag · Mitarbeiteranzahl · Anzahl der Tage

[1] Zeitgrad und Ausfallzeiten sind zu beachten.

$$\text{Kapazitätsbedarf (Std.)} = \frac{\text{Zeit (Stunden)}}{\text{Vorgang}} \cdot \text{Anzahl der Vorgänge}$$

$$\text{Kapazitätsbestand}_{real} = \frac{\text{Arbeitszeit (Stunden)}}{\text{Tag}} \cdot \text{Anzahl Personen} \cdot \text{Anzahl Tage}$$
$$= \text{Kapazitätsbestand (theoretisch) – nicht nutzbare Kapazität}$$

Planungsfaktor, P $= \dfrac{\text{Kapazitätsbestand (real)}}{\text{Kapazitätsbestand (theoretisch)}}$

Deckungsbetrag   = Kapazitätsbestand (real) – Kapazitätsbedarf

Deckungsbetrag > 0   → Überdeckung = Unterbelegung (zu geringe Auslastung)

Deckungsbetrag < 0   → Unterdeckung = Überbelegung (Belegung > 100 %)

Deckungsbetrag = 0   → Deckung = Belegung ist 100 %

Nutzkosten $= \dfrac{\text{Beschäftigungsgrad (in \%)}}{\text{Fixkosten}}$ genutzter Teil der Kapazität

Leerkosten   = Fixkosten – Nutzkosten   nicht genutzter Teil der Kapazität

- **Kapazitätsüber-/-unterdeckung**

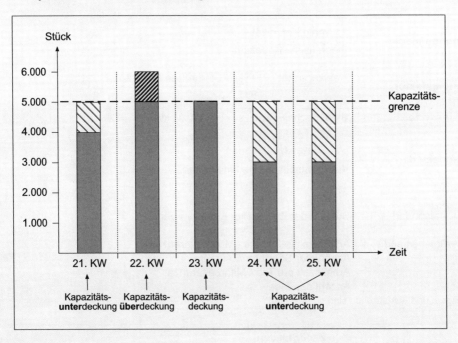

11 Prioritätsregeln

KOZ	Kürzeste Operationszeit	Der Auftrag mit der kürzesten Bearbeitungszeit wird zuerst bedient.
LOZ	Längste Operationszeit	Der Auftrag mit der längsten Bearbeitungszeit wird zuerst bedient.
GRB	Größte Restbearbeitungszeit	Priorität hat der Auftrag mit der größten Restbearbeitungszeit für alle noch auszuführenden Arbeitsvorgänge.
KRB	Kürzeste Restbearbeitungszeit	Priorität hat der Auftrag mit der kürzesten Restbearbeitungszeit für alle noch auszuführenden Arbeitsvorgänge.
WT	Wert	Vorrang hat der Auftrag mit dem bisher höchsten Produktionswert.
ZUF	Zufall	Jedem Auftrag wird eine Zufallszahl zugeordnet; die Zufallszahl entscheidet über die Reihenfolge der Bearbeitung.
FLT	Frühester Liefertermin	Vorrang hat der Auftrag mit dem frühesten Liefertermin.
WAA	Wenigste noch auszuführende Arbeitsvorgänge	Vorrang hat der Auftrag mit den wenigsten noch auszuführenden Arbeitsvorgängen.
MAA	Meiste noch auszuführende Arbeitsvorgänge	Vorrang hat der Auftrag mit den meisten noch auszuführenden Arbeitsvorgängen.
FCFS	First come first served	Vorrang hat der Auftrag, der zuerst an der Bearbeitungsstufe ankommt.
GR	Geringste Rüstzeit	Vorrang hat der Auftrag mit der geringsten Rüstzeit.
EP	Externe Priorität	Es gelten externe Prioritätsvorgaben, Höhe der Konventionalstrafe, Fixtermine, Bedeutung aus der Sicht des Kunden.

12 Optimale

optimale Fertigungslosgröße	$= \sqrt{\dfrac{200 \cdot \text{geplante jährliche Stückzahl} \cdot \text{losfixe Kosten}}{\text{losvariable Kosten} \cdot \text{Lagerhaltungskostensatz}}}$

auch:

optimale Fertigungslosgröße	$= \sqrt{\dfrac{200 \cdot \text{geplante jährliche Stückzahl} \cdot \text{Rüstkosten}}{\text{Herstellkosten} \cdot \text{Lagerhaltungskostensatz}}}$

Literaturhinweise

Arnolds/Heege/Tussing: Materialwirtschaft und Einkauf – Praxisorientiertes Lehrbuch, 11. Aufl., Offenbach 2010

Buchert, H.: Produktionswirtschaft – Aufgaben und Lösungen, 2. Aufl., München 2010

Dietrich/Schulze: Eignungsnachweis von Messsystemen, 3.. Aufl., München 2008

Dietrich/Conrad: Anwendung statistischer Qualitätstechniken, 3. Aufl., München 2009

Dyckhoff, H.: Grundzüge der Produktionswirtschaft, 3. Aufl., Berlin/Heidelberg 2000

Dzieia, M. u. a.: Instandhalten technischer Systeme, 3. Aufl., Braunschweig 2004

Ebel, B.: Kompakt-Training Produktionswirtschaft, 2. Aufl., Herne 2008

Ebel, B.: Produktionswirtschaft, 9. Aufl., Herne 2009

Ehrmann, H.: Logistik, 7. Aufl., Herne 2012

Greßler/Göppel: Qualitätsmanagement, Eine Einführung – 7. Aufl., Troisdorf 2010

Hartmann, E. H.: TPM (Total Pruductive Maintenance), 3. Aufl., Heidelberg 2007

Kaminske/Umbreit: Qualitätsmanagement, 7. Aufl., München 2007

Krause/Krause: Die Prüfung der Industriefachwirte, 12. Aufl., Herne 2012

Krause/Krause: Die Prüfung der Industriemeister – Basisqualifikationen, 8. Aufl., Herne 2011

Krause/Krause/Peters: Die Prüfung der Technischen Betriebswirte, 6. Aufl., Herne 2009

Matyas, K.: Taschenbuch Instandhaltungslogistik, 4. Aufl., München/Wien 2010

Olfert/Rahn: Einführung in die Betriebswirtschaftslehre, 10. Aufl., Herne 2010

Olfert/Rahn: Lexikon der Betriebswirtschaftslehre, 7. Aufl., Herne 2012

REFA: Methodenlehre des Arbeitsstudiums 1, 2, 3 und Methodenlehre der Betriebsorganisation, München 1988

REFA: Methodenlehre der Planung und Steuerung, 3 Bände, München 1978

REFA: Methodenlehre der Betriebsorganisation, Planung und Steuerung, 6 Bände, München 1991

Schultheiß, P.: Prüfungsbuch Metall- und Maschinentechnik, 3. Aufl., Stuttgart 2009

Theden/Colsman: Qualitätstechniken, 6. Aufl., München 2005

Thommen, J. P.: Allgemeine Betriebswirtschaftslehre – umfassende Einführung aus managementorientierter Sicht, 8. Aufl., Wiesbaden 2008

Vereinigung der Metall-Berufsgenossenschaften (Hrsg.): DVD Prävention 2010/2011, Arbeitssicherheit und Gesundheitsschutz, Düsseldorf 2010

Wieneke, F.: Produktionsmanagement (mit CD-ROM), 2. Aufl., Haan-Gruiten 2009

Wöhe, G.: Einführung in die allgemeine Betriebswirtschaftslehre, 24. Aufl., München 2010

Stichwortverzeichnis

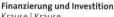

Sie finden uns im Internet unter: www.kiehl.de

Krause/Krause

Klausurentraining Weiterbildung

Produktionswirtschaft

umweltfreundlich

... weil auf chlor- und säurefrei
gefertigtem Papier gedruckt